邢变变　著

创新扩散理论视阈下档案信息资源自媒体传播研究

郑州大学出版社

图书在版编目(CIP)数据

创新扩散理论视阈下档案信息资源自媒体传播研究 / 邢变变著. -- 郑州 : 郑州大学出版社, 2024. 8.
ISBN 978-7-5773-0637-7

Ⅰ. G272

中国国家版本馆 CIP 数据核字第 2024Y5E856 号

创新扩散理论视阈下档案信息资源自媒体传播研究

CHUANGXIN KUOSAN LILUN SHIYU XIA DANGAN XINXI ZIYUAN ZIMEITI CHUANBO YANJIU

策划编辑	王卫疆	封面设计	苏永生
责任编辑	成振珂	版式设计	苏永生
责任校对	郜　毅	责任监制	朱亚君

出版发行	郑州大学出版社	地　　址	郑州市大学路 40 号(450052)
出 版 人	卢纪富	网　　址	http://www.zzup.cn
经　　销	全国新华书店	发行电话	0371-66966070
印　　刷	河北虎彩印刷有限公司		
开　　本	710 mm×1 010 mm　1 / 16		
印　　张	18.25	字　　数	288 千字
版　　次	2024 年 8 月第 1 版	印　　次	2024 年 8 月第 1 次印刷

书　　号	ISBN 978-7-5773-0637-7	定　　价	78.00 元

前　言

随着传播技术的不断发展和更新，自媒体已成为创新扩散的重要传播渠道。充分应用创新扩散理论研究档案信息资源自媒体传播，一方面可为我们从受众视角展开研究提供理论支持，另一方面可为提高传播效果提供思维和策略导引，因而具有重要的理论、现实意义。除绪论外，本书内容包括以下四部分。

一、档案信息资源自媒体传播的创新认知属性调查

依据创新扩散理论，不同创新的重要性和扩散速度是不同的，其决定因素包括相对优势、兼容性、复杂性、可试性、可观察性等五个认知属性。其中，相对优势、兼容性、可试性、可观察性与创新的采用率呈正比关系，且相对优势和兼容性的影响力更大；复杂性与采用率则是反比关系。

本部分以自行设计的“档案信息资源自媒体传播的创新认知属性调查问卷”为工具展开，调查对象为档案自媒体用户，调查内容为基本信息、相对优势、兼容性、复杂性、可试性、可观察性等六部分。调查显示，与纸媒、档案网站等媒介相比，档案自媒体展现了较为明显的相对优势，但其兼容性较差、复杂性程度较低、可试性一般、可观察性程度较低。总体来看，档案信息资源自媒体传播创新认知属性之兼容性、可试性和可观察性的评价结果不容乐观，且整体而言，五个维度中不同项目的评价结果差异较小，档案自媒体未能有效满足用户需求。根据调查结果，档案信息资源自媒体传播可从注重传播效果、匹配用户需求、打造联盟矩阵等三个方面展开前瞻性策略规划。

二、档案信息资源自媒体传播受众的决策过程分析

1. 受众决策过程的阶段性分析

对档案信息资源自媒体传播受众决策过程的阶段性研究采用访谈调查的方式展开。本部分以自行设计的“档案信息资源自媒体传播访谈提纲”为调查工具，围绕认知阶段、说服阶段、决策阶段、执行阶段和确认阶段等五个维度设计题目，并具体从接触档案自媒体的时间与原因、接触档案自媒体的途径与功能、档案自媒体的使用频率与功能、档案自媒体使用者的使用需求与目的、对于档案自媒体的态度、对档案自媒体的推荐意愿与原因等六个方面展开了调查分析。调查显示，从受众接触档案自媒体的情况来看，大部分受众接触档案自媒体都是从进入档案学专业或档案行业开始的，表明档案自媒体自身具有很强的专业性；受众接触档案自媒体的途径以推荐为多，表明档案自媒体本身的影响依赖受众传播。从受众对档案自媒体的使用情况来看，大部分受众的使用频率较高且呈现一定的规律性，表明档案自媒体的用户黏度较高；基础功能仍是大多数受众的常用功能，表明档案自媒体提供的高级功能较为有限。从受众对档案自媒体的态度来看，大部分受众对于档案自媒体持支持态度，但档案自媒体有许多值得改进与提升之处。从受众对档案自媒体的推荐意愿来看，档案自媒体自身所具有的专业性强之特点也在很大程度上影响着受众的意愿，且受众对同行的推荐意愿较为强烈，但对于不了解档案信息或缺乏认知需求之人的推荐意愿不强烈。根据调查结果，档案信息资源自媒体的建设可从鼓励打造自身特色、合理安排内容结构、积极搭建沟通平台三个方面展开前瞻性策略规划。

2. 决策过程中受众的行为模式

对档案信息资源自媒体传播受众决策过程中行为模式的研究采用问卷调查的方式展开。本部分以自行设计的“档案信息资源微信公众号传播效果层级调查问卷”为研究工具，调查对象为档案微信用户，调查内容主要包括调查对象对档案微信公众号在认知阶段、说服阶段、决策阶段、执行阶段和确认阶段的传播效果评价。调查显示，在认知阶段，档案微信公众号自身的传播力并没有体现出突出的优势；在说服阶段，用户对档案微信公众号这一自媒体基本持积极的态度；在决策阶段，用户主观上还是愿意接纳档案微

信公众号传播档案信息资源的形式;在执行阶段,档案微信公众号用户的执行度较低且其对档案微信公众号传播维度中不同项目的执行结果有所差异;在确认阶段,用户对档案微信公众号的持续使用程度较低。根据调查可知,从横向来看,档案微信公众号的传播效果不尽如人意;从纵向来看,从认知到确认这五个阶段不同项目的传播效果有所不同;从内涵来看,在满足用户需求方面,档案微信公众号传播信息内容的质量对用户的影响,大于功能性设置对用户的影响。根据调查结果,档案信息资源自媒体的建设应坚持以创新为核心,提高档案自媒体内容质量、增强潜在用户的互动与践行、实现档案自媒体的个性化发展等三个方面展开前瞻性策略规划。

3. 受众的决策模式与创新结果

(1)创新决策模式。对档案信息资源自媒体传播受众之决策模式的研究采用个案研究方法。本部分采用自行设计的“档案信息资源自媒体传播受众之决策模式的调查问卷”,分别对吴江通、金陵档案、皇史宬、CHN档案管理培训、仙居档案和惠民档案等六个微信公众号展开个案研究,调查内容包括档案微信公众号开通运营的决策模式、意见征求、政策要求、自身发展、日常运维、内部支持等六个方面,并将决策模式与意见征求归为前期筹备维度,将政策要求与自身发展归为政策因素维度,将日常运维与内部支持归为运营成效维度。调查显示,以档案微信公众号为代表的档案信息资源自媒体,在建设过程中受到内部因素和外部因素的双重影响,内部因素包括微信公众号开通运营的决策模式、运维团队的组建和内部超八成以上工作人员的支持等,外部因素包括外部意见征求和上级相关政策要求等。调查结果表明,档案信息资源自媒体建设决策模式中存在决策参与者的代表性不够广泛、单位内生动力缺乏、专业化运维团队的建设与文章质量较低、自身定位与用户分析存在缺失等问题。根据调查结果,档案信息资源自媒体的建设应从增强档案信息资源自媒体建设决策过程中参与者的广泛性、增强档案信息资源自媒体建设的内生动力、将专业化运维团队的建设与文章质量的提高放到重要位置、打造自身特色并以用户需求为导向开展用户分析等四个方面展开前瞻性策略规划。

(2)创新结果。对档案信息资源自媒体传播受众创新结果的研究采用个案研究方法。本部分采用自行设计的“档案信息资源自媒体传播受众创新结果的访谈提纲”，访谈对象为档案信息资源自媒体传播受众，访谈内容主要围绕档案信息资源自媒体传播发生作用的表现形式、档案自媒体传播发生作用的创新结果、档案自媒体传播受众需求的匹配程度等展开。调查显示，传播受众对档案信息资源自媒体持认可态度，大部分受访者认为档案信息资源自媒体对受众自身以及档案事业发展在第一时间和长远来看都产生积极作用，创新结果表现为受众自身的档案知识信息获取更加便捷、交互体验感得到增强等，档案事业发展过程中社会档案意识的提升、服务的创新与优化等。同时，小部分受访者认为档案信息资源自媒体无法第一时间对档案事业的发展产生作用，具体表现在档案自媒体发展普及程度较低、交流互动性不强、传播信息内容质量和信度有待提高、缺乏系统化传播策略等方面。根据调查结果，档案信息资源自媒体的建设可从加强档案自媒体的宣传普及力度、增强档案自媒体的趣味性与互动性、严把“质量关”以确保信息的真实准确、优化传播策略并打造自身特色等四个方面展开前瞻性策略规划。

三、档案信息资源自媒体传播受众的分类比较研究

1. 分类标准和方法

创新扩散理论之科学张力的重要表现之一就是对象细分，其中，采用者分类更是其重要的研究内容。罗杰斯以创新性为标准，按照对创新的接受时间将受众依次分为先驱者、早期受众、早期大众、后期大众、落后者等五种类型，并制作了以创新性为基础的采用者分类之“S”形创新-扩散曲线，本书对档案信息资源自媒体传播受众的分类也采用此方法。同时，由于自媒体的一个重要特征是传播者同时也作为传播受众而存在，本书出于研究可行性考虑，以账号为单位分别统计了档案微博、档案微信公众号、档案类抖音号、档案小红书等用户的情况，并依据“S”形创新-扩散曲线分析了各类用户的形成情况。

2. 各类型受众群体的特性比较

对档案信息资源自媒体传播各类型受众群体特性的研究采用问卷调查法。本部分研究采用自行设计的“档案信息资源自媒体传播受众群体特性

调查问卷”，主要围绕社会经济地位、个性及价值观、传播行为及方式等三个维度展开，调查对象的选择主要依据对档案微博、微信公众号、抖音、小红书等的分析计量与统计结果，按照相应比例确定创新先驱者、早期采用者、早期大众、后期大众、落后者的抽样范围。调查显示，从整体上看，创新先驱者、早期采用者和早期大众在三个调查维度上都优于后期大众和落后者；富有革新精神、创新思维和创造力，让创新先驱者、早期采用者和早期大众区别于后期大众和落后者；不同档案信息资源自媒体传播受众群体中意见领袖的数量均不多。根据调查结果，可从优化创新档案自媒体传播模式、激发档案自媒体传播受众的创新热情、推进具备意见领袖潜质的档案自媒体传播受众角色向意见领袖转变等三个方面展开前瞻性策略规划。

3. 意见领袖的确定

在创新扩散的过程中，意见领袖发挥着关键性作用，因此确认和善用意见领袖至关重要。意见领袖的确定方法主要包括社会测量法、受访者评级、自我认定法、观察法。

对档案信息资源自媒体传播中意见领袖的研究采用实证研究法。本部分研究将个人与体系结合起来，以郑州大学档案学专业学生在档案信息资源自媒体传播中意见领袖的确定为例，综合应用了社会测量法、受访者评级法、自我认定法和观察法展开。其中，在社会测量法的应用中以自行设计的“档案信息资源自媒体传播中意见领袖的确定访谈提纲”为研究工具，访谈对象为郑州大学档案学本科生和硕士研究生，访谈内容包括“谁是您的意见领袖、如何影响您的行为、在意见领袖的影响下您的行为改变的速度、您使用档案自媒体所产生的效果与意见领袖推广和传播之档案自媒体信息的匹配程度”等。调查显示，学生在意见领袖的选择上偏向本校档案学专业教师，且多数学生基于对意见领袖权威性及专业能力的信任以较快的速度接受档案自媒体，并认为其使用档案自媒体所产生的效果与意见领袖推广和传播之档案自媒体信息的匹配程度较高。同时，通过后续访谈调查问卷中学生确定的意见领袖之人选来看，所有人选均认为自己是档案信息资源自媒体传播的意见领袖，尤其是在学生接受档案自媒体的过程中表现较为明显。此外，通过课题组的长期观察，在档案信息资源自媒体传播中，作为意见领袖其个人在档案自媒体的研究、应用和推广中的强烈需求和主动性是重要影响因素。

四、档案信息资源自媒体传播受众的需求及满意度

1. 需求分类的依据与方法

创新扩散理论虽然没有对扩散对象的需求展开专门分析，但创新和发展源于问题或需求，而且在创新认知属性和创新结果中也蕴含了受众需求的要素和内容，可见受众需求的重要性。本书将效果层级、创新—决策过程、马斯洛需求层次理论、KANO 模型等内容和理念相结合，作为建立创新扩散理论视阈下档案信息资源自媒体传播受众需求体系的分析框架与指标体系之依据。其中，KANO 模型可为创新扩散理论视阈下档案信息资源自媒体传播受众需求体系的构建提供体系框架和一级指标等方面的依据和启示，马斯洛需求层次理论则可在二级指标和三级指标的分析中提供依据和启示。

2. 档案信息资源自媒体传播受众满意度调查研究

本部分研究综合应用了 KANO 模型、马斯洛需求层次理论和创新扩散理论，并以此为依据设计了创新扩散理论视阈下档案信息资源自媒体传播受众满意度评价指标，进而采用自行设计的“档案信息资源自媒体传播受众满意度调查问卷”，围绕运维需求满意度、性能需求满意度、功能需求满意度、信息需求满意度、服务需求满意度、归属需求满意度、尊重需求满意度、认知需求满意度、审美需求满意度、自我实现需求满意度、超越需求满意度等 11 个维度，对档案信息资源自媒体传播受众进行了问卷调查。调查显示，如果能满足受众各维度下的需求一般会获得较高的满意度，但运维需求中的服务素养，性能需求中的易用流畅、隐私保护，功能需求中的浏览、复制和评论，信息需求中内容的真实性、客观性以及形式的多样性和创新性，服务需求中的档案咨询和推送服务，归属需求中的用户反馈渠道，尊重需求中的无障碍传播，认知需求中的特色馆藏，审美需求中的界面整洁性和品牌识别性，自我实现需求中的个性化服务，超越需求中的档案知识分享等更受用户重视，且如果不满足用户的这些需求会影响档案信息资源自媒体传播的受欢迎程度。根据调查结果，档案自媒体的建设可从修炼提升服务素养、合理

搭建服务平台、创作发布优质内容、拓展创新服务方式等四个方面展开前瞻性策略规划。

五、档案信息资源自媒体传播效果的差距及缩小策略

1. 传播效果的差距

传播效果差距研究的要点主要包括三个层面：其一，研究理念层面。研究者旨在寻求创新扩散对不同的人会产生哪些不同的效果，找出其中比其他人更容易受影响的人，而不仅仅止于对全体成员的平均性或整体性效果的获取。其二，研究方法层面。研究者通常采用的方法是根据不同的标准将扩散对象划分为2至3个版块。其三，研究结论层面。创新扩散结果通常会使体系中的上下层之间的差距扩大。

对档案信息资源自媒体传播效果差距的研究采用问卷调查法。本部分研究采用自行设计的“档案信息资源自媒体传播效果差距调查问卷”，调查对象为档案信息资源自媒体传播受众，调查内容主要围绕传播行为动因和需求满足状况展开。调查显示，从横向来看，用户使用档案自媒体传播过程中对学习学术、求职工作、社交和表达自我以及娱乐需求的满足程度存在较大差异；从纵向来看，档案自媒体用户的需求与实际满足情况有出入。根据调查结果，可从调整并丰富档案自媒体传播的信息内容构成以充分满足用户全面性、多样化和个性化需求，增强档案自媒体用户的身份认同和文化认同以优化档案自媒体的传播效果两个方面展开前瞻性策略规划。

2. 缩小差距的策略

创新扩散过程中社会上层和下层在传播效果层面的差距必然会产生且不断扩大，差距产生的三个深层次原因包括社会上层较下层更容易接触创新信息并产生创新意识、上层民众获得创新评价信息的机会较下层民众多、上层民众比下层民众拥有更多可用资源。同时差距也是可以缩小的，罗杰斯在每个深层次原因后均给出了相应的应对策略。

档案信息资源自媒体传播效果差距缩小的策略规划思路，从主体层面讲，档案部门应以加速推动档案惠民服务和档案公共服务均等化为目标，采取相应策略为受众提供更容易接触档案信息资源并产生创新意识、获得档案自媒体及其传播的档案信息资源之评价信息的机会、渠道等；从客体层面

讲，档案部门应加快推进档案数字资源的开放利用和档案信息资源开发的迭代升级，将更多的档案信息资源纳入档案自媒体的传播范畴、产出更多符合社会大众需求和习惯的档案信息资源，从而使下层受众获得更多可用的档案信息资源及产品；从媒介层面讲，档案部门应从平台建设和技术应用两个层面考量档案自媒体的升级，为下层受众提供更为便捷和多元化的信息获取和沟通渠道。缩小差距的重点突破方向可从两个层面入手，在思维理念层面可应用游戏化思维加快档案信息资源开发的迭代升级；在具体操作层面可依据行动者网络理论构建社会力量广泛参与的档案信息资源自媒体传播之行动者网络，并将人类行动者和非人类行动者均纳入其中。

目　录

1 绪论

创新扩散理论的提出者埃弗雷特·罗杰斯(Everett Rogers)认为,人们对创新信息的交流是创新扩散过程的核心,而通过互联网交互式沟通则是创新扩散的重要手段。[①] 当前,随着传播技术的不断发展和更新,自媒体已成为创新扩散的重要传播渠道。其一,传播速度层面,移动互联网技术的发展使得自媒体打破了信息传播的时空限制,传播效率大大提升;其二,传播内容层面,自媒体借助数字化技术实现了信息的多样化传播和海量传播;其三,传播路径层面,社会公众是自媒体最主要的信息来源,其可在信息发布者和接收者两种角色中随意转换,由此产生了双向互动的传播模式。档案自媒体在国内外档案事业的发展中发挥了重要作用,但相较于新闻传播领域而言尚显稚嫩。深入分析档案信息资源自媒体传播的相关现象,探索其背后隐藏的规律,从而推动理论研究和传播实践的协同共进,就成了目前档案界关注的前沿和热点问题之一。

---

① E. M. 罗杰斯. 创新的扩散(第五版)[M]. 唐兴通,郑常青,张延臣,译. 北京:电子工业出版社,2016:20.

1.1　研究背景及选题意义

1.1.1　研究背景

1.1.1.1　理论背景

20世纪原创媒介理论家、思想家马歇尔·麦克卢汉(Marshall McLuhan)于1964年在其《理解媒介:论人的延伸》中提出了“媒介即讯息”的论点,并以此为元命题构建了他的媒介理论版图。麦克卢汉认为,媒介本身才是真正有意义的讯息,人类只有在拥有了某种媒介之后才有可能从事与之相适应的传播和其他社会活动。①他强调媒介形式才是最重要的,并指出其能够对人与社会施加决定性影响。麦克卢汉的观点虽有其局限性,但他让世人注意到了媒介形式本身的影响,而且开辟了传播研究的媒介转向,突破了经验主义主导的传播学的狭隘框架,也因此被尊为媒介环境学派的奠基人。

麦克卢汉的“媒介即讯息”论具有重要的启示意义:第一,传播媒介对任何社会的发展而言都具有重要影响。其中,对人而言,其最重要的作用是对人类理解和思考习惯的影响;对社会而言,真正有意义、有价值的“讯息”不是各个时代的媒体所传播的内容,而是这个时代所使用的传播工具的性质、它所开创的可能性以及其带来的社会变革等。因此,每个时代的时代特征都是由媒介所决定的。随着互联网时代的发展,媒介对人与社会的宰制力不断增强,人们对媒介化社会之媒介本质的认识也在不断深化,麦克卢汉的深刻洞见亦为世人所信服。第二,麦克卢汉指出:“媒介,是另一种媒介的内容(讯息)”②,即旧媒介是新媒介的内容(讯息),包括媒介的用户。因此,在

---

① 马歇尔·麦克卢汉.理解媒介:论人的延伸[M].何道宽,译.南京:译林出版社,2019.

② 马歇尔·麦克卢汉.理解媒介:论人的延伸[M].何道宽,译.南京:译林出版社,2019.

自媒体时代,每个用户都是自媒体的生产者,其生产出来的内容即构成了自媒体本身。基于以上分析可知,我们一方面应将媒介研究置于重要地位去考量,另一方面在媒介研究中可将用户或受众作为主要考察对象。

需要注意的是,准确把握"媒介即讯息"这一论点的精髓需要用宏观的、长远的眼光进行考察。其一,20 世纪五六十年代,美国主流传播学界关注的是媒介内容对受众的影响,而麦克卢汉则通过大声疾呼让人们开始重视媒介形式本身的影响力,从而实现了传播学的研究转向。从这一层面讲,麦克卢汉的观点虽然难免偏颇,但是其在宏观层面对传播学理论体系的建构发挥了至关重要的作用。其二,麦克卢汉的理论考察的是在一个相当长的历史时期媒介技术的发展对人和社会的影响,就某一具体时间段而言,"媒介即讯息"也是在新的媒介方式产生之后得以实现的,如"互联网改变生活""围观改变中国"等,互联网、微博等对人和社会的影响需要有一个扩散的过程,人和社会因之而发生改变并不是立刻就开始的,也需要个过程。根据拉斯韦尔(Harold Lasswell)的 5W 传播模式,在一个完整的传播过程中包含五个要素,即传播者、传播内容、传播媒介、传播受众和传播效果,因此传播学研究的基本内容也包括五部分——控制研究、内容分析、媒介研究、受众研究和效果研究。在已有档案信息资源传播的研究成果中,控制研究和内容分析已得到了重视,但是受众研究和效果研究尚显薄弱。综合考虑麦克卢汉的理论和 5W 传播模式,当前关于档案自媒体对于受众和社会的影响及影响机制等相关研究相对薄弱。

1.1.1.2 实践背景

2002 年,自媒体的概念首次被提出,发展至今已成为人们耳熟能详的术语。自媒体成了继传统媒体形式和新型媒体形式之后出现并主导时代特征的媒体形式,其广泛应用使得信息传播生态发生了前所未有的变化。首先,自媒体是以个人传播为主的媒介形式,且传播者具有私人化、平民化、普泛化、自主化等特征,因此,每个人都可以成为信息的生产者、传播者,也都会成为信息的接受者。其次,自媒体传播以现代化、电子化为手段,具有传播速度快、使用便捷等优势。再次,利用自媒体既可以向特定的单个人传播信息,也可以向不特定的广泛受众传播信息;既可以传播规范性信息,也可以传播非规范性信息，这也使得自媒体传播具有很高的自主性。最后，自媒体具有转发、评论、留言、点赞等功能，具有很高的交互性。自媒体的上述特性和优势也使其成为档案信息资源传播的重要媒介，国内外档案部门和档案人利用多元化自媒体传播档案信息资源已产生了重大影响，并且深刻影响着档案信息资源传播模式的转变。

国外非常重视利用自媒体传播档案信息资源，并给予了强有力的政策支持。较为典型的有：2010 年 12 月，美国国家档案馆（NARA）发布了《社交媒体战略》，为公众提供的社交媒体平台多达 18 种，包括 Blogs、Citizen Archivist、Facebook、Flickr、Twitter、Tumblr、Ustream、YouTube 等，并逐步实现了档案信息资源传播平台从实体档案馆、普通档案网站向社交媒体的转移。同时，美国其他部门也非常重视利用自媒体传播档案信息资源，如 2015 年 10 月 2 日，美国国家航空航天局（NASA）用“Project Apollo Archive”（阿波罗计划档案）账号在 Flickr 上公布了总计 1.2 万余张阿波罗登月计划的原始照片。英国国家档案馆（NAUK）十分重视且善于应用社交媒体传播档案信息资源，在官网上提供了多种社交媒体链接，包括 Twitter、Facebook、YouTube、Historypin、Pinterest、Flickr 等，其中 Flickr 账号于 2008 年 10 月建立并陆续分享照片 2 万余张。澳大利亚国家档案馆（NAA）的高品质照片档案是其一大亮点，它利用 Flickr 上传了 62 个相册共计 1939 张照片。法国大部分综合档案馆使用社交媒体类型都在 2 种以上，图卢兹档案馆甚至同时使用 7 种社交媒体，分别是 Facebook、Twitter、Wikipedia、Flickr、Flux RSS、Scoop it、Netvibes。2011 年，加拿大发布的《新兴数字媒体研究：机会与挑战》《公共部门使用社交媒体》等研究报告显示，加拿大国家档案馆非常支持和重视社交媒体的应用。

我国应用自媒体传播档案信息资源的实践和相关政策支持亦不逊于欧美国家。2007 年 5 月 1 日，“档案界”论坛开通，并发展成为当时我国最有影响力和活力的档案社区；2008 年档案知网开通；2009 年档案界开始关注并开通微博，便于档案信息资源的传播及与用户展开互动。2013 年，我国第一个档案微信公众号开通，截至 2022 年 5 月 5 日，档案微信公众号已达 1026 个。2014 年 5 月，中共中央办公厅、国务院办公厅印发的《关于加强和改进新形势下档案工作的意见》强调,档案馆要充分利用各类媒体加强档案宣传工作。2016 年 4 月,国家档案局印发的《全国档案事业发展"十三五"规划纲要》指出,特别要利用新兴媒体有效传播优秀档案文化、扩大档案工作的社会影响力。2021 年 9 月,中共中央办公厅、国务院办公厅印发的《"十四五"全国档案事业发展规划》中更是 3 次出现"新媒体"字样。

从国内外的应用现状来看,档案领域对自媒体的应用正处于转型升级的关键阶段,即从单纯利用自媒体本身的优势将档案信息资源传播出去向发挥用户的传播功能、重视传播效果的阶段转型。同时,由于现代信息技术更新换代的速度加快,档案自媒体在发展过程中也呈现了明显的"范式转换"特征。以我国为例,2007 年开通运维的"档案界"论坛在短短数年间即发展成为我国档案领域影响力最广泛的档案网络社区,同时期,档案博客也得到了蓬勃发展。2015 年左右,随着档案微博、档案微信公众号等微媒体的迅速发展,档案网络社区、档案博客等逐渐式微,"档案界"论坛也在 2017 年关闭运维。当前,国内应用较广的档案自媒体主要是档案微博、档案微信公众号等,国外则以 Facebook、"X"等为主。

自媒体的发展不仅催生了新的信息资源产生源,也改变了空间治理生态,网络空间治理已成为国家治理体系的重要组成部分。习近平总书记早在 2016 年即指出:"随着互联网特别是移动互联网发展,社会治理模式正在从单向管理转向双向互动,从线下转向线上线下融合,从单纯的政府监管向更加注重社会协同治理转变。"①其中,移动互联网即包括自媒体。在此背景下,档案信息资源在自媒体传播过程中也应坚持走现代化治理之路,这不仅是其题中应有之义,也是时代赋予的新内容。

1.1.2 研究意义

1.1.2.1 理论意义

(1)将创新扩散理论作为分析工具,为档案信息资源传播提供了新的研究视角。创新扩散理论的科学性已被许多不同领域的学者所证实,且被广

① 网络传播编辑部. 习近平的"网络治理观"[J]. 网络传播,2017(8):28-29.

泛应用于多种不同的学科。将创新扩散理论应用于档案信息资源自媒体传播的研究具有较强的科学张力:第一,在罗杰斯的视阈中,创新是一种被个人或其他采用单位视为的新的观点、行为、实践、物体等,创新扩散则指的是传播创新的社会化过程,其理论适用范围非常广泛。第二,创新扩散理论本质上是一个研究传播效果的理论,而如何实现最佳传播效果也是档案信息资源自媒体传播所应追求的目标。第三,创新扩散理论将焦点置于传播对象身上,提出了"对象细分"的理念并建立起了完整的研究体系,可为我们从受众视角研究档案信息资源自媒体传播提供理论支持。第四,在一个完整的创新扩散过程中,扩散对象的人数随着时间的推移会呈"S"形曲线分布,因此其对档案信息资源自媒体传播的研究具有一定的预测价值。

(2)构建传播受众的分析框架,可为档案受众研究增添重要的内容。现有关于档案受众的研究成果主要包括档案受众需求、档案受众行为、档案受众体验、档案受众心理、档案受众教育、档案受众画像等,研究范畴较为广泛,但是不足也较为明显。具体表现为:一是研究内容尚未形成完整的理论体系。已有的研究专指性较强,其中部分学者也采用跨学科理论、方法、工具等展开了深入分析,但整体而言各研究内容之间存在明显的割裂性、零散性。二是将档案受众与传播效果结合起来的专门性研究成果较少。在已有研究中,一方面档案受众研究层面较少涉及传播效果的内容,另一方面针对档案信息资源传播效果的研究本身相对薄弱。本书对受众之档案信息资源自媒体传播的创新属性认知、决策过程、分类比较、需求及满意度以及传播效果差异和缩小策略展开研究,以期建立起以传播受众为核心的分析框架,可为相关学术研究提供有益的启示,同时也可为档案受众研究理论体系的建构添砖加瓦。

1.1.2.2　实践意义

(1)本书的传播受众视角和传播效果思维可为档案信息资源的传播拓展新的思路。在已有研究成果中,学者们主要是站在档案部门即把关人的视角展开分析,即便是在档案受众研究中也是如此。从研究内容上看,落脚点主要在于以档案部门的身份提出相应策略和措施。根据5W传播模式,传播者、传播内容、传播媒介、传播受众这四个要素虽均会对传播效果产生直接影响,但其中传播受众与传播效果的联系是最为紧密的,拉斯韦尔也因此提出宜将受众研究和效果研究结合起来的思路。把关人视角旨在考察档案部门的职能、作用发挥等,传播效果尚在其次。受众视角则需从受众的特点、需求、功能等出发,考察档案信息资源之传播对受众产生的影响,即重在传播效果的提升。本书依据创新扩散理论,从传播受众视角和传播效果思维展开研究,据此提出相应的传播机理、传播效果提升的策略等,有助于档案部门拓展思路,从受众视角出发考量档案信息资源的传播问题,并据此实施相应措施以有效提升传播效果,从而改变一元主体视角下档案信息资源传播效果长期得不到突破的困局。

(2)本书的研究成果可为档案自媒体的发展提供有益的启示。一方面,本书的部分论点是在梳理和总结国内外相关实践的基础上产出的,具有较强的实践性和针对性,可有效指导档案自媒体的发展;另一方面,创新扩散理论作为被时间和实践证明的科学理论,虽然其自身难免存在一些局限和不足,但其科学张力却是为大部分传播学者所承认的。本书以批判性视角审视创新扩散理论,取其精华、去其糟粕,以此为理论依据展开研究,并以提高档案信息资源自媒体传播效果和探索档案信息资源自媒体传播规律为目标,研究的结果包括规律总结、应对策略等,相关成果均可为档案自媒体的发展提供理论依据和实践依据。

1.2 概念界定

1.2.1 创新扩散理论

创新扩散理论是由美国学者埃弗雷特·罗杰斯于20世纪60年代提出的一个关于通过媒介劝服人们接受新观念、新事物、新产品的理论,侧重大众传播对社会和文化的影响,是传播效果研究的经典理论之一。创新扩散理论的主要内容包括创新的特征、创新扩散的过程、创新扩散的对象、创新扩散的阶段等。

1.2.2 档案信息资源

档案信息资源有广义和狭义之分。广义的档案信息资源指的是档案信息活动中各种要素的总称,包括档案信息、信息技术以及相应人员、资金和设备等;狭义的档案信息资源仅指档案信息本身或信息内容。本书的研究主要针对的是狭义的档案信息资源,包括档案内容信息资源、档案产品信息资源、档案工作信息资源、档案学术信息资源等。

1.2.3 自媒体传播

自媒体传播是指传播者以微信、微博、QQ、抖音、小红书等自媒体平台为媒介向社会公众传播信息的一种方式。自媒体传播具有操作简便、传播速度快、平民化、个性化、圈层化、互动性和自主性强等特点,其优势表现为传播范围广、速度快、内容丰富、影响大、用户粘性大、去中心化等。

1.3 国内外研究综述

1.3.1 国内档案自媒体传播研究现状

自媒体作为一个集合性概念,其相关研究成果大致分为两类:一类是针对档案自媒体传播的整体研究,另一类是针对档案自媒体传播类型的研究。2023 年 4 月 1 日,在中国知网文献库中经检索共获得有效文献 73 篇,其中档案自媒体整体研究成果 38 篇、具体类型档案自媒体传播研究成果 35 篇。

1.3.1.1 档案自媒体传播的整体研究

由于部分学者应用的“新媒体”“社交媒体”“网络媒介”“微媒介”等术语的外延与自媒体有大面积重合,同样被归为档案自媒体整体研究。此类研究成果中较有代表性的有以下几种。

（1）自媒体传播。张澍雅[①]（2016）分析了档案自媒体传播档案信息的优势、劣势、机会、威胁；孙大东[②]（2016）以“档案界”论坛为例，提出了档案自媒体可实现教学手段虚拟化、课程考核专家化、课外学习自主化等教育功能；侯琳[③]（2017）采用问卷调查法对档案自媒体在档案信息传播中的应用现状、存在问题及原因进行了分析，并从主体、客体、内容三个层面提出了改进档案自媒体传播的策略。

（2）新媒体传播。卢兴[④]（2015）、毕大鹏[⑤]（2016）对档案信息传播中利用新媒体的重要性、存在的问题进行了分析，提出了整合档案信息资源、丰富档案信息资源形式和内容等应对策略；朱兰兰和王梦思[⑥]（2016）认为档案部门有必要充分利用新媒体发展档案文化产业，并探讨了利用新媒体传播档案文化的价值、途径等问题；赵雪芹和李金璐[⑦]（2023）以 31 个省级综合档案馆的红色档案资源为调研对象，从档案馆网站、微博、微信公众号、抖音等平台分析了开发现状及不足，提出了借助新媒体平台拓宽红色档案征集渠道、扩大开发主体、丰富开发形式、创新宣传方式等优化路径。

（3）社交媒体传播。朱兰兰与裴佳勇[⑧]（2015）、王嘉男与赵屹[⑨]（2017）等分析了利用社交媒体传播档案信息资源存在的问题，提出了利用其进行

① 张澍雅.档案自媒体信息传播的 SWOT 分析：以档案微信为例[J].管理工程师，2016，21(4)：59-63.

② 孙大东.档案自媒体的教育功能研究：以《档案界》论坛为例[J].档案管理，2016，218(1)：55-57.

③ 侯琳.档案自媒体在档案信息传播中的应用研究[D].郑州：郑州大学，2017.

④ 卢兴.基于新媒体的档案信息传播创新研究[J].兰台世界，2015(35)：50-51.

⑤ 毕大鹏.新媒体环境下的档案信息资源建设浅谈[J].新媒体研究，2016，2(5)：38，77.

⑥ 朱兰兰，王梦思.论新媒体时代档案文化价值的发掘与传播[J].档案管理，2016，218(1)：17-19.

⑦ 赵雪芹，李金璐.新媒体环境下红色档案资源开发优化路径——以 31 个省级综合档案馆为例[J].档案与建设，2023，410(2)：54-57.

⑧ 朱兰兰，裴佳勇.社交媒体环境下的档案信息资源建设探讨[J].档案学研究，2015，146(5)：82-86.

⑨ 王嘉男，赵屹.社交媒体环境下档案信息服务 SWOT 分析及策略[J].北京档案，2017，323(11)：18-21.

档案收集、建立共同合作共享平台等应对策略。裴佳勇[①](2017)以拉斯韦尔5W传播模式为依据，基于社交媒体平台构建了档案文化传播双层互动反馈机制；卢羿芝[②](2023)、崔璐与张茜雅[③](2023)介绍了英国、澳大利亚等国家档案馆的社交媒体平台运营情况以及政务社交媒体实践，并提出我国档案机构可通过内容为基、矩阵传播、建设可全文搜索的社交媒体档案库等策略应用社交媒体平台开展传播。

(4)网络媒介传播。宋艳[④](2017)通过分析各类网络媒介给档案信息服务带来的影响，提出了优化网络环境、畅通反馈渠道、改变传播模式等优化策略；梁沙[⑤](2012)以档案馆网站、网络社区、博客、微博为例分析了网络环境下档案信息传播的整合问题；石艳霞和张婷[⑥](2015)研究构建了档案信息社会化网络传播模式，并提出通过档案信息驱动、联动制及反馈三大机制以支持档案信息社会化传播。

(5)微媒介传播。朱兰兰、任琼辉[⑦](2016)从传播者视角对档案微传播的组织、定位和运维三方面进行探讨，形成了对档案微传播的初步认识；赵彦昌、毛丽敏[⑧](2017)提出了档案工作应结合互联网思维，借助微媒体传播推动档案信息资源建设工作的发展。

---

① 裴佳勇.社交媒体环境下档案文化传播模式分析与构建[J].北京档案,2017,319(7):27-29.

② 卢羿芝.英国国家档案馆政务社交媒体存档实践及启示[J].北京档案,2023,386(2):42-45.

③ 崔璐,张茜雅.档案机构可持续应用社交媒体平台运营策略研究[J].兰台世界,2023,605(3):35-40.

④ 宋艳.网络媒介下如何完善档案信息服务[J].黑龙江档案,2017,221(2):59-60.

⑤ 梁沙.论网络环境下档案信息传播的整合:以档案馆网站、网络社区、博客、微博四种网络传播方式为例[J].档案管理,2012,194(1):11-13.

⑥ 石艳霞,张婷.档案信息社会化网络传播模式构建研究[J].档案与建设,2015,323(11):8-11.

⑦ 朱兰兰,任琼辉.档案信息微传播初探[J].档案学研究,2016,152(5):99-102.

⑧ 赵彦昌,毛丽敏."互联网+"环境下档案信息资源建设若干问题研究[J].档案学研究,2017,157(4):31-35.

1.3.1.2 档案自媒体传播的类型研究

此类研究成果中易有代表性的有以下几种。

(1)网络社区传播。顿琴和李刚①(2010)将档案信息和知识的传播、资源共享视为"档案界"论坛的重要功能并展开了分析;梁沙和陈旭②(2011)从信息传播者、传播内容、传播技术环境、传播效果等方面比较分析了档案馆网站、网络社区、博客、微博四种档案信息传播方式的优势和不足;梁沙③(2012)探讨了档案信息传播方式的优化整合问题,以期建立新媒体时代完善的档案信息传播体系。

(2)博客传播。张宁和谢海洋④(2010)通过分析档案类博客的特点及其在档案学科建设和实践工作中的优势,探讨了如何实现档案类博客在档案信息传播中的作用;赵淑梅和于振宽⑤(2010)认为博客为实现档案学教学资源网上汇聚和传播搭建了平台,也为档案学知识的传播和学习提供了多种交流与互动手段;郭焱和谭志强⑥(2015)基于受众的视角对我国档案类博客进行了分类,深入分析了其目前存在的问题及发展趋势,旨在引起业界重视博客对档案信息传播的作用。

(3)微博传播。曹琳琳⑦(2012)以档案微博为例探讨了档案信息资源

---

① 顿琴,李刚.《档案界》的网络社区:《档案界》论坛特点和功能分析[J].档案管理,2010,183(2):54-56.

② 梁沙,陈旭.网络环境下档案信息传播研究:基于档案馆网站、网络社区、博客、微博四种网络传播方式的比较分析[J].档案与建设,2011,272(12):8-10.

③ 梁沙.论网络环境下档案信息传播的整合:以档案馆网站、网络社区、博客、微博四种网络传播方式为例[J].档案管理,2012,194(1):11-13.

④ 张宁,谢海洋.试析档案类博客对档案信息传播的影响[J].兰台世界,2010,299(4):22-23.

⑤ 赵淑梅,于振宽.博客是档案学网络教学资源建设与共享的重要工具[J].档案学通讯,2010,198(6):68-71.

⑥ 郭焱,谭志强.论我国档案类博客的发展现状及趋势[J].兰台世界,2015,463(5):32-33.

⑦ 曹琳琳.档案信息资源碎片化传播研究:以档案微博为例[J].云南档案,2012,244(12):42-44.

碎片化传播的问题；蔡红[1]（2014）对档案微博的传播效果展开了分析；叶琳[2]（2017）以新浪微博为例，借助计量学方法从信息传播受众、内容和效果方面分析了新媒体环境下档案机构信息传播的趋势与特点，并提出了档案官方微博信息传播的优化建议；杨茉[3]（2022）通过分析某清代玉牒相关微博，从深化历史档案内容的内涵与拓展传播渠道两个方面提出了在融媒体视阈下历史档案文化传播的路径及策略建议。

（4）微信传播。李兴利[4]（2016）、王淼和蒋冠[5]（2017）从推文角度入手对档案微信的运营提出了相应对策；方燕平[6]（2017）以营销学理论为切入视角探讨了档案微信号运营的新模式，进而为档案微信传播提供了一种新思路；王丹丹[7]（2018）提出了档案机构提高微信传播力的建议对策；娄海婷[8]（2019）基于"5W"模式分析了档案微信传播的问题与对策；许瑶[9]（2022）以江苏省地级市档案馆微信公众号为考察对象调研分析了红色档案资源微信传播的效果。

（5）App 传播。史辉和胡晓彤[10]等（2016）分析了我国档案 App 的发展现状及其在档案信息传播中的应用，同时强调档案 App 经档案机构、企业等不同程度的开发现已具备了信息公告、文化推送、知识获取、平台互动等功

---

① 蔡红.档案微博传播效果分析与研究[J].档案与建设,2014,302(2):33-35.

② 叶琳.档案官方微博信息传播计量研究[D].南京:南京大学,2017.

③ 杨茉.融媒体视阈下历史档案文化传播研究:基于某清代玉牒相关微博的分析[J].档案学研究,2022,188(5):89-93.

④ 李兴利.最受欢迎的档案微信推文[J].中国档案,2016,518(12):34-35.

⑤ 王淼,蒋冠.档案微信公众号推文阅读量提高策略探析[J].北京档案,2017,324(12):10-13.

⑥ 方燕平.基于"4I 模型"的档案微信传播探究[J].档案天地,2017,284(12):39-41.

⑦ 王丹丹.提高档案机构微信传播力的策略研究[J].兰台世界,2018,548(6):29-32.

⑧ 娄海婷.问题与对策:"5W"模式视阈下档案微信传播研究[D].郑州:郑州大学,2019.

⑨ 许瑶.地方红色档案资源"微"传播效果调研分析:以江苏省地级市档案馆微信公众号为考察对象[J].山东档案,2022,246(1):11-14.

⑩ 史辉,胡晓彤,任洁.我国档案 APP 的发展现状及其在档案信息传播中的应用分析[J].山西档案,2016,227(3):70-72.

能,并指出将来可通过宣传推广、功能拓展等方式深化档案 APP 的应用。

1.3.2 国外档案自媒体传播研究现状

2023 年 4 月 1 日,在 PAO 电子期刊数据库、Project MUSE 人文社科期刊数据库中经检索共获得有效文献 28 篇,其中档案自媒体整体传播研究成果 18 篇、具体类型档案自媒体传播研究成果 10 篇。整体而言,国外较为注重对档案自媒体应用的实践展开调查研究。

1.3.2.1 档案自媒体传播的整体研究

此类研究成果中较有代表性的有:Jungwon[①] 等(2016)分析了社交媒体在政府档案服务中的使用情况,考察了用户的使用兴趣,并采用信息计量方法和社交媒体分析方法展开了热点分析和时间序列分析,且对推文与社会议题进行了相关性分析,提出了社交媒体在政府档案服务中的应用方案。Lawrimore[②](2017)探讨了北卡罗来纳大学格林斯伯勒分校(UNCG)之玛莎·布莱克尼·霍奇斯特别收藏和大学档案馆(SCUA)的工作人员如何建立跨多个平台的社交媒体,以便传播其馆藏资源和工作信息,并通过评估分析探讨了如何通过科学规划实现可持续性发展。Chern 等[③](2018)调查了由社交媒体记忆机构开展的参与性活动之相对未被证实的风险因素,结果显示,社交网络的发展并没有明显地改变遗产部门寻求参与的方式,大多数机构遵循的风险管理过程是被动的,即在问题发生时做出反应,而不能主动

① J UNGWON C, GANG J, JUNHYEONG P, et al. A Study on Social Media Usage of Government Archival Services and Users' Interestedness: Focused on "National Archives of Korea" and "Presidential Archives" [J]. Journal of the Korean Society for Information Management, 2016, 33(2): 135-156.

② LAWRIMORE E. Shoestring Social Media: Building a Social Media Presence for UNCG's Special Collections and University Archives [J]. North Carolina Libraries, 2017, 75(1).

③ CHERN LI L, OLIVER G, WATKINS M. Insight from social media use by memory institutions in New Zealand [J]. Online Information Review, 2018, 42(1): 93-106.

识别和规避风险。Mosweu①(2019)讨论了如何使用社会媒体平台提高博茨瓦纳国家档案和记录服务局(BNARS)的访问和可见性,通过定性研究方法展示了BNARS使用社交媒体提供档案服务的努力,进一步分析了档案机构使用社交媒体运营和外联的好处和挑战,在此基础上提出了相应的建议。Rahman和Shoeb②(2020)探索了档案中心使用社交媒体工具的类型,论证了其在档案素养培育中的使用范围,并采用定性研究方法分析了从日本的县、市和大学档案中心获得的调查数据,最终提出了一种交互式档案素养模型,以有效提高用户的档案素养。

Yang③(2020)建议将现有的记录管理方法应用于普通公众的日常档案,提出了建立一个共享社交媒体平台的构想,并认为可通过应用用户视觉相关理论提升用户体验。Barrowcliffe④(2021)认为目前关于土著人民的叙事与当代档案叙事中土著人民的叙事之间存在差距,社交媒体作为协调档案叙事与土著反叙事的工具能够在一定程度上弥合叙事鸿沟,真正实现土著人民的公平和社会正义。Mattei⑤(2021)分析了意大利档案机构社交媒体政策的方法、特点和局限性,并将其与其他国家战略尤其是法国战略进行了比较,认为随着公共管理部门愿意根据新的通信工具调整其身份,档案组织开始接触社交网络与新用户建立联系,并充分发挥其传统职能。Adams和

---

① MOSWEU T L. Use of social media platforms for increased access and visibility by the Botswana National Archives and Records Services [M]//Handbook of Research on Advocacy, Promotion, and Public Programming for Memory Institutions. IGI Global, 2019: 182-204.

② RAHMAN M M, SHOEB M Z H. Redesigning archive literacy service by using social media as a tool: Cases in Japan archive centers [J]. Annals of Library and Information Studies, 2020, 67(2): 118-124.

③ YANG I-H. Archival Platform for Everyone: Archival Design with Social Media Platform Based on User Experience Design [J]. The Korean Journal of Archival Studies, 2020, 66: 157-201.

④ BARROWCLIFFE R. Closing the narrative gap: social media as a tool to reconcile institutional archival narratives with Indigenous counter-narratives [J]. Archives and Manuscripts, 2021, 49(3): 151-166.

⑤ MATTEI S. Archival Communication in the Age of Social Media. The Italian Case and the Main Strategies in the International Context [J]. JlisIt, 2021, 12(2): 39-53.

Kopelman①(2022)运用定性研究方法进行文本分析,探讨了档案部门在社交媒体时代如何更好地展现新冠疫情危机档案。Saurombe②(2023)采用多种研究方法对隶属于国际档案理事会(ESARBICA)东部和南部地区分会的12个国家档案馆展开了调研,以了解东部和南部非洲的国家档案馆是否使用社交媒体来提高人们对档案馆的认识。Mosweu③(2023)运用定性研究方法探讨了如何使用社交媒体平台来增加博茨瓦纳国家档案和记录服务的访问权限和知名度,并分析了档案机构使用社交媒体进行营销和外展的好处与挑战。

1.3.2.2 档案自媒体传播的类型研究

具体某一类型档案自媒体传播相关研究成果中较有代表性的为:Kim④(2015)通过对档案机构运营的 Facebook 和 Twitter 上帖子的内容进行分析,考察了档案与用户之间的互动关系。研究表明,内部馆藏、网络资源信息共享、事件信息传播是帖子中最常见的互动类型,及时提供有关人或事件的信息能够激发用户的兴趣和参与。作者进一步认为,档案机构应结合现有的网络资源和各种社交媒体,采用各种方式提高用户粘性并努力提供及时的服务。Stevenson⑤(2017)为了解威斯康星档案馆如何使用 Facebook(威斯康星档案馆 Facebook 社区,WAFC),采用量化研究方法测量了社交媒体在档案领域的实施效果,以开始识别和评估未来如何使用档案社交媒体。分析发现了档案故事、交流、信息和外联四个不同的主题,为档案社交媒体传播提

---

① ADAMS T, KOPELMAN S. Remembering COVID-19: memory, crisis, and social media[J]. Media, Culture & Society, 2022, 44(2):266-285.

② SAUROMBE N. Raising awareness about public archives in East and Southern Africa through social media[M]//Research Anthology on Applying Social Networking Strategies to Classrooms and Libraries. IGI Global, 2023:1427-1448.

③ MOSWEU T L. Use of social media platforms for increased access and visibility by the Botswana National Archives and Records Services[M]//Research Anthology on Applying Social Networking Strategies to Classrooms and Libraries. IGI Global, 2023:946-968.

④ KIM J-H. A Study on Interactions between Archives and Users by Using Social Media - Based on the Cases of National Archives of the U. S. and the U. K.[J]. Journal of Korean Library and Information Science Society, 2015, 46(3):225-253.

⑤ STEVENSON J A. Social Network Analysis on Wisconsin Archival Facebook Community[D]. Milwaukee: The University of Wisconsin, 2017.

供启示和指导。Mukwevho 和 Ngoepe①(2018)调查了南非以社交媒体作为工具将档案带给13至34岁年轻人的情况。调查结果表明,很少有公共档案馆使用Facebook、Twitter和LinkedIn来吸引用户,其主要依靠的是母机构运营的社交媒体平台。作者认为如果不改变这一困境,公共档案机构可能会继续把档案从人民手中拿走,而不是把档案带给人民。Ubale②(2020)探讨了如何在尼日利亚档案机构的服务和运营中采用社交网络技术的问题,并认为随着Facebook、Twitter、What-Sapp、Skype、LinkedIn等现代技术平台的应用,档案人员别无选择只能找出合适的技术创新和平台,用于增强档案机构的服务和活动。Elsawy③(2021)认为档案馆的数字平台构成了一种在线展示其服务并与用户互动的新方式,并探讨了阿曼国家记录和档案管理局(NRAA)使用数字平台的现实情况,分析了其在增强教育方面的作用。此外,作者还讨论了美国、英国和法国国家档案馆提供教育服务的情况,以指导研究人员在NRAA数字平台上评估教育内容。

1.3.3 国内外研究述评

从上述国内外相关研究的学术史梳理及研究动态分析可以看出,已有的研究成果大部分是从传播者的视角出发,主要围绕档案信息资源自媒体传播的重要性、现状、存在问题、应对策略等展开,即站在传播者的角度回答了"为什么传播"和"如何传播"的问题。

1.3.3.1 分析框架不均衡

根据拉斯韦尔的5W传播模式,完整的传播行为包括传播者、传播内容、

① MUKWEVHO J, NGOEPE M. Taking archives to the people [J]. Library Hi Tech, 2018, 37(3): 374-388.

② UBALE K. Application and Use of Social Networking Sites for Promoting Archival Resources in the National Archives of Nigeria: An Integrated Framework Based on the Assumptions of Unified Theory and Use of Technology (UTAUT) [J]. Journal of Library, Science Education and Learning Technology, 2020, 2(1): 66-75.

③ Elsawy E. Digital Platforms and its Importance in Enhancing the Educational and Media Role of the National Records and Archives Authority in Oman [C]//2021 22nd International Arab Conference on Information Technology (ACIT). IEEE, 2021: 1-8.

传播媒介、传播受众和传播效果等五要素，对于传播行为的研究也相应包括控制分析、内容分析、媒介分析、受众分析和效果分析等五部分。目前已有的研究成果主要进行的是控制分析和媒介分析，即分析档案信息资源自媒体传播者的类型和特性，并对采用何种传播媒介、如何用好传播媒介等问题进行研究，部分研究者也开始关注传播内容的质量，即对传播内容的新颖性、丰富性等进行分析，开展了部分内容分析方面的研究。对于档案信息资源自媒体传播的用户特性、满意度以及传播的广度和深度等方面的研究尚不深入，受众分析和效果分析相对薄弱。

1.3.3.2 理论解释力度弱

部分学者已有意识地应用传播学的相关理论，如拉斯韦尔5W模式、把关人理论、受众选择“3S”理论等展开了跨学科研究，但是相关研究较为分散，没有形成系统性的研究成果，而且多数学者将研究置于传播学理论的框架之下进行论证，落脚点也重在传播策略的分析，缺乏对理论适用性与内在传播机制的深入阐释，在档案信息资源自媒体传播的规律性探索与传播模式构建方面尚显薄弱。

1.3.3.3 研究视野较狭窄

已有的研究成果大部分局限于本国的档案自媒体，对其他国家的档案自媒体缺乏深入、系统的调查与分析，且多聚焦于对单个档案自媒体进行调查研究，分析如何利用某一类自媒体进行档案信息资源的传播，研究视野较狭窄，在全面性和系统性方面有所欠缺。

1.3.3.4 量化研究较薄弱

已有研究多采用调查法、德尔菲法、文献研究法等对档案信息资源自媒体传播进行研究，已较为深入地分析和阐释了自媒体传播的特点、重要性、存在问题等，质化研究的趋向较为明显，而量化研究则显得较为薄弱，缺乏传播状况的定量分析，用以揭示和论证档案信息资源自媒体传播的内在机制和传播规律。

1.4 研究方法

本书研究过程中不仅应用了文献研究法、定量分析与定性分析相结合的方法、实证研究法等一般性研究方法，还将应用创新扩散研究的专门性研究方法，因为“在过程研究（扩散研究）中，时间是方法论的最大敌人。由前面的定义可知，创新的扩散是一个时间过程……扩散研究与大部分社会科学研究的区别在于时间变量不可忽略。时间是扩散的 4 个要素之一。”①扩散研究中关于时间维度的替代研究方法有四种，即“（1）田野实验；（2）纵向跟踪研究；（3）档案法；（4）创新进程的个案研究，从多个受试者处收集数据，相互进行有效的验证。”②整体而言，本书在研究过程中主要应用了如下几种研究方法。

1.4.1 调查法

本书在研究过程中采用了问卷调查、访谈调查、德尔菲法等多种调查方法。具体而言：其一，问卷调查法。对档案信息资源自媒体传播的创新认知属性、传播受众决策过程中行为模式、传播受众之决策模式、传播受众创新结果、各类型受众群体特性、传播受众满意度以及传播效果差距的研究中均应用了问卷调查法。其二，访谈调查法。在档案信息资源自媒体传播受众决策过程的阶段性调查、意见领袖的确定中应用了访谈调查法。此外，在档案信息资源自媒体传播中意见领袖的确定之研究过程中，具体还会应用社会测量法、受访者评级法和观察法等创新扩散研究的专门性研究方法，其中，社会测量法、受访者评级法的实施则需分别通过问卷调查和访谈调查收

---

① E. M. 罗杰斯. 创新的扩散（第五版）[M]. 唐兴通，郑常青，张延臣，译. 北京：电子工业出版社，2016：128.

② E. M. 罗杰斯. 创新的扩散（第五版）[M]. 唐兴通，郑常青，张延臣，译. 北京：电子工业出版社，2016：129.

集分析资料。其三,德尔菲法。在档案信息资源自媒体传播受众满意度评价指标的设计和制定过程中应用了德尔菲法,以借助专家的学识和智慧确定和完善评价指标及其权重,从而保证研究的科学性。

1.4.2 案例分析法

本书在研究过程中将多处应用案例分析法,以为论证提供充实的依据。具体而言,在档案信息资源自媒体传播受众之决策模式的研究中,将对吴江通、金陵档案、皇史宬、CHN 档案管理培训、仙居档案和惠民档案等 6 个微信公众号展开案例分析;在档案信息资源自媒体传播受众创新结果的研究中,将对 7 位具有典型性和代表性的用户展开案例分析;在档案信息资源自媒体传播中意见领袖的确定之研究过程中,则会以郑州大学为例展开分析,为意见领袖之确定和作用机制的研究提供扎实资料。

1.4.3 模型法

本书在研究过程中应用创新扩散理论中的相关模型展开分析。具体而言,在档案信息资源自媒体传播受众的分类比较研究中,会在充分分析罗杰斯以创新性为基础制作的采用者分类“S”形创新—扩散曲线的基础上,结合统计调查的结果,考察档案微博、档案微信公众号、档案类抖音号、档案小红书等用户情况,从而为用户分类及其规模确定提供依据。

1.5 研究内容及思路

1.5.1 研究内容

本书的研究内容除绪论外主要包括五部分:一是档案信息资源自媒体传播的创新认知属性调查,将从相对优势、兼容性、复杂性、可试性、可观察性等五个维度展开调查分析;二是档案信息资源自媒体传播受众的决策过程分析，主要包括受众决策过程的阶段性分析、决策过程中受众的行为模式、受众的决策模式与创新结果等；三是档案信息资源自媒体传播受众的分类比较研究，主要包括分类标准和方法、各类型受众群体的特性比较、意见领袖的确定等三个方面；四是档案信息资源自媒体传播受众的需求及满意度，主要包括需求分类的依据与方法、档案信息资源自媒体传播受众满意度调查研究等；五是档案信息资源自媒体传播效果的差距及缩小策略，主要包括传播效果的差距、缩小差距的策略等。

1.5.2　研究思路

本书整体上以“发现问题—分析问题—解决问题”为思路展开研究，具体内容见图 1.1。

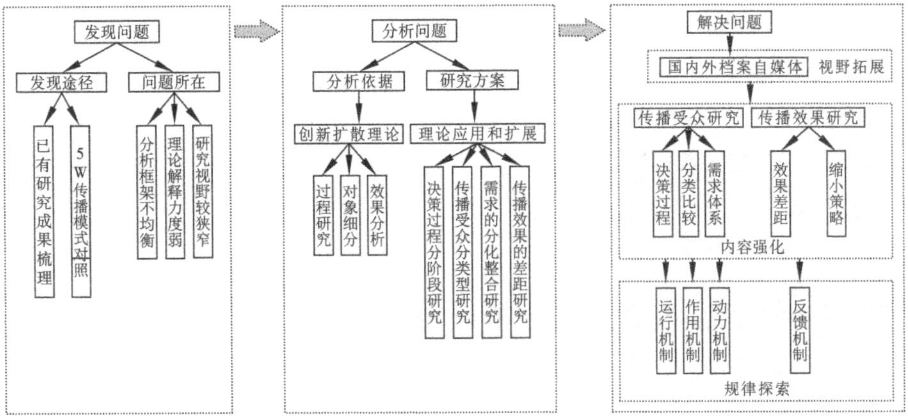

图 1.1　本书的研究思路图

1.6　主要创新点及研究的难点

1.6.1　主要创新点

1.6.1.1　*在学术思想方面的特色和创新*

(1)细分传播受众的研究思想。本书将系统展开档案信息资源自媒体传播受众的决策过程、分类比较、需求及满意度等研究,从而实现对象细分化研究。

(2)重视传播效果的研究理念。一是将传播效果作为研究的主要内容之一,二是将提高档案信息资源自媒体的传播效果作为主要研究目标之一,从而践行重视传播效果的研究理念。

1.6.1.2 在学术观点方面的特色和创新

(1)关于档案信息资源自媒体传播受众决策过程的认知。受众对档案信息资源自媒体传播的接受并非是一蹴而就的事,而是在综合因素影响下的一个完整有序的阶段性过程,这个过程需经历认知、说服、决策、执行、确认等五个阶段。

(2)关于不同类型档案信息资源自媒体传播受众的认知。这体现在两个方面:①作用方面。在档案信息资源自媒体传播的过程中,传播受众不是被动的接受者,先驱者和早期受众也会对其他受众的决策过程产生影响。②传播效果方面。不同类型的受众之间会产生效果差距,亦会因传播拉大原有的差距,而消除差距是档案信息资源自媒体传播研究和实践的重要任务。

1.6.1.3 在研究方法方面的特色和创新

(1)调查法的综合性应用。本书的研究用到了问卷法、访谈法、德尔菲法等多种调查法,通过这些方法为本书研究奠定坚实的资料基础。

(2)模型法的批判性应用。本书的研究将在批判性审视创新扩散理论的创新—决策过程模型、"S"形曲线模型的基础上,结合本书研究内容制作相关模型。

1.6.2 研究的难点

1.6.2.1 难点阐述

调查问卷及访谈提纲的设计。由于调查对象个体差异性较大,而且设计工作的主观性较强,较难精确把握。

1.6.2.2 难点解决

一是吸收了对创新扩散理论有研究的成员;二是邀请了具有丰富档案

自媒体运维经验的成员；三是邀请了擅长数据分析的成员，以便从理论依据、实践经验和研究工具等方面全方位把控。

2 档案信息资源自媒体传播的创新认知属性调查

创新、沟通渠道、时间、社会体系是创新扩散的四个要素，其中，作为第一位要素的创新是其理论的基点。罗杰斯认为："当一个观点、方法或物体被某个人或团体认为是'新的'时候，它就是一项创新。创新的定义和它是否为客观上的新、是否为第一次使用等关系不大；个体对它的反应决定它是否属于创新，如果人们认为是新颖的，它就是创新。"①不难看出，在创新扩散理论中，创新的外延非常广，这也使得该理论具有广泛的适用性。同时，根据罗杰斯对创新的阐释，在某一观点、方法或物体被认定为创新的过程中，主观性认知具有关键性作用，由此也使得创新具有很强的认知属性，而且，这一属性具有至关重要的作用——"创新的属性和用户对它的认知决定了创新被采用的速度。"②

① E. M. 罗杰斯. 创新的扩散（第五版）[M]. 唐兴通，郑常青，张延臣，译. 北京：电子工业出版社，2016：14.

② E. M. 罗杰斯. 创新的扩散（第五版）[M]. 唐兴通，郑常青，张延臣，译. 北京：电子工业出版社，2016：17.

2.1 研究思路及方法

2.1.1 问卷调查的理论依据

本章采用问卷调查法展开。依据创新扩散理论,不同创新的重要性和扩散速度是不同的,其决定因素包括相对优势、兼容性、复杂性、可试性、可观察性等五个认知属性,“过去的研究也表明,这五个维度是描述创新被采用程度最重要的特征,特别是前两个因素。”①根据罗杰斯对五个认知属性的阐述制作了表2.1。

表2.1 创新的五个认知属性的定义②

序号	名称	定义
1	相对优势	创新相比被其取代的现有观念或技术优越的程度
2	兼容性	创新和目前的价值体系、过去的经验以及个人需求相一致的程度
3	复杂性	理解和使用某项创新的相对难度
4	可试性	创新可以在有限的基础上被试验的程度
5	可观察性	创新成果能被其他人看到的程度

由表2.1可知,相对优势、兼容性、可试性、可观察性与创新的采用率呈正比关系,且在罗杰斯看来,相对优势和兼容性的影响力更大;复杂性与创新的采用率呈反比关系。

根据对麦克卢汉“媒介即讯息”论的解析可知,自媒体传播对人和社会

① E. M. 罗杰斯. 创新的扩散(第五版)[M]. 唐兴通,郑常青,张延臣,译. 北京:电子工业出版社,2016:19.

② E. M. 罗杰斯. 创新的扩散(第五版)[M]. 唐兴通,郑常青,张延臣,译. 北京:电子工业出版社,2016:17-19.

的影响不是即刻就能显现出来,用户对自媒体的认知也需要经历一个发展过程。依据罗杰斯对创新和五个认知属性内涵的阐释,创新的认知属性主要是用户的主观认知,与客观因素或第一次使用与否关系不大。就档案自媒体而言,用户对其使用已经历了一个时间段,如我国第一个档案微信公众号自 2013 年开通至今也已有 10 多年之久,用户在使用过程中对其功能、属性、运维状况等也产生了较为深刻的认知,而且随着快手、抖音、西瓜、火山等短视频平台的相继出现,用户也会在相互比较中产生更深刻的认识。综合以上分析,档案信息资源自媒体传播之创新认知属性的研究可通过对用户的调查展开。具体而言,本章以罗杰斯对五个认知属性的理论阐释为依据分五个维度展开调查,并结合其内涵和档案信息资源自媒体传播的特征和实际情况,在每个维度之下再细化设置相应题目,以展开深入全面的调查研究。

2.1.2 研究工具及数据处理

本章以自行设计的《档案信息资源自媒体传播的创新认知属性调查问卷》为工具展开,调查对象为档案自媒体用户,包括档案微信、微博、QQ、抖音、Facebook、Twitter 等自媒体平台的用户。调查内容为基本信息、相对优势、兼容性、复杂性、可试性、可观察性等六部分。其中,基本信息包括用户所在单位的性质、用户的年龄、用户受教育的程度、用户应用频率最高的档案自媒体等四个方面;对五个认知属性的调查为主体部分,每个维度之下设置有相应题目,共计 29 题,均为单选题。同时,为了便于查阅和比较,调查结果以相应数据所占百分比计量。

2.1.3 问卷发放及回收情况

本次调查的问卷通过问卷星网络平台发放和回收,并通过微信、QQ 等工具传播扩散,调查时间为 2022 年 3 月 10 日至 25 日。调查共回收问卷 418 份,有效问卷 418 份,有效率为 100%。在有效问卷的调查对象中,从所在单位的性质看,学校占 53.11%、党政机关事业单位占 21.05%、国有企业占 9.33%、私企占 11.72%、其他占 3.11%、个体占 1.44%、军队占 0.24%;从年龄看,19 岁及以下的占 2.63%、20～29 岁的占 48.80%、30～49 岁的占 41.15%、50～59 岁的占 5.98%、60 岁及以上占 1.44%;从受教育程度看,初中和高中各占 0.24%、大专占 6.45%、本科占 47.61%、硕士占 29.19%、博士占 16.27%;从自媒体应用频率看,85.41% 的用户使用微信的频率最高,6.46% 用户使用 QQ 的频率最高,4.07% 的用户使用微博的频率最高,2.39% 的用户使用抖音的频率最高,1.2% 的用户将其他自媒体如头条、百度、小红书等作为使用频率最高的自媒体,国外自媒体如 Facebook、Twitter 等使用频率最高的用户占 0.47%。从以上数据可以看出,本次调查问卷的有效回收率高,样本覆盖面广,可在一定程度上保障调查的信度和效度。

2.2　调查统计与分析

2.2.1　相对优势

依据相对优势的内涵并结合档案自媒体的实际情况,此维度下的参照系均为档案网站、纸媒等媒介。

表 2.2　档案自媒体的相对优势大小程度统计表(N=418)

程度	形式的灵活性和多样性	内容的丰富性和吸引力	与用户的互动性	传播速度	传播广度	传播效果
无	0.48%	0.96%	0.96%	0.72%	1.20%	0.72%
比较小	1.67%	4.07%	2.87%	2.87%	3.35%	3.35%
一般	16.03%	16.51%	15.79%	13.88%	14.59%	18.90%
比较大	44.50%	44.26%	41.15%	33.01%	39.71%	45.69%
非常大	37.32%	34.20%	39.23%	49.52%	41.15%	31.34%
后两项之和	81.82%	78.47%	80.38%	82.53%	80.86%	77.03%

由表2.2可知，与档案网站、纸媒等媒介相比，档案自媒体展现了较为明显的相对优势，各调查项目比较兼容和完全兼容之和的百分比平均为80.18%。其中，传播速度、形式的灵活性和多样性、传播广度等三方面的相对优势较为突出，分列一、二、三位；与用户的互动性、内容的丰富性和吸引力、传播效果等三方面的相对优势次之，均低于81%。值得关注的是，传播效果排在倒数第一位，这在一定程度上显示我国档案自媒体的传播效果欠佳。

2.2.2 兼容性

根据兼容性的内涵并结合档案自媒体的实际情况，此维度下主要围绕档案事业发展趋势、档案网站与纸媒等传播渠道、了解档案资讯的需求、学习工作或研究提供参考的需求、提高专业兴趣与积极性的需求、培养专业感情与责任的需求、增强专业自信与自尊的需求等方面展开调查。

表2.3 档案自媒体的兼容性程度统计表（N=418）

程度	档案事业发展趋势	档案网站、纸媒等传播渠道	了解档案资讯的需求	学习、工作或研究提供参考的需求	提高专业兴趣与积极性的需求	培养专业感情与责任的需求	增强专业自信与自尊的需求
完全不兼容	0.24%	0.48%	1.20%	1.44%	0.96%	0.96%	1.20%
比较不兼容	4.07%	4.55%	6.94%	8.61%	5.02%	7.66%	6.22%
一般兼容	22.48%	28.46%	37.55%	40.43%	34.93%	35.89%	39.95%
比较兼容	56.46%	53.11%	46.65%	42.58%	49.52%	45.93%	44.26%
完全兼容	16.75%	13.40%	7.66%	6.94%	9.57%	9.57%	8.37%
后两项之和	73.21%	66.51%	54.31%	49.52%	59.09%	55.50%	52.63%

由表2.3可知，档案自媒体的兼容性较差，各调查项目比较难和非常难之和的百分比平均仅为59.01%。其中，与档案事业发展趋势和档案网站、

纸媒等的兼容性程度相对较高，分别排在第一、第二位，且均超过了65%。与为学习、工作或研究提供参考的需求之兼容性程度最低。需要注意的是，档案自媒体与个人需求的兼容性程度均在60%以下，平均为53.39%，这在一定程度上显示我国档案自媒体与用户个人需求的匹配度不高，提升空间较大。

2.2.3　复杂性

根据复杂性的内涵并结合档案自媒体的特点，此维度下的调查围绕档案自媒体在软件操作使用、内容编辑、互动交流的实现、信息展示的实现等方面展开。

表2.4　档案自媒体的复杂性程度统计表（N=418）

程度	操作使用	内容编辑	互动交流的实现	信息展示的实现
非常容易	10.29%	5.50%	13.87%	10.77%
比较容易	48.09%	42.58%	44.02%	44.74%
难度适中	35.64%	39.47%	34.69%	36.84%
比较难	5.98%	12.20%	7.18%	7.42%
非常难	0%	0.25%	0.24%	0.24%
后两项之和	5.98%	12.44%	7.42%	7.65%

由表2.4可知，档案自媒体的复杂性程度较低，各调查项目比较大和非常大之和的百分比平均为8.38%。其中，操作使用的复杂性程度最低，互动交流的实现次之，且选择非常容易的占13.88%，明显高于同类项。内容编辑的复杂性程度最高，比较难和非常难两项之和的百分比达到了12.44%。

2.2.4　可试性

根据档案自媒体的使用情况和相关经验，此维度下的调查主要围绕指导或学习性材料、别人的指导、使用其他类似的档案社交应用、使用非档案领域自媒体的经验等展开。

在418位调查对象中,查阅过相关指导或学习性材料的有129人,占30.86%;接受过他人指导的有122人,占29.19%;使用过其他类似档案社交应用的203人,占48.56%;使用过非档案领域自媒体的有265人,占63.40%;各调查项目平均为64.04%,可试性一般。同时,课题组认为,比测度可试性程度更为重要的是上述四个项目对用户使用档案自媒体的影响程度,因为此项测度对档案自媒体今后之发展具有更大的参考价值。表2.5显示,对用户使用档案自媒体影响程度最大的是接受别人的指导,使用非档案领域自媒体的经验次之,查阅指导或学习性材料的影响排在第三位,使用其他类似的档案社交应用之经验的影响最小。

表2.5 可试性项目对用户使用档案自媒体的影响程度统计表

程度	指导或学习性材料(N=129)	别人的指导(N=122)	使用其他类似的档案社交应用的经验(N=203)	使用非档案领域自媒体的经验(N=265)
无影响	2.33%	0.82%	3.45%	1.89%
比较小	1.55%	4.10%	6.40%	4.53%
一般	35.66%	25.41%	30.54%	27.17%
比较大	44.96%	48.36%	43.35%	47.92%
非常大	15.50%	21.31%	16.26%	18.49%
后两项之和	60.46%	69.67%	59.61%	66.41%

2.2.5 可观察性

根据可观察性的内涵,此维度下主要调查其他档案自媒体用户在使用档案自媒体之后所取得的效果被调查对象观察和感知到的程度。

表 2.6　档案自媒体的可观察性程度统计表（N=418）

程度	知悉档案资讯方面的进步	学习、工作或研究方面的进步	专业兴趣与积极性方面的进步	专业感情与责任方面的进步	专业自信与自尊方面的进步
观察不到	2.63%	1.91%	2.15%	2.87%	2.39%
比较小	9.09%	12.44%	11.48%	11%	11.48%
一般	39.72%	41.87%	39.96%	40.19%	40.43%
比较大	36.84%	33.49%	36.12%	34.69%	34.93%
非常大	11.72%	10.29%	10.29%	11.24%	10.77%
后两项之和	48.56%	43.78%	46.41%	45.94%	45.70%

由表 2.6 可以看出，档案自媒体的可观察性程度较低，各调查项目比较大和非常大之和的百分比平均为 46.08%。其中，知悉档案资讯方面的进步最高，专业兴趣与积极性方面的进步次之，可观察性程度最低的是学习、工作或研究方面的进步。

2.3　调查结论及策略前瞻

2.3.1　调查结论

2.3.1.1　兼容性、可试性和可观察性维度评价结果不容乐观

在前述调查结果统计的基础上，进一步计算了五个调查维度的平均值，以便观察档案自媒体评价的整体情况，如表 2.7 所示。

表 2.7　档案自媒体评价整体情况一览表

评价维度	相对优势	兼容性	复杂性	可试性	可观察性
平均值	80.18%	59.01%	8.38%	64.04%	46.08%

由表2.7可知,在五个维度中,相对优势最高,平均值超过80%;可试性次之,但平均值稍低;兼容性平均值排第三位,低于60%;可观察性平均值排第四位,低于50%。罗杰斯指出,在五个认知属性中对创新的采用率影响最大的是相对优势和兼容性,可试性和可观察性的影响次之。根据调查统计结果,除了相对优势较为良好外,档案自媒体在兼容性、可试性和可观察性方面都未达到预期。根据创新扩散理论,复杂性与创新的采用率成反比关系,因此,从调查统计的结果来看,复杂性维度的评价结果良好。从整体来看,档案自媒体虽然具有较高的相对优势和较低的复杂性,但在兼容性、可试性和可观察性方面存在较多问题,结果不容乐观。

2.3.1.2 各维度中不同项目的评价差异较小

在相对优势维度,档案自媒体在传播速度方面的相对优势最大,超过了80%,传播效果最小,二者的差幅为5.5%。在兼容性维度,档案自媒体与档案事业发展趋势的兼容性程度最高,学习、工作或研究提供参考的需求最低,二者的差幅为27.79%。在复杂性维度,档案自媒体在内容编辑方面的复杂性程度最高,操作使用方面最低,二者的差幅为6.46%。在可试性维度,接受别人指导最高,其对用户使用档案自媒体的影响程度也最大,使用其他类似的档案社交应用的经验最低,二者的差幅为10.06%。在可观察性维度,知悉档案资讯方面的进步可观察性程度最高,学习、工作或研究方面的进步最低,二者的差幅为4.78%。整体而言,各维度中不同项目评价结果的差异性不高,说明档案自媒体每一维度内的评价结果相对一致。

2.3.1.3 档案自媒体未能有效满足用户需求

在相对优势维度,传播效果与档案自媒体能够满足用户需求的程度直接相关,但在调查项目中传播效果这一指标的相对优势最低;在兼容性维度,与个人需求相关的五个项目兼容性程度都较低,均在60%以下;而可观察性维度的五个项目是个人需求方面的内容,但可观察性维度中比较大和非常大之和的平均值低于50%。因此,在未来的发展中,档案自媒体运营者应该将满足用户需求作为重点工作,并根据用户需求的特点和内容进行匹配,有针对性地提高用户满意度。

2.3.2 策略前瞻

2.3.2.1 注重传播效果

通过档案自媒体传播信息资源,需注重对用户产生的影响,不能仅仅发布了事。档案自媒体在传播信息资源时应注重传播效果,以良好的传播效果提高用户工作能力、增进用户专业感情、培植用户专业责任。在评价传播效果时不能单纯参照档案自媒体的点击量或阅读量,否则极易产生自媒体点击量很高但用户使用体验较差的虚假繁荣景象,应主要看用户反馈的结果,而且反馈对象可不局限于用户本人,其周围的同事、同学、朋友等也可作为反馈对象。相应地,可以通过建立多元化沟通渠道及时接收用户反馈,定期对信息资源传播效果进行评定和考量,进而维持良好的传播效果。因此,档案自媒体运维者除了可以通过评论版块接收反馈信息外,还可以通过建立读者微信群或 QQ 群、手机短信、电子邮件等方式建立多元化的沟通渠道,与用户保持良好的互动交流,进而动态地考量和提升传播效果。

2.3.2.2 匹配用户需求

档案自媒体在满足用户需求方面的效果不佳反映出其在匹配用户需求方面有所欠缺,因而在档案自媒体平台的建设和运维过程中应研究用户需求的内容和特点,对其需求进行匹配进而有针对性地发布档案信息资源。其一,档案自媒体在建设时应明晰功能定位,确定目标用户。如以发布相关档案管理办法、档案统计数据、典型案例等信息为功能定位,或以发布身边档案小故事、生活档案等为目标定位,进而方便确定目标用户群体。其二,档案自媒体运维时应结合时事,并定期研究用户群体的需求。如在中国共产党成立 100 周年的背景下,档案自媒体可以通过发布档案人物先进事迹、档案人物访谈资料等信息满足用户培养专业感情与责任、增强专业自信与自尊的需求等,在弘扬主旋律的同时,也可满足用户需求。其三,在档案自媒体的运营过程中应重视用户的反馈意见。一方面可安排专门的运维人员或团队及时答复用户的反馈,对于用户提出的重要意见还应将整改措施及时公布;另一方面,可通过各种奖励措施引导用户积极发表意见,对高价值意见应及时表彰。

2.3.3.3 打造联盟矩阵

从对可试性项目的评价中可以看出，对用户使用档案自媒体影响程度最大的是接受别人的指导，最小的是使用其他类似的档案社交应用的经验。档案自媒体运维者可以尝试打造一个联盟矩阵，搭建档案信息资源传播的联盟链条。在联盟矩阵搭建过程中可借鉴其他行业的经验，如区块链门户网站“链门户”通过汇集行业快讯、区块链应用、自媒体等融合展示区块链相关资讯和内容，共同推进区块链相关应用的发展，为广大缺乏对区块链理解的用户提供了一个安全、诚信、可靠的学习渠道。档案自媒体传播也可以尝试搭建类似平台，对优秀的档案平台和内容进行集中展示，尤其是优质的档案信息资源的动态展示，可以让用户及时且方便地获取优质内容信息。同时，联盟链条建成后也可方便用户向朋友推广相应的优质平台和文章，进一步拓宽档案信息资源的传播广度，提高档案自媒体传播的可行性。

3 档案信息资源自媒体传播受众的决策过程分析

罗杰斯认为："扩散指的是创新在特定的时间段内，通过特定的渠道，在特定的社群中传播的过程。"①根据其定义，扩散不仅是一个过程，而且这个过程必须具备四个要素——创新、沟通渠道、时间和社会体系，其中，社会体系从传播学的角度看即为受众。同时，作为创新扩散的第三个要素——时间虽然被很多研究忽略，但是其功能却是无可替代的，因为其具有衡量扩散效果的作用。在时间维度，创新扩散研究首要的、重要的内容即为创新—决策过程。"创新—决策过程指的是个人或决策单位从认知创新到对此创新形成态度的过程，包括采用或反对该创新、执行该创新、确认自己的态度。"②依据罗杰斯对创新—决策过程的阐述，受众对档案信息资源自媒体传播的接受需经历五个阶段，即认知阶段、说服阶段、执行阶段、决策阶段、确认阶段。随着决策过程的阶段性变化，受众的行为变化也将依次经历思考前期、思考期、准备期、行动期、维持期，不同时期受众所表现出的效果层级亦有所不同。

---

① E. M. 罗杰斯. 创新的扩散（第五版）[M]. 唐兴通，郑常青，张延臣，译. 北京：电子工业出版社，2016：7.

② E. M. 罗杰斯. 创新的扩散（第五版）[M]. 唐兴通，郑常青，张延臣，译. 北京：电子工业出版社，2016：22.

3.1　受众决策过程的阶段性分析

3.1.1　创新—决策过程之五个阶段的内涵

根据罗杰斯的论述,创新—决策过程包含三个要点:第一,罗杰斯不仅总结了创新—决策过程的五个阶段,即认知、说服、决策、执行和确认,而且还分别对其进行了界定。第二,罗杰斯指出:“创新—决策过程是信息搜集和信息处理的行为过程,其目的是减少创新带来的不确定性。”[①]在不同的阶段,受众的行为不同,传播方式也不同。整体而言,在认知阶段,受众的行为主要为搜集创新信息,其主要目的在于了解创新是什么、如何工作、为什么工作等,且在此阶段中相应的创新信息通过大众传播的方式即可完成传递。而在后续的四个阶段中,受众的行为主要为处理创新信息,具体而言包含两项内容:搜集创新评估的信息以减少创新结果的不确定性、根据自己的实际情况评价创新的优缺点,其主要目的在于获知创新是否能为自己带来好处,从而决定自己是采用创新还是拒绝创新。说服、决策、执行、确认四个阶段受众传递创新评估信息的最有效方式是圈层传播,即在同一圈层内的沟通,而且从他人那里获取的主观评估会对个体的决策产生重要影响。第三,创新—决策过程的五个阶段一般是按照时间顺序展开的,各阶段之间没有明显的界限,但是由于权力部门强行要求个体采用某些创新时也会出现例外情况。

罗杰斯虽然对创新—决策过程及其五个阶段的定义、受众行为、传播方式等做了全面、系统的理论阐述(见表3.1),但其也承认对创新—决策过程的测量分析只能靠受众的回忆获取资料。而且在以往的创新扩散研究中,囿于受众回忆的误差、主观性较强等原因,获取的资料不会百分之百准确。

---

① E.M.罗杰斯.创新的扩散(第五版)[M].唐兴通,郑常青,张延臣,译.北京:电子工业出版社,2016:22.

基于此,在已有的创新扩散研究中,学者们普遍采用了过程研究的理念,即通过对抽样选定的受众分时段进行多次深入访谈搜集资料,以保证其可靠性。

表 3.1　创新—决策过程的五个阶段①

阶段名称	定义	受众行为	传播方式
认知	个人或决策单位接触到某创新并了解其功能	搜集创新信息	大众传播
说服	个人或决策单位赞成还是反对该项创新	处理创新信息	圈层传播
决策	个人或决策单位拒绝还是采用该项创新		
执行	用户使用该项创新		
确认	用户确定自己所作的决定		

3.1.2　档案信息资源自媒体传播受众决策过程的阶段性调查分析

3.1.2.1　研究思路及方法

本部分的研究通过访谈调查展开,具体研究思路及方法如下:

第一,依据罗杰斯对创新—决策过程五个阶段内涵的阐述,结合档案信息资源自媒体传播的特点和实际情况,以自行设计的"档案信息资源自媒体传播访谈提纲"为调查工具。

第二,"档案信息资源自媒体传播访谈提纲"的内容包括访谈对象基本信息,主要是以选择题的形式调查其所在单位的性质、年龄、受教育程度等;主体调查部分设置了 10 个问答题,基本思路是从认知阶段、说服阶段、决策阶段、执行阶段和确认阶段等 5 个维度设计题目,每个维度下设置了 2 个题目。

第三,"档案信息资源自媒体传播访谈提纲"通过微信发放和回收,分为群发和定向发放两种形式。群发即研究者在各种档案微信群进行发放,定

① E. M. 罗杰斯. 创新的扩散(第五版)[M]. 唐兴通,郑常青,张延臣,译. 北京:电子工业出版社,2016:22-23.

向发放即在微信好友中选择在档案信息资源自媒体传播中较为活跃、不同单位、不同年龄段的好友发送调查问卷。调查时间为2022年7月10日至2022年7月31日。

第四,"档案信息资源自媒体传播访谈提纲"回收之后,采用NVivo11软件作为研究分析工具。NVivo系列软件主要用于质性研究中的资料分析,能够协助研究者完成文字、图片、声音甚至视频等资料的收集、整理、分析以及呈现工作,可以增进质性研究的严谨性与信实度。具体操作过程:根据NVivo11软件运行的规则,首先将问卷的题项进行汇总,然后导入NVivo11软件进行分析,根据扎根理论确定一级编码后,再通过文本内容逐条分析并细分提取二级编码,通过分层对节点内容展开分析、关联和归纳,最后利用NVivo11软件中内嵌的词频分析功能,通过可视化方式直观展示原始资料的主要关注点。

3.1.2.2 调查统计与分析

(1)接触档案自媒体的时间。如图3.1所示,词语云图中的字号大小代表了该词或句子在答案文本中出现频数的多少,字号越大说明出现次数越多,反之亦然。从图中可直观看出,出现频率最高的词为"大学",其次是"2019",第三是"2018"。从词频排名前三的语词可看出,大部分受访者接触档案自媒体的时间较晚,且"大学"为一个关键时间点,这是由于受访者中在读大学生群体占比较大所致。

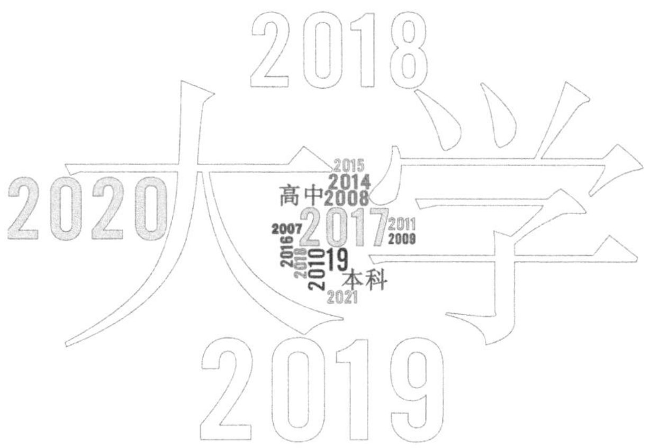

图3.1 受访者接触档案自媒体时间的词语云图

（2）接触档案自媒体的原因。共131位受访者对接触原因进行了回答，其中，32%的受访者表示，接触档案自媒体是出于了解的目的，即或是了解学科本身或是了解相关信息；21.2%的受访者表示是为了学习，即旨在为所学习的专业服务；17.9%的受访者是为了针对性地获取知识而开始接触档案自媒体；16%的受访者则是在他人推荐下开始接触档案自媒体；12.9%的受访者是出于工作需要开始接触档案自媒体。整体而言，大部分受访者是出于自身需要而接触的档案自媒体。

（3）接触档案自媒体的途径。如图3.2所示，在矩形式树状结构图中，矩形所占比例越大说明其词频越高，即相对应语词的出现频率越高。图中呈现的是出现频率前10位的词语。可以看到，在接触途径中，推荐是接触途径中占比最多的，从侧面反映了目前档案自媒体用户的推荐意愿是较为强烈的。此外，搜索是词频中出现第二高的词语，这意味着档案自媒体已逐渐成为用户在解决相关问题时主要考虑的媒介与平台之一。此外，分享一词排名第三位，转发、自行、查询、查找、课堂等词频相对也较高；上课、同业等则相对较低。

图3.2　受访者接触档案自媒体途径的矩形式树状结构图

（4）接触档案自媒体的功能。如图3.3所示，受访者接触档案自媒体所用的功能，学习、获取和传播知识排名第一，档案宣传排名第二位，档案信息资源的科普和介绍分列三四位，档案信息资源的分享和档案热点的了解和传递排名最低。

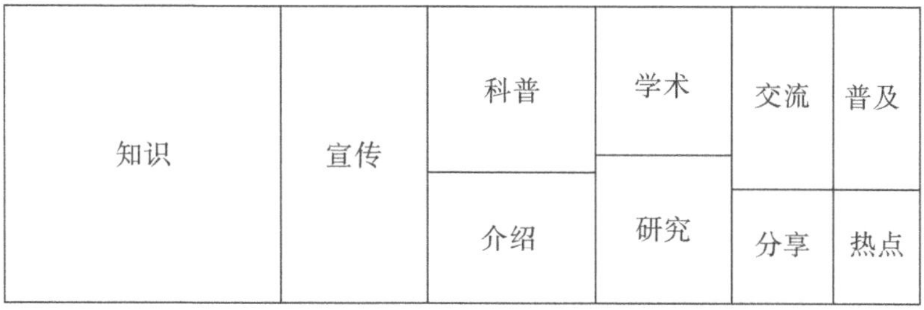

图 3.3　受访者接触档案自媒体功能的矩形式树状结构图

(5)通常使用档案自媒体的频率。如图 3.4 所示,受访者中每天使用档案自媒体的占比最高,且在其中有超过一半的受访者表示每天会多次使用档案自媒体;每周使用的占比排名第二位。此外,“不同”和“规律”排在第三、第四位,其中,“不同”排名靠前主要是和档案自媒体的多元化和其推送信息的多样化有关;“规律”的高排名说明用户对档案自媒体的使用呈现出了较强的规律性,这也与档案自媒体更新频率的规律性有关。而“经常”“每月”“偶尔”排名相对靠后。

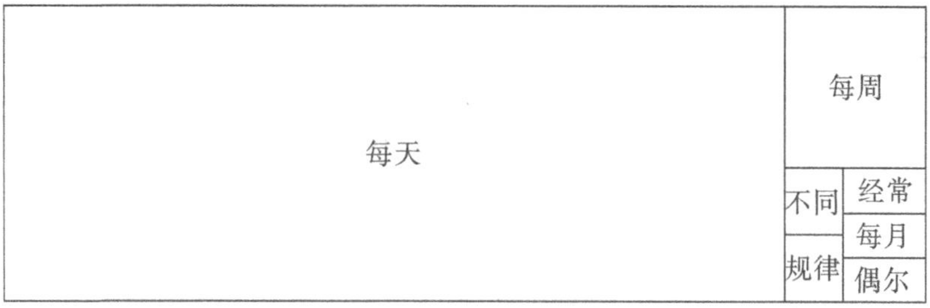

图 3.4　受访者通常使用档案自媒体频率的矩形式树状结构图

(6)通常使用档案自媒体的功能。从表 3.2 中可以看到,收藏、查询、转发、评论等自媒体的基础功能是多数受访者的常用功能,而部分较新型的自媒体功能如讲座的使用人数相对较少,说明目前大部分用户对档案自媒体功能未作过多要求,基本的功能即可满足其使用需要。

表 3.2　受访者通常使用的档案自媒体功能的词频列表

单词	长度	计数
知识	2	37
收藏	2	32
查询	2	25
转发	2	24
获取	2	18
文章	2	12
评论	2	10
热点	2	4
讲座	2	4

(7)使用档案自媒体的目的与使用需求。从表 3.3 中数据可见,对于受访者来说,档案自媒体所发布文章的阅读、转发、分享是其使用档案自媒体的主要目的。此外,获取优秀、优质内容以及从档案自媒体所推送的内容中获取更多档案知识也是其使用档案自媒体的重要原因。

表 3.3　受访者使用档案自媒体的目的词频列表

单词	长度	计数
文章	2	73
转发	2	51
优秀	2	47
知识	2	22
分享	2	8

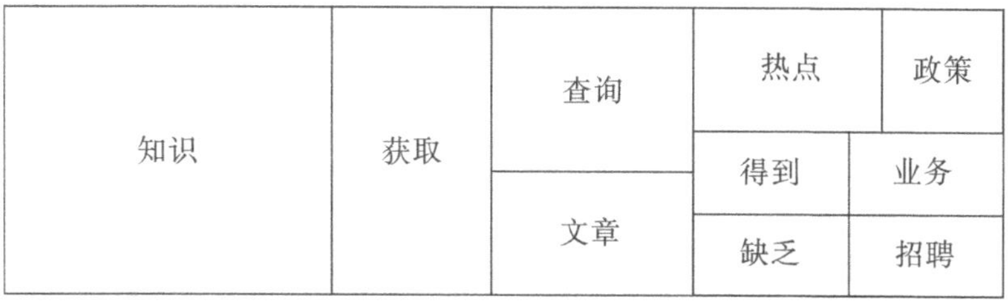

图 3.5　受访者使用档案自媒体的需求的矩形式树状结构图

图 3.5 是受访者对“档案自媒体的使用需求”这一问题做出回答的矩形式树状结构图。可以看到，在使用档案自媒体时，大多数用户是为了满足知识获取、热点跟进、政策了解、工作需求、查漏补缺等方面的需要。通过量化词频数据也可以发现，用户对于使用档案自媒体的需求是多元的。

(8)使用档案自媒体目的与需求的满足情况。图 3.6 展示了受访者关于“使用档案自媒体是否满足自身使用需求与目的”这一问题所做回答之排名前 10 位的高频词语。从高频词语中可以看到，面对用户多元的使用需求与使用目的，档案自媒体相对的满足程度以“一定”“部分”“不能”“有时”“一部分”“可能”为多数，说明满足程度是有限的。而“大部分”“大多数”“基本上”“完全”等高频词则说明了档案自媒体对用户最基本的诉求是有满足能力的。

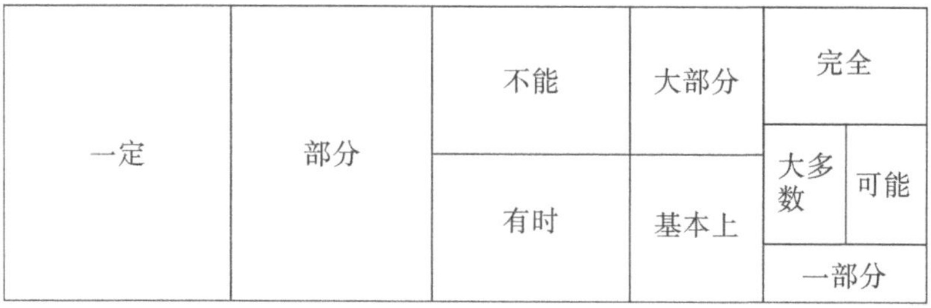

图 3.6　受访者使用档案自媒体的目的与需求满足情况的矩形式树状结构图

(9)对档案自媒体本身的态度及原因。表 3.4 所呈现的是受访者在“对档案自媒体本身态度”这一问题所做回答中的高频词。其中，赞成、赞同、积极、看好等表示正面积极的态度词占绝大多数，而无所谓的中立态度词出现频率较低。整体而言,绝大部分受访者对档案自媒体本身都是持正面态度的。

表 3.4 受访者对档案自媒体本身态度的词频列表

单词	长度	计数
赞成	2	120
赞同	2	7
积极	2	2
看好	2	1
无所谓	3	1

图 3.7 呈现了受访者在"对档案自媒体本身态度形成原因"这一问题所做回答中出现频率排前 10 位的词语。从统计结果中可以看到,用户普遍对档案自媒体呈正向态度,一方面,由于档案自媒体的作用十分丰富,其既可以提供知识、便于信息获取、提供交流便利,还可以满足受访者实现专业学习的需求,且能提供一些额外的来自档案领域的帮助。"时代"一词作为高频词语出现也说明了档案自媒体受到大部分用户支持的原因还在于其运营是时代发展的必然要求。

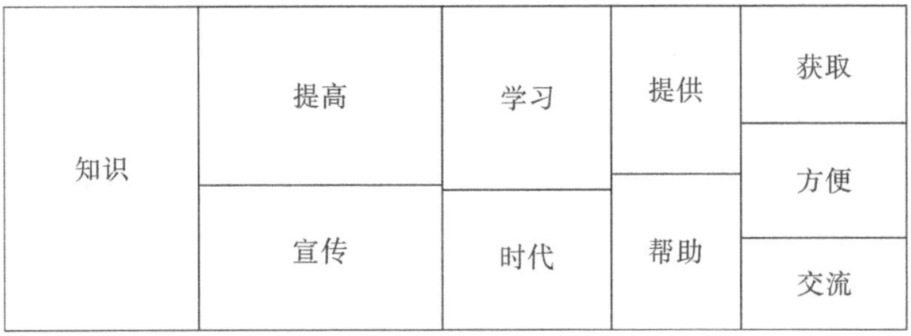

图 3.7 受访者对档案自媒体本身态度形成原因的矩形式树状结构图

(10)对档案自媒体传播模式、运营机制、功能设置、服务项目的态度与原因。表 3.5 是受访者在"对档案自媒体的传播模式、运营机制、功能设置、服务项目的态度"这一问题所做回答中排名前 10 位的词频列表。从统计数据可以看出，绝大部分受访者所持的态度为“肯定”，也有一定数量的受访者则持有“可有可无”“一定”“部分”“有时”“基本上”的中立态度，少部分受访者持“不能”“否定”的负向态度。

表3.5　受访者对档案自媒体传播模式、运营机制、功能设置、服务项目态度的词频列表

单词	长度	计数
肯定	2	106
可有可无	4	15
一定	2	14
部分	2	12
不能	2	6
有时	2	6
否定	2	5
基本上	3	4
大部分	3	4
完全	2	4

从访谈内容来看，持中立态度的受访者主要是对目前档案自媒体的功能设置与服务项目持保留意见，或认为没有设置的必要，或认为已有的效果差强人意。大部分持中立态度与正向态度的受访者都对传播模式表达了肯定。需要指出的是，对于运营机制的回答因大部分受访者了解有限，因此回收到的有效样本较少。

(11)对主动尝试档案自媒体功能与服务的态度。图3.8呈现的是受访者在“对主动尝试档案自媒体功能与服务态度”这一问题所做回答中出现频率排前10位的词语。从统计数据可以看出，绝大多数受访者对主动尝试档案自媒体功能与服务持正向态度，即持“会”“尝试”“支持”“好”等态度。从文本内容来看，这种尝试意愿是有前提的，即在有时间、有精力的情况下且相关功能与服务需具有一定的创新性与实用性。

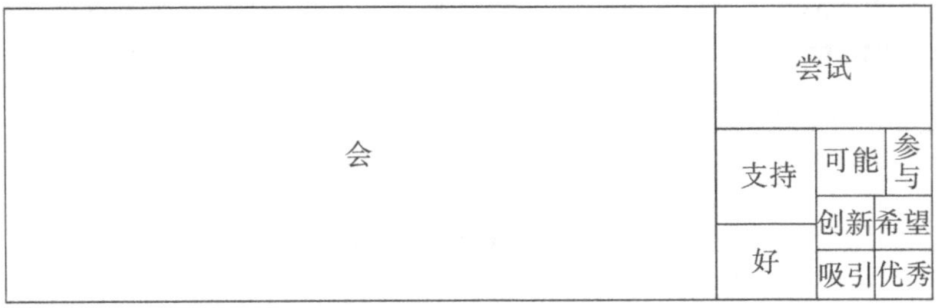

图 3.8　受访者对主动尝试档案自媒体功能与服务态度的矩形式树状结构图

(12)对主动关注或运营更多档案自媒体的态度与原因。表 3.6 是受访者对“是否愿意主动关注或运营更多档案自媒体的态度”这一问题所做回答中的词频列表。从表中数据可以看出,绝大部分受访者的态度是肯定的。需要说明的是,从内容分析,多数受访者对主动关注更多档案自媒体的意愿更强烈,而运营档案自媒体的意愿多数未有提及。

表 3.6　受访者对主动关注或运营更多档案自媒体态度的词频列表

单词	长度	计数
会	1	128
运营	2	5
选择性	3	1
有限	2	1

图 3.9 呈现的是受访者对“是否愿意主动关注或运营更多档案自媒体的态度产生原因”这一问题的回答频率排前 10 位的词语。基于上文中的态度分析,大部分受访者持肯定态度是因为其认为档案自媒体具备为其提供获取信息与知识的功能,能够丰富对档案的认识、提高个人专业能力、开阔档案专业视野、满足休闲娱乐的需求等。此外,从文本内容上看,表示“选择性”“有限”关注更多档案自媒体的受访者认为,目前已有的档案自媒体功能与内容的同质性较高,已关注的自媒体能满足其使用需求。

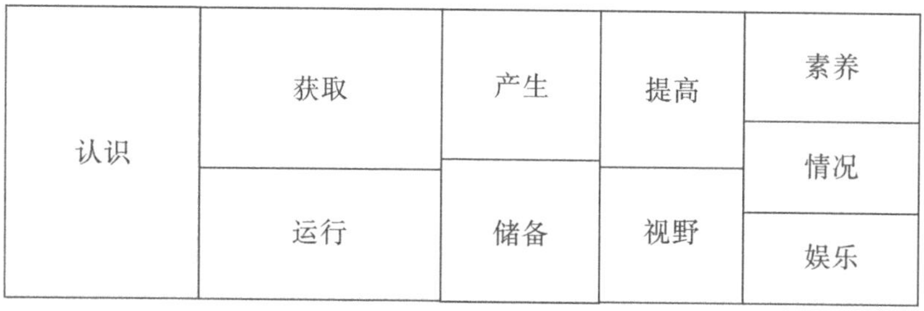

图 3.9 受访者对主动关注或运营更多档案自媒体态度形成原因的矩形式树状结构图

(13)推荐档案自媒体的意愿。图 3.10 呈现的是受访者对"是否愿意向他人推荐档案自媒体"这一问题的回答频率排名前 10 位的词语。从表中可以看出,大部分受访者的推荐意愿较为强烈,但也有一部分受访者持"适当""选择""可能"的中立态度。

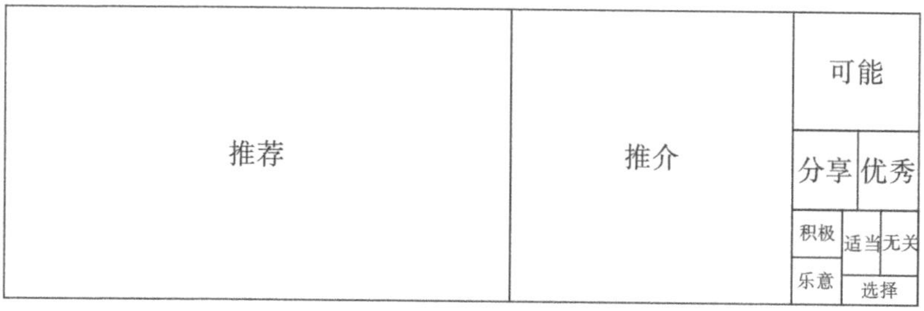

图 3.10 受访者对档案自媒体的推荐意愿的矩形式树状结构图

(14)推荐意愿产生的原因。由图 3.11 可以看出,持正向推荐意愿的受访者认为,档案自媒体本身具有方便使用、便利便捷的特点。需要指出的是,从文本内容看,部分持正向意愿的人表现为仅愿意向同行推荐,或在被他人询问时进行推荐;持中立态度的受访者则认为档案自媒体具有较强的专业性,因此推荐态度不明晰或处于摇摆状态。

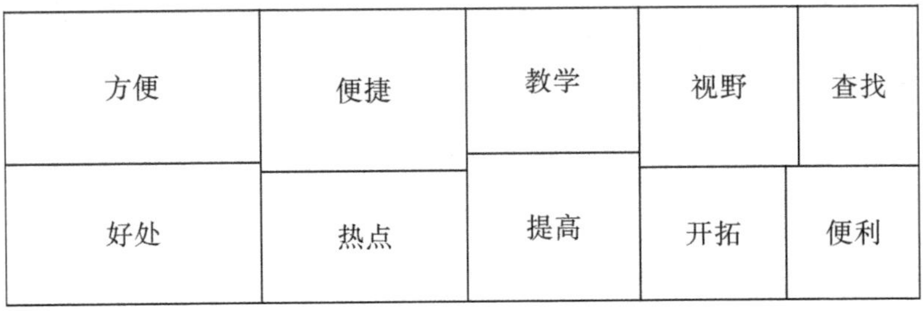

图3.11 受访者对档案自媒体推荐意愿产生原因的矩形式树状结构图

3.1.3 调查结论及策略前瞻

3.1.3.1 调查结论

(1)从用户接触档案自媒体的情况来看。一方面,在接触时间与原因上,大部分的用户接触档案自媒体都是从接触档案学专业或档案行业开始的,如学生群体在大学时开始接触档案自媒体,关于接触原因的调查结果也印证了这一点,这说明档案自媒体自身具有很强的专业属性。另一方面,从接触途径来看,用户接触档案自媒体的途径以推荐为多,表明档案自媒体本身的影响力是依赖于用户传播的,但也从侧面说明档案自媒体能够满足用户的使用需求,基于需求满足的基础上用户会产生正向的推荐意愿。

(2)从用户对档案自媒体的使用情况来看。一方面,大部分用户的使用频率较高且呈现出一定的规律性,表明档案自媒体的用户黏度较高。另一方面,基础功能仍是大多数用户的常用功能,表明档案自媒体提供的高级功能较为有限,如线上讲座、在线展览等功能,同时也从侧面说明用户的使用需求借助基础功能即可实现。

(3)从用户对档案自媒体的态度来看。大部分用户对于档案自媒体持支持态度,包括其传播模式、运营机制、功能设置、服务项目等的态度,以及对主动尝试档案自媒体新功能与服务的态度、主动关注或运营更多档案自媒体的态度等。从统计结果中占有一定比例的中立态度也可以看出,档案自媒体有许多值得改进与提升之处,如档案自媒体内容、功能同质化问题,功能和服务与内容之间的适应度问题等。

(4)从用户对档案自媒体的推荐意愿来看。在推荐意愿的统计结果中可以看出,档案自媒体自身所具有的专业性强之特点也在很大程度上影响着用户的意愿,许多受访者表示愿意推荐,但推荐对象往往是同行之间,对于不了解档案信息或缺乏认知需求的人的推荐意愿表现不强烈。尽管档案自媒体本身具有诸多专业上的助益,但想要打破档案学习者、从业者与普通网络自媒体用户之间的距离仍是亟待解决的问题。

3.1.3.2　策略前瞻

根据调查统计结果及其分析,可知档案自媒体的建设的运维应重点解决如下三个问题,以更好地满足档案用户的使用需求、提高用户满意度、提高用户的推荐意愿。

(1)鼓励打造自身特色。目前已有的档案自媒体平台推送的日常内容呈现同质化特点,例如对于热点的推送、档案基础知识的普及等,且呈现形式以图文为主,这是造成内容同质化的重要原因。同时,由于目前档案自媒体以提供基础性功能服务为主,则会同时导致其功能服务的同质化。要解决同质化问题,重点在于不同档案自媒体应充分打造自身平台的独特性,如可加强对于所属机构特有档案信息的挖掘,开发多种类型的内容,且应结合档案主体自身特点进行特色开发等。同时,不同种类平台之间可以充分利用平台特质打造自身特色,如抖音平台可开发更多视频内容、微信平台则可以更多地利用链接形式创新功能服务等。

(2)合理安排内容结构。档案自媒体应合理安排自身的内容结构,避免单一化趋势。对于专攻档案某一领域的自媒体平台如学术、就业等,在提供对应信息的同时可推送相关信息作为补充;就综合性的档案自媒体平台而言,则既应有专业内容的推送,还应适当考虑普适性内容的推送。通过内容结构的调整,有助于协助档案自媒体实现“破圈”发展,帮助档案自媒体平台提高其影响力。

(3)积极搭建沟通平台。合理的沟通有助于档案自媒体平台更精准地了解用户需求。面对用户多元化的需求,档案自媒体平台应在保障充分交流的前提下进行功能与服务的建设,避免因盲目建设而产生与用户需求不适配的问题。同时,沟通平台可以为档案自媒体与用户提供直接的双向交流、互相引导的可能,也可通过社群的运营与维系引导既有用户产生更深层次的专业需求,从而使其打造的新功能与服务有“用武之地”。

3.2 决策过程中受众的行为模式

3.2.1 创新—决策过程中受众行为模式的理论依据与内涵

罗杰斯认为:“个人从认知上的改变到外在行为改变所经历的阶段和创新—决策过程的各阶段是相对应的”[①],他将创新—决策过程模式、麦奎尔的效果层级理论、普罗查斯卡的行为改变阶段模式有机结合制作了“效果层级与创新—决策过程的阶段和阶段变化相呼应”表(见表3.7)。

罗杰斯将效果层级、行为改变阶段模式和创新—决策过程结合起来考虑:一方面是因为这三个过程模式具有很大的相似性,三者的理论化融合有助于创新扩散理论的升华。另一方面是因为三者的理论化融合也存在深层次的科学原理,主要表现在两个方面:其一,“对大部分经历创新—决策过程各阶段的个人来说,沟通传播的效果是不同的,因为不同的传播渠道扮演不同的角色,也产生了不同的效果”[②]由于在创新—决策过程中,认知阶段主要通过大众媒体展开传播,说服、决策、执行、确认等四个阶段则主要通过圈层媒体展开传播。同时,由于在不同阶段传播者和传播受众的需求、行为等均有所不同,因此在不同阶段传播的效果也会产生较为明显的差别。其二,“行为改变阶段模式暗示着,个人在各个阶段行为上的一系列改变。在采用创新的付出和创新带来的利益之间进行权衡,也是个人经历决策过程的另

① E. M. 罗杰斯. 创新的扩散(第五版)[M]. 唐兴通,郑常青,张延臣,译. 北京:电子工业出版社,2016:207.

② E. M. 罗杰斯. 创新的扩散(第五版)[M]. 唐兴通,郑常青,张延臣,译. 北京:电子工业出版社,2016:208.

一个方面。个人经历行为改变阶段时,他们对创新正面的看法增加,而负面的看法则减少。行为改变阶段模式提供给传播学者的用途之一,就是借助于观察个人在行为改变阶段的改变情况来衡量介入式传播的效果。因此,行为改变阶段就成为个人可以被测量的变量。"[①]由此可知,受众的行为改变也存在明显的阶段性特征并会产生不同的传播效果,在此过程中其对创新的认知也会发生相应变化,而认知的变化又会产生反馈效益而引发行为的变化。引入行为改变阶段模式可以使受众行为变得可以量化,从而更加有利于研究的开展。

表 3.7　效果层级与创新—决策过程的阶段和阶段变化相呼应[②]

创新—决策过程的各阶段	效果层级	行为改变阶段
认知阶段	1. 回顾有关信息	思考前期
	2. 理解信息	
	3. 能有效接受创新的知识与技巧	
说服阶段	4. 喜欢这项创新	思考期
	5. 与他人讨论这项创新	
	6. 接受这项创新的相关信息	
	7. 对创新信息形成正面看法	
	8. 从系统中得到对创新行为的支持	
决策阶段	9. 企图寻求更多的创新信息	准备期
	10. 想去尝试这项创新	
执行阶段	11. 获得更多有关创新的信息	行动期
	12. 经常使用该创新	
	13. 继续使用该创新	

① E. M. 罗杰斯. 创新的扩散(第五版)[M]. 唐兴通,郑常青,张延臣,译. 北京:电子工业出版社,2016:208-209.

② E. M. 罗杰斯. 创新的扩散(第五版)[M]. 唐兴通,郑常青,张延臣,译. 北京:电子工业出版社,2016:207.

续表 3.7

创新—决策过程的各阶段	效果层级	行为改变阶段
确认阶段	14. 认识到使用该创新的好处	维持期
	15. 使用创新成为日常生活的一部分	
	16. 把该创新推介给其他人	

由表 3.7 可以看出,随着创新—决策过程的阶段性变化,受众的行为变化也将依次经历思考前期、思考期、准备期、行动期、维持期,不同时期受众所表现出的效果层级也是不同的,根据各效果层级的相应内容即可对受众的行为模式展开分析。

表 3.8 普罗查斯卡的行为改变 5 阶段模式①

阶段名称	内涵
思考前期	个人注意到问题的存在,开始思考如何去解决问题
思考期	个人注意到问题的存在,也很慎重地去思考解决之道,但还没有承诺采取行动
准备期	个人企图在短期内采取行动解决问题,但是目前还没有任何实际行动
行动期	个人为了解决问题而作出了行为上的改变
持续期	个人持续甚至强化之前所作出的行为改变

由表 3.8 可以看出,受众在不同时期的行为有较为明显的变化,在深入分析其内涵的基础上再综合相应阶段效果层级的内容,就可为其行为模式的分析提供理论框架和具体内容。

① E. M. 罗杰斯. 创新的扩散(第五版)[M]. 唐兴通,郑常青,张延臣,译. 北京:电子工业出版社,2016:208.

3.2.2　档案信息资源自媒体传播受众决策过程中行为模式的调查分析

3.2.2.1　研究工具及数据处理

由于微信公众号是当前我国档案信息资源自媒体传播的主流媒介，其不仅发挥了巨大的传播效力、积累了大量用户，还对我国档案信息资源的传播模式产生了深远影响，故本部分的调查分析将以档案信息资源微信公众号传播为对象展开。基于此，本书以自行设计的“档案信息资源微信公众号传播效果层级调查问卷”为研究工具，调查对象为档案微信公众号用户。调查内容除基本信息外，主要包括调查对象对档案微信公众号在认知阶段、说服阶段、决策阶段、执行阶段和确认阶段的传播效果评价。问卷共设置 42 题，均为单选题。研究以有效问卷调查所得的数据为分析对象。为了便于比较分析和查阅，计量调查结果数据以所占百分比计算。

3.2.2.2　问卷发放及回收情况

本次调查的问卷通过问卷星网络平台发放和回收，并通过微信、QQ 等工具传播扩散，调查时间为 2022 年 4 月 7 日至 15 日。调查共回收问卷 387 份，有效问卷 387 份，有效率为 100%。在有效问卷的调查对象中，从所在单位的性质看，学校占 62.53%、党政机关事业单位占 18.35%、国有企业占 9.82%、私企和其他各占 8.54%、个体占 0.78%；从年龄看，19 岁及以下的占 4.91%、20 ~ 29 岁的占 59.69%、30 ~ 49 岁的占 28.17%、50 ~ 59 岁的占 5.68%、60 岁及以上占 1.55%；从受教育程度看，初中和高中各占 0.52%、大专占 4.65%、本科占 54.78%、硕士占 27.91%、博士占 11.63%。从以上数据可以看出，本次调查问卷回收的有效率高、有效样本的覆盖面广，这些因素都为调查的信度和效度提供了保障。

3.2.2.3　调查统计与分析

（1）认知阶段。根据认知阶段的特征并结合档案微信公众号的实际情况，在此维度下主要围绕档案微信公众号的交流互动功能、个性化推荐功能、视觉体验、信息新颖性、内容丰富性、信息独特性等方面展开调查。

表 3.9 档案微信公众号用户认知阶段影响程度统计表(*N*=387)

大小程度	交流互动功能	个性化内容推送功能	视觉体验	信息新颖性	内容丰富性	信息独特性	向朋友或同事推荐的可能性
无	4.13%	3.10%	2.84%	1.81%	2.58%	2.33%	6.72%
比较小	7.24%	6.98%	8.79%	8.01%	6.98%	10.08%	13.44%
一般	34.63%	33.07%	34.11%	28.42%	29.46%	34.10%	34.88%
比较大	38.75%	40.31%	38.50%	42.64%	44.70%	38.50%	30.75%
非常大	15.25%	16.54%	15.76%	19.12%	16.28%	14.99%	14.21%
后两项之和	54.00%	56.85%	54.26%	61.76%	60.98%	53.49%	44.96%

由表 3.9 可知,在认知阶段,档案微信公众号自身的传播力并没有体现出突出的优势,各影响因素比较大和非常大之和的百分比平均为 55.19%。其中,在信息新颖性、内容丰富性和个性化内容推送功能等三方面的影响程度较为突出,分列一、二、三位;交流互动功能、视觉体验和信息独特性的影响程度稍弱,均在 55%以下。值得关注的是,向朋友或同事推荐的可能性排在倒数第一位,且低于 50%。上述调查结果一定程度上显示出,利用档案微信公众号传播档案信息资源的这一创新形式对用户具有一定的吸引力。

(2)说服阶段。根据说服阶段的特征并结合档案微信公众号的实际情况,此维度下的调查主要围绕个人喜欢、向他人分享与讨论档案资讯信息的目的、传播内容的创新性、传播内容的有益性、传播功能的多样性、传播主体的权威性、人情关系的维护等方面展开。

表 3.10 档案微信公众号用户说服阶段影响程度统计表(*N*=387)

程度	个人喜欢	向他人分享与讨论档案资讯信息的目的	传播内容的创新性	传播内容的有益性	传播功能的多样性	传播主体的权威性	人情关系的维护
无	3.36%	3.88%	2.58%	2.58%	2.84%	2.33%	8.01%
比较小	9.56%	9.30%	4.39%	6.46%	5.68%	5.68%	16.28%
一般	30.49%	33.85%	26.62%	24.04%	28.17%	22.48%	33.33%

续表 3.10

程度	个人喜欢	向他人分享与讨论档案资讯信息的目的	传播内容的创新性	传播内容的有益性	传播功能的多样性	传播主体的权威性	人情关系的维护
比较大	38.76%	37.98%	41.09%	40.05%	38.50%	36.95%	32.82%
非常大	17.83%	14.99%	25.32%	26.87%	24.81%	32.56%	9.56%
后两项之和	56.59%	52.97%	66.41%	66.92%	63.31%	69.51%	42.38%

表3.10显示,在说服阶段,各调查项目比较大和非常大之和的百分比平均为59.73%。其中,传播主体的权威性、传播内容的有益性和传播内容的创新性对用户考虑是否使用档案微信公众号的影响程度较高,分别排在第一、第二、第三位,且均超过了65%。传播功能的多样性、出于个人喜欢的角度和向他人分享与讨论档案资讯信息的目的之影响程度较低,出于人情关系的维护的影响程度最低,且低于50%。值得注意的是,意见领袖在传播和推广档案微信公众号的过程中发挥了重要作用。此外档案微信公众号的功能和传播内容对用户的影响程度大于出于某种目的而使用档案微信公众号的影响程度。调查结果一定程度上显示了用户对档案微信公众号这一新事物基本持积极的态度。

(3)决策阶段。根据决策阶段的特征并结合档案微信公众号的实际情况,此维度下主要考察的是用户对档案微信公众号的接纳或者拒绝的程度。

表 3.11 档案微信公众号用户决策阶段同意程度统计表(N=387)

调查内容	完全不同意	不同意	一般	同意	完全同意	后两项之和
主动寻找更多感兴趣的档案微信公众号进行关注	2.84%	10.59%	29.20%	32.82%	24.55%	57.37%
主动对您学习工作和生活有帮助的档案微信公众号进行关注	1.81%	4.65%	22.48%	34.37%	36.69%	71.06%

续表 3.11

调查内容	完全不同意	不同意	一般	同意	完全同意	后两项之和
将领导、同事或朋友向您推荐的档案微信公众号进行关注	2.58%	11.11%	28.17%	33.59%	24.55%	58.14%
主动通过档案微信公众号获取更多的档案信息	3.10%	4.91%	27.39%	33.59%	31.01%	64.60%
通过档案微信公众号同自己喜欢的组织和个人沟通	3.36%	9.30%	27.65%	36.95%	22.74%	59.69%
您愿意使用档案微信公众号推出的点赞、评论或分享等各项基础性功能	2.84%	11.37%	28.43%	35.40%	21.96%	57.36%
您愿意主动尝试档案微信公众号新推出的各项个性化服务	2.84%	7.75%	31.27%	34.37%	23.77%	58.14%

由表3.11可知,在决策阶段,各调查项目同意和完全同意的百分比平均为60.90%。其中,愿意主动关注对学习工作和生活有帮助的档案微信公众号和愿意主动通过档案微信公众号获取更多档案信息之用户占比较高,位于第一、第二位,且均超过了百分之60%。其余五项对用户决策阶段的影响较为平均,均超过了55%。根据调查结果,用户主观上还是愿意接纳档案微信公众号传播档案信息资源的形式。

(4)执行阶段。根据执行阶段的特征并结合档案微信公众号的实际情况,在此维度下主要考察的是档案微信公众号用户在这一阶段决定是否开始使用或者放弃使用档案微信公众号,以及将上述三个阶段的想法投入实践的程度。

表3.12　档案微信公众号用户执行阶段同意程度统计表(N=387)

调查内容	完全不同意	不同意	一般	同意	完全同意	后两项之和
持续关注并使用粉丝量大、关注度高的档案微信公众号	3.36%	6.72%	26.62%	34.88%	28.42%	63.30%

续表 3.12

调查内容	完全不同意	不同意	一般	同意	完全同意	后两项之和
持续使用对我学习、工作和生活有帮助的档案微信公众号	1.81%	3.36%	19.9%	37.98%	36.95%	74.93%
常对档案微信公众号中推出的新功能感兴趣并积极使用	2.58%	9.04%	31.02%	35.40%	21.96%	57.36%
常对档案微信公众号中传播的感兴趣的信息进行点赞、转发或发表意见	4.91%	16.02%	30.49%	28.68%	19.90%	48.58%
常对档案微信公众号中权威人士提出的观点进行点赞、转发或发表意见	4.91%	13.95%	33.59%	29.20%	18.35%	47.55%
常对档案微信公众号中传播的重大事件进行点赞、转发或发表意见	4.13%	14.73%	32.30%	29.72%	19.12%	48.84%
常主动向档案微信公众号提出反馈、进一步满足档案信息需求	10.59%	21.19%	30.76%	21.96%	15.50%	37.46%

表3.12显示，档案微信公众号用户在决策阶段的同意程度较低，各调查项目同意和完全同意之和的百分比平均为54.00%。其中，用户对持续使用对其学习、工作和生活有帮助的档案微信公众号，持续关注并使用粉丝量大、关注度高的档案微信公众号和常对档案微信公众号中推出的新功能感兴趣并积极使用的同意程度较高，分别位于第一、第二、第三位；对档案微信公众号所发内容进行点赞、转发或发表意见等交流互动的同意程度较低；主动向档案微信公众号提出反馈的同意程度最低。值得注意的是，这一阶段最大值和最小值的差幅为37.47%。调查结果一定程度上反映出用户对档案微信公众号传播维度中不同项目的执行结果有所差异。

(5)确认阶段。根据确认阶段的特征并结合档案微信公众号的实际情况，此维度下主要考察的是用户在执行或使用档案微信公众号后再次确认和肯定自己对其使用程度。

表 3.13 档案微信公众号用户确认阶段同意程度统计表(*N*=387)

调查内容	完全不同意	不同意	一般	同意	完全同意	后两项之和
我将其用于满足我的学习与工作需求	2.33%	5.94%	27.13%	39.02%	25.58%	64.60%
我将其用于满足我的娱乐需求	11.11%	23.26%	34.11%	20.93%	10.59%	31.52%
我将其纳入日常生活中的一部分	7.24%	14.47%	33.58%	29.72%	14.99%	44.71%
我充分认识到其传播优势所在	3.36%	11.89%	28.16%	35.40%	21.19%	56.59%
我开始利用该平台进行内容创作	13.96%	21.96%	28.43%	23.51%	12.14%	35.65%
我会主动将其推介给其他人	5.68%	15.76%	30.76%	31.78%	16.02%	47.80%
我将其作为与他人互动的良好平台	6.46%	16.28%	31.52%	32.04%	13.70%	45.74%

由表 3.13 可以看出,在确认阶段,用户对档案微信公众号的持续使用程度较低,各调查项目同意和完全同意之和的百分比平均值为 46.65%。其中,用于满足学习与工作需求和充分认识其传播优势所在的同意程度较高,位于第一、第二位,平均为 60.60%。用户将其用于满足娱乐需求的同意程度最低。值得注意的是,除上述第一、第二位外,其余 5 项的同意程度均在 50% 以下,平均为 41.08%。根据调查结果,我国档案微信公众号的传播尚不能很好地满足用户需求,仍有较大的上升空间。

3.2.2.4 调查结论及策略前瞻

(1)调查结论,通过调查可以得出以下几个方面的结论。

第一,从横向来看,档案信息资源微信公众号的传播效果不尽人意。由表 3.14 可知,在五个阶段中,决策阶段的传播效果最好,但平均值也才刚超过 60%;说服阶段次之,而确认阶段最低,且低于 50%。此外,相较于认知阶段到决策阶段的传播效果在不断提升,执行阶段和确认阶段的传播效果则呈下降趋势。根据创新扩散理论,当个人或群体第一次认识或接触某项创新时，从对其产生新态度或新想法，决定接纳或拒绝，到实施或执行这项创新，最终再次确认自己对这项创新的使用是一个完整的创新扩散过程，确认阶段之后如果依旧肯定这项创新，用户就会将其作为日常生活的一部分并推荐给周围人。而从调查结果来看，在确认阶段，用户对档案微信公众号的接受程度较低，这也会对其后续行为产生重大影响。从整体来看，档案信息资源微信公众号的传播效果不容乐观，还需解决的问题较多。

表 3.14　档案信息资源微信公众号传播效果整体情况一览表

效果层级	认知阶段	说服阶段	决策阶段	执行阶段	确认阶段
平均值	55.19%	59.73%	60.90%	54.00%	46.65%

第二，从纵向来看，在认知—确认五个阶段中不同项目的传播效果有所差异。在认知阶段，档案微信公众号传播的信息新颖性和内容丰富性对用户的影响程度最高，交流互动功能的影响程度最低，二者的差幅为 16.80%。在说服阶段，传播主体权威性、传播内容有益性和创新性对用户的影响程度较高，处于人情维护角度的影响程度最低，二者的差幅为 27.13%。在决策阶段，用户对学习工作和生活有帮助的档案微信公众号进行主动关注的同意程度最高，对档案微信公众号基础性功能点赞、转发或发表言论的同意程度最低，二者的差幅为 13.70%。在执行阶段，用户对持续使用对学习、工作和生活有帮助的档案微信公众号的同意程度最高，对主动向档案微信公众号提出反馈、进一步满足档案信息需求的同意程度最低，二者的差幅为 37.47%。在确认阶段，用户对将其用于满足学习与工作需求的同意程度最高，对将其用于满足娱乐需求的同意程度最低，二者的差幅为 33.08%。

第三，从内涵来看，在满足用户需求方面档案微信公众号传播信息内容质量的影响大于其功能性设置对用户的影响。从调查结果来看，在认知—说服阶段，档案微信公众号传播的内容的创新性、有益性等是影响传播效果的重要因素，而档案微信公众号的交流互动功能、视觉体验等对用户知悉档案信息资源的影响程度较小。在决策—确认阶段，满足学习或工作的需求是促使用户继续或持续使用档案微信公众号的主要原因，而对档案微信公众号中传播的信息进行点赞、分享或转发等行为执行程度较低。

(2)策略前瞻,可以从以下几个方面设计前瞻性策略。

首先,坚持以创新为核心,提高档案微信公众号整体内容质量。根据研究结果,传播的内容和信息的质量是影响用户使用档案微信公众号的重要因素之一。第一,应坚持“内容为王”,提升再创新能力。在选材和正文内容方面,一方面,应着重提升原创性推文的数量和质量,不仅只是进行简单的档案信息资源推送,还应将其知识化、智慧化,形成自己的观点和思考,吸引并启发用户的思考,引领多元价值;另一方面,应注重微信公众号平台特色专题的打造,以新意打动用户,增强用户黏性。第二,应坚持形式创新,在文字图片推送的基础上,采用音频、视频、H5、虚拟现实技术等多种形式,满足用户多方位需求,增强传播内容的趣味性、文学性等,吸引更多非工作和学习需要的用户群体关注档案微信公众号。第三,实施个性化内容推荐和定制。通过大数据、人工智能等现代信息技术,可将用户的阅读习惯、阅读需求等通过数据的形式展现出来,运维者则据此可针对不同的用户群体制定不同的传播方案,实现精准有效的档案信息资源传递。

其次,增强潜在用户的互动与践行。第一,增强意见领袖在创新扩散过程中的积极作用。运维者应积极赢得意见领袖对档案微信公众号的支持,可邀请专家学者、高校名师等声望较高的人士通过转发、互动等行为,将其隐藏着个人特色的档案信息传递给周围的接受者,吸引更多潜在用户的关注。第二,提升用户娱乐性的正向感知。档案微信公众号应在重视内容的基础上,面向不同需求的用户,结合当下的话题关注焦点及时更新推文内容。如针对休闲娱乐的用户群体,公众号可借助多媒体元素,采用动画、视频等多种形式对档案信息资源进行科普,满足用户的兴趣,增加其娱乐阅读体验。此外,可在微信公众号设置相关的话题吸引用户与平台进行互动,通过增加转发抽取奖金、赢得礼品等二次传播方式,吸引潜在用户的参与,扩大用户范围,提升传播效果。

最后,实现档案微信公众号平台的个性化发展。创新扩散理论认为用户对某一创新的采纳会受多重因素的影响,如学历、地区、兴趣爱好等,因此,档案微信公众号应避免同质化内容的输出,生产更加细化的档案信息,捕捉更细化的用户群体，为各类用户提供特定的档案信息资源服务。一方面，运维者应结合自身的特点和实际情况，认清自己的角色定位，找准属于自己服务范围的用户群体，打造特色专栏。如学术性较强的档案微信公众号应主要发布更具知识化、智慧化的档案信息等，满足学者研究专业知识的需要；政治性较强的公众号应主要发布相关政策性文件、法律法规等，方便相关工作人员及时获取并学习；地方特色性较强的公众号则应主要发布具有地方特色、文化传承性的科普类、介绍性推文等，吸引更多档案业余爱好者的关注。另一方面，档案微信公众号也应打造专业的制作与运营团队以提高公众号的质量。运维者应培养专业的自媒体团队进行内容创作，同时通过与档案专业人员进行合作，输出更加优质的内容以吸引用户留存，提升档案微信公众号的传播效果。

3.3　受众的决策模式与创新结果

3.3.1　受众的决策模式

3.3.1.1　创新决策的四种模式及其内涵

社会体系是创新扩散的四大要素之一，创新的扩散均是在一个社会体系里面进行的。“社会体系是指一组需要面对同样问题、有着同样目标的团体集合”[①]，其成员或单位可以是个体也可以是非正式的小组、组织或子体系。同时，由于各成员的行为不完全相同，所以会形成不同的结构，即各单位按照一定的规则排列。社会体系有自己的扩散边界，其中，社会结构、社会规则、意见领袖和创新推广人员的角色、创新决策的类型、创新的结果等因素都会对社会体系、扩散过程和结果等产生影响。“社会体系对新观点的

① E. M. 罗杰斯. 创新的扩散（第五版）[M]. 唐兴通，郑常青，张延臣，译. 北京：电子工业出版社，2016：25.

扩散还有另外一个重要影响,创新被采用与否取决于:①体系中个体;②整个体系(由集中意见或权威人士、部门决定)”[①],并由此形成了四种创新决策模式,即个人决策模式、意见收集决策模式、权威决策模式、附属决策模式,具体内容见表3.15所示。

表3.15　创新决策的模式[②]

模式名称	内涵	个体的影响	扩散速度
个人决策模式	体系中个体自由独立地决策是否采用某创新	个人对决策负全部责任	次快
意见收集决策模式	由体系中所有成员的意见来决策	个人有一票话语权	最慢
权威决策模式	由体系内少数权威来决策是否采用某创新	大多数个体对决策无影响	最快
附属决策模式	两种或两种以上决策模式的结合	视结合的决策模式而定	视结合的决策模式而定

上述四种创新决策模式中,个人决策模式的显著特征主要有:个人是最主要的决策单位,但其决策也会受体系规则、人际交往网络等的影响。社会体系则会直接参与意见收集决策、权威决策和附属决策,在此过程中,社会结构会对创新的扩散产生重要影响。使用与满足理论的奠基人伊莱休·卡茨曾说过:“没有社会结构知识就去研究扩散是不可想象的,就像没有静脉动脉的知识就去研究血液循环一样。”[③]当然,四种决策模式并非是截然分开的,而是可能随着时间而发生改变,较为典型的即是吸烟和禁烟的例子。吸烟一直都是个人决策,但是随着相关研究的深入和社会健康意识的提升,禁

① E. M. 罗杰斯. 创新的扩散(第五版)[M]. 唐兴通,郑常青,张延臣,译. 北京:电子工业出版社,2016:30.

② E. M. 罗杰斯. 创新的扩散(第五版)[M]. 唐兴通,郑常青,张延臣,译. 北京:电子工业出版社,2016:30-32.

③ E. M. 罗杰斯. 创新的扩散(第五版)[M]. 唐兴通,郑常青,张延臣,译. 北京:电子工业出版社,2016:26.

烟成为很多城市和国家的重要举措，部分国家还颁布了禁烟条例。在此过程中，相应的决策模式也发生了改变，即由个人决策模式转变成为权威决策模式。

3.3.1.2 档案信息资源自媒体传播受众之决策模式的个案研究

（1）研究工具及数据处理。我们采用自编问卷“档案信息资源自媒体传播受众之决策模式的调查问卷”，对以档案微信公众号为代表的档案信息资源自媒体传播受众决策模式进行问卷调查。问卷共设6题，分别从该单位档案微信公众号开通运营的决策模式、意见征求、政策要求、自身发展等六个方面展开调研，并将决策模式与意见征求归纳为前期筹备维度、政策要求与自身发展归纳为政策因素维度、日常运维与内部支持归纳为运营成效维度。调查结果主要通过定性描述与定量统计展示，并辅之以表格形式呈现。

（2）问卷发放及回收情况。本部分通过给所调查的档案微信公众号留言发放调查问卷开展调研。调研对象来源于“档案微平台研究”微信公众号发布的2022年8月全国档案微信公众号TOP100榜单。对进入榜单的档案微信公众号采用简单随机抽样的方式并结合问卷回收情况确定最终的研究对象。本次调查时间为2022年9月22日至10月12日，共回收问卷6份，有效问卷6份，有效率为100%。在有效问卷的调查对象中，从所在单位的性质看，党政机关事业单位占83%、私企占17%；从所在单位级别看，中央级单位占17%、市级单位占33%、区县级单位占50%；从所在单位地域看，所在地域为南方占50%、所在地域为北方占50%。从以上数据可以看出，本次调查问卷的有效回收率较高，样本覆盖面较为合理。此外，从整体运维情况来看，吴江通、金陵档案、皇史宬长期排在全国档案微信公众号TOP100榜单、档案微信月榜、档案微信周榜等榜单的前十位，CHN档案管理培训、仙居档案和惠民档案的排名也一直较为靠前和稳定，这在一定程度上表明，本次调查对象的典型性和代表性较强。

（3）调查统计与分析。本次调研分别对吴江通、金陵档案、皇史宬、CHN档案管理培训、仙居档案和惠民档案等6个档案微信公众号展开个案研究。

第一，前期筹备维度——决策模式与意见征求。如表3.16所示，在各单位档案微信公众号开通运营的决策模式中，个人决策模式、意见收集决策模式、权威决策模式和附属决策模式占比分别为17%、17%、33%和33%。可以看出,权威决策模式和附属决策模式是主要的决策模式。

表3.16　各单位档案微信公众号开通运营的决策模式调查结果

决策模式	单位名称					
	吴江通	金陵档案	皇史宬	CHN档案管理培训	仙居档案	惠民档案
个人决策模式						√
意见收集决策模式				√		
权威决策模式	√		√			
附属决策模式		√			√	

由表3.17可以看出,在各单位档案微信公众号开通运营决策过程中,征求过本单位之外相关人士的意见之比例为67%、未征求过本单位之外相关人士的意见之比例为33%,这说明各单位在档案微信公众号的建设中更倾向于征求本单位之外相关人士的意见。

表3.17　各单位档案微信公众号开通运营决策过程中的外部意见征求

是否征求	单位名称					
	吴江通	金陵档案	皇史宬	CHN档案管理培训	仙居档案	惠民档案
是			√	√	√	√
否	√	√				

结合表3.16和表3.17分析可知:微信公众号"吴江通"是由单位内部的少数权威人士来决策是否开通运营的,且在决策过程中未征求过本单位之外相关人士的意见;微信公众号"金陵档案"的决策模式是个人决策模式、意见收集决策模式和权威决策模式的结合,且在决策过程中未征求过本单位之外相关人士的意见;微信公众号"皇史宬"的决策模式是由单位内部的少数权威人士来决策是否开通运营,但其也开展了外部意见的征求工作;微

信公众号“CHN 档案管理培训”的决策模式是由本单位所有工作人员的意见来决定是否开通运营，并在决策过程中开展了外部意见的征求工作；微信公众号“仙居档案”的决策模式是个人决策模式、意见收集决策模式和权威决策模式的结合，且在决策过程中进行了外部意见的征求；微信公众号“惠民档案”的决策模式是个人决策模式，且在决策过程中开展了外部意见的征求工作。

综合以上分析可知：其一，决策模式的差异会对单位档案信息资源自媒体建设中是否开展外部相关人士意见征求产生一定程度的影响，如微信公众号“吴江通”与“CHN 档案管理培训”差异化的决策模式对其外部意见征求意愿产生了重要影响。其二，同一决策模式的使用对单位档案信息资源自媒体建设中是否开展外部相关人士意见征求之间没有必然联系，因此，决策模式不是影响外部意见征求的唯一因素，如微信公众号“吴江通”与“皇史宬”采用相同的权威决策模式，但单位档案微信公众号的建设是否开展外部相关人士意见征求则出现了截然不同的结果。

第二，政策因素维度——政策要求与自身发展。如表 3.18 所示，在各单位档案微信公众号开通运营与上级相关政策要求的匹配程度统计中，吴江通、金陵档案、皇史宬、CHN 档案管理培训、仙居档案均选择了高匹配程度，占 83%；仅惠民档案选择了低匹配程度，占 17%，这说明上级相关政策要求与各单位档案微信公众号的开通运营具有较大关联性。

表 3.18　各单位档案微信公众号开通运营与上级相关政策要求的匹配度

匹配程度	单位名称					
	吴江通	金陵档案	皇史宬	CHN 档案管理培训	仙居档案	惠民档案
高	√	√	√	√	√	
低						√

如表 3.19 所示，各单位档案微信公众号开通运营与本单位档案工作发展要求的匹配度调查中，6 家单位均选择了高度匹配，这说明档案微信公众号的开通运营适应本单位档案工作的发展要求，并在很大程度上对本单位

档案工作的发展起到了推动作用。

表3.19　各单位档案微信公众号开通运营与本单位档案工作发展要求的匹配度

匹配程度	单位名称					
	吴江通	金陵档案	皇史宬	CHN 档案管理培训	仙居档案	惠民档案
高	√	√	√	√	√	√
低						

通过对回收问卷具体内容的分析可知：其一，上级相关政策对单位档案微信公众号开通运营具有十分重要的推动作用，高达83%的样本单位开通运营档案微信公众号与上级相关政策的要求高度匹配，这表明各单位为遵循上级政策，更加倾向于开通运营本单位的档案微信公众号。其二，单位档案微信公众号开通运营适应了档案工作发展要求、追赶了档案信息资源自媒体建设的热潮，既有助于不断扩大单位影响力与知名度，又为服务水平和质量的提升奠定了良好根基，如所有单位均认为档案微信公众号的开通运营跟其档案工作发展要求呈现高匹配度。其三，各单位缺乏档案微信公众号开通运营的内生动力。在各单位档案微信公众号开通运营对本单位档案工作发展起着较大推动作用的前提下，其开通运营却与上级相关政策要求存在紧密联系，这也从侧面说明了各单位档案微信公众号开通运营缺乏较强的内部主动性。

第三，运营成效维度——日常运维与内部支持。如表3.20所示，在调研的6个微信公众号中，占83%的单位微信公众号在开通运营后组建了运维团队，包括微信公众号“吴江通”“金陵档案”“皇史宬”“CHN 档案管理培训”和“仙居档案”；仅有17%的单位微信公众号在开通运营后未组建运维团队，即微信公众号“惠民档案”。这在一定程度上表明，随着档案微信公众号的开通运营在单位档案工作发展中的重要性日益凸显，专门性的运维团队是未来发展趋势。

表 3.20 各单位档案微信公众号开通运营后是否组建运维团队

团队组建	单位名称					
	吴江通	金陵档案	皇史宬	CHN 档案管理培训	仙居档案	惠民档案
是	√	√	√	√	√	
否						√

如表 3.21 所示，在调研的 6 个档案微信公众号中，各单位档案微信公众号开通运营后均获得了本单位 80% 及以上工作人员的支持，这说明单位内部工作人员对档案微信公众号的建设普遍持积极态度，也为以微信公众号为代表的档案信息资源自媒体的后期运营提供了良好的环境。

表 3.21 各单位档案微信公众号开通运营后是否获得了本单位 80% 及以上工作人员的支持

内部支持	单位名称					
	吴江通	金陵档案	皇史宬	CHN 档案管理培训	仙居档案	惠民档案
是	√	√	√	√	√	√
否						

通过对回收问卷具体内容的分析可知：其一，专门性、专业化的运营维护团队是建设以微信公众号为代表的档案信息资源自媒体的重要力量，具备专门化运维团队的档案微信公众号其总体竞争力与影响力也较强。首先，在 6 个微信公众号中，绝大部分单位在开通运营档案微信公众号后组建了运维团队；其次，从档案微信公众号的影响力来看，在“档案微平台研究”微信公众号发布的 2022 年 8 月全国档案微信公众号 TOP100 榜单中，微信公众号“吴江通”“金陵档案”“皇史宬”“CHN 档案管理培训”和“仙居档案”分别排名榜单第 3 名、第 4 名、第 13 名、第 27 名和第 31 名，这也说明单位档案微信公众号运营成效、业界影响力、榜单排名等与专门化的运维团队存在较大相关性；最后，从档案微信公众号的发文频率来看，在 2022 年 8 月全国

档案微信公众号 TOP100 榜单,微信公众号“吴江通”“金陵档案”“皇史宬”“CHN 档案管理培训”和“仙居档案”在 8 月份的发文数量分别为 18 篇、9 篇、9 篇、28 篇和 24 篇,其发文频率高、推文热度高、文章质量高等也与专门化的运维团队密不可分。其二,档案微信公众号的开通运营既拥有良好的单位内部环境基础,又取得了较好的运营成效,因此档案信息资源自媒体建设是未来档案工作发展的必然趋势。一方面,在 6 个微信公众号中,微信公众号“吴江通”“金陵档案”“皇史宬”“CHN 档案管理培训”“仙居档案”和“惠民档案”6 个单位档案微信公众号开通运营后均获得了本单位 80% 及以上工作人员的支持,这在一定程度上表明单位档案微信公众号均具备良好的内部支持环境;另一方面,从档案微信公众号的影响力来看,在 2022 年 8 月全国档案微信公众号 TOP100 榜单中,6 个档案微信公众号均位居 TOP40,这说明单位内生动力是档案信息资源自媒体建设的重要条件与推动力量,且与档案微信公众号知名度与影响力、榜单排名等方面取得较好运营效益有密切关系。

(4)调查结论。调查结果表明,在以档案微信公众号为代表的档案信息资源自媒体建设过程中受到了来自内部因素和外部因素的双重影响,内部因素包括单位档案微信公众号开通运营的决策模式、运维团队的组建和内部工作人员的支持等,外部因素包括在档案微信公众号开通运营决策过程中的外部意见征求和与上级相关政策要求的匹配度等。

由调查可知,各单位在建设档案微信公众号的决策过程中也遇到一些困难:

第一,决策模式中决策参与者代表的广泛性较差。在6 个单位档案微信公众号开通运营的决策模式中,权威决策模式占据主要地位。虽然,由单位的少数权威人士决策是否开通运营档案微信公众号有助于提升决策的科学性和决策效率,但在一定程度上无法全面反映单位内部工作人员的想法和意见。

第二,建设单位缺乏内生动力。6 家单位均认为档案微信公众号的开通与档案工作发展要求呈现高匹配度,同时,有 5 家单位认为档案微信公众号的开通与上级相关政策呈现高匹配度,这在一定程度上说明档案微信公众号建设的动力之一是上级相关政策的督促以及对落实上级相关政策要求的回应，但同时也反映了其缺乏单位内生动力的积极推动。

第三，专业化运维团队的建设与推文质量的提高是重中之重。由表3.22可以看出：首先，发文数量与档案微信公众号运营成效之间不存在必然联系。与稳居榜首的微信公众号“金山记忆”相比，微信公众号“吴江通”“CHN档案管理培训”和“仙居档案”在一个月内发文次数虽然较多，但其平均阅读人次远低于“金山记忆”。其次，发文质量是档案微信公众号应着重考虑的因素。微信公众号“金陵档案”与“皇史宬”在一个月内的发文次数均为9次，但“金陵档案”的平均阅读人次远高于“皇史宬”，这也说明文章质量的提高是提升单位档案微信公众号影响力、综合实力的重要环节。最后，5家单位成立了专门的运维团队，但各单位仍应进一步强化专业化运维团队的建设，以维持档案微信公众号的长久和高质量运维，将其打造成为单位的特色品牌，最终成为本单位对外展示形象的窗口、服务公众的平台、提升影响力的工具。

表3.22 2022年8月6家单位档案微信公众号榜单及运营数据

内容	单位名称						
	金山记忆（对照）	吴江通	金陵档案	皇史宬	CHN档案管理培训	仙居档案	惠民档案
榜单排名	1	3	4	13	27	31	34
发文（次数）	2	18	9	9	28	24	10
总阅读量（人次）	44 322	56 552	50 854	22 509	15 892	10 729	6611
平均阅读（人次）	22 161	3142	5650	2501	568	447	661
WCI	743.31	672.11	646.34	533.15	406.17	384.77	369.92

第四，档案微信公众号建设中自身定位与用户分析存在不足。如表3.22所示：一方面，微信公众号“金山记忆”的榜单排名、发文质量（单位数量发文次数内的平均阅读人次）以及WCI（微信传播指数）遥遥领先，究其原因，是“‘金山记忆’主办团队正确把握了受众的需求心理，同时，容纳语音、图片、文字等多元符号的文章给受众带来新鲜的观感体验，增强了档案信息

传播的效果。”①另一方面，微信公众号“吴江通”榜单排名为第3名，一个月内发文次数为18次，但平均阅读人次与榜单排名第1的“金山记忆”存在较大差距，这也说明档案微信公众号的建设应紧紧抓住用户需求并打造自身特色内容。

（5）策略前瞻，策略的前瞻性具体体现在以下几个方面：

第一，应增强档案信息资源自媒体建设决策过程中参与者的广泛性。各单位在档案信息资源自媒体建设中，既应有权威人士来开展是否开通运营的专业性、科学性的权威决策，也应有代表单位内部所有工作人员关于是否开通运营档案微信公众号意见决策的广泛性、代表性决策。

第二，应培养单位内部的社会意识、信息意识、服务意识，增强档案信息资源自媒体建设的内生动力。各单位应注重工作人员服务意识的培养，将档案信息资源自媒体视作提升服务质量的工具、线上提供利用的平台和加强信息化建设的途径，发挥单位内部建设档案信息资源自媒体的积极性、主动性。

第三，应将专业化运维团队的建设与推文质量的提高放到重要位置考量。一方面，专业化的运维团队在档案信息资源自媒体应如何建设、发展方向选择等方面具有其独特优势，有助于提升服务的质量和水平。另一方面，推文质量是吸引用户眼球、抓住用户需求、提升影响力与知名度的重要评价指标，因此在档案信息资源自媒体建设中应致力于提高推文质量。

第四，应打造自身特色并以用户需求为导向开展用户分析。一方面，单位在档案信息资源自媒体建设中，应将自身特色加以发掘并形成品牌特色，以期增强影响力和知名度。另一方面，在档案信息资源自媒体建设中应及时调研用户需求，以用户需求为导向不断提升自身服务水平、优化推文内容。文章阅读量与文章内容有着十分密切的联系，也说明用户关注点和需求具有一定的倾向性②，因此，开展用户分析并以用户需求为导向进行文章

① 李思越.使用与满足理论视角下档案微信公众号传播效果研究：以“金山记忆”为例[J].档案天地，2021(9)：46-49.

② 朱祥伟.基于档案微信公众号档案利用研究[J].办公自动化，2022，27(18)：49-51.

推送的效果更佳。

3.3.2 创新结果

3.3.2.1 创新的三类结果及其内涵

“创新的结果指的是采用或拒绝一项创新对社会体系或个人所造成的影响。”①其可分为三类,即合意与不合意的结果、直接和间接的结果、预期与非预期的结果,具体内涵如表3.23所示。

表3.23 创新的结果②

名称	内涵
合意与不合意的结果	体现在创新对社会功能建设起到积极还是消极的作用
直接和间接的结果	体现在创新产生的结果是否第一时间对个体或社会体系产生作用
预期与非预期的结果	体现在社会成员是否认可这个创新结果

由表3.23可知,创新的结果主要来自受众感知或体验,因此该方面的研究也需要通过对受众展开调查而获得分析资料。同时,从性质来看,创新的结果可分为正面结果和负面结果。罗杰斯指出:“创新推广人员在向客户介绍某项创新时,客户一般期望创新的结果是合意的、直接的、可预期的。但创新往往会给这个体系的成员带来不合意的、间接的、不可预期的后果……创新推广人员可以预料一项创新的形式,可观察的外观效果甚至是功能,以及对社会体系成员生活带来的贡献。但是创新推广人员永远无法获知创新的意义,即客户对创新的主观认知和理解。”③对于自媒体而言,其设计开发和运维推广人员在前期调研、顶层设计、底层逻辑、运营维护等方面均会有

① E.M.罗杰斯.创新的扩散(第五版)[M].唐兴通,郑常青,张延臣,译.北京:电子工业出版社,2016:32.

② E.M.罗杰斯.创新的扩散(第五版)[M].唐兴通,郑常青,张延臣,译.北京:电子工业出版社,2016:32.

③ E.M.罗杰斯.创新的扩散(第五版)[M].唐兴通,郑常青,张延臣,译.北京:电子工业出版社,2016:32-33.

全面、周到的考虑，但是当自媒体在投放市场、推向社会之后就具有了自己的生命力，尤其是在之后的进程中，各级各类把关人和受众将发挥至关重要的作用，并由此会产生很多不合意的、间接的、不可预期的后果。同时，根据创新扩散理论，在自媒体的传播过程中，合意和不合意的结果通常情况下很难简单分割；[①]合意的、间接的和不可预料的结果以及不合意的、直接的和可预料的结果经常同时发生；[②]间接结果是直接结果的结果，因为直接结果是指采用或是拒绝创新造成个人或社会的改变；而间接结果则是受创新而产生的直接结果之影响的变化。[③] 因此，三类结果密切联系、不可割裂看待。

3.3.2.2 档案信息资源自媒体传播受众创新结果的个案研究

（1）研究工具及数据处理。本部分采用自编问卷"档案信息资源自媒体传播受众创新结果的访谈提纲"，对档案信息资源自媒体传播受众进行个案访谈调研。问卷共设9题，分为基本情况和正式问题两个部分。其中，基本情况部分包括访谈人的性别、年龄、受教育程度、工作或学习单位性质，正式问题部分包括访谈人对档案自媒体在档案事业发展中的作用、产生影响和效果的看法等五个方面。

（2）问卷发放及回收情况。本次个案研究调研对象为档案信息资源自媒体传播受众，最终访谈问卷发放10份。调查时间为2022年8月至10月。调查共回收问卷7份，有效问卷7份，有效率为100%。在有效问卷的调查对象中，从访谈人的性别来看，女性占86%、男性占14%；从访谈人的年龄来看：19岁及以下占14%、20～29岁占86%；从访谈人的受教育程度来看，本科学历占29%、硕士学历占71%；从访谈人工作或学习单位的性质来看，学校占100%。从以上数据可以看出，本次调查问卷的有效回收率高，样本覆盖范围合理，可有效保证研究的信度和效度。

---

① E.M.罗杰斯.创新的扩散（第五版）[M].唐兴通，郑常青，张延臣，译.北京：电子工业出版社，2016：369.

② E.M.罗杰斯.创新的扩散（第五版）[M].唐兴通，郑常青，张延臣，译.北京：电子工业出版社，2016：370.

③ E.M.罗杰斯.创新的扩散（第五版）[M].唐兴通，郑常青，张延臣，译.北京：电子工业出版社，2016：474.

(3)调查统计与分析。一是档案信息资源自媒体传播发生作用的表现形式。就档案信息资源自媒体对受访者产生的是积极还是消极作用的问题上,认为“档案自媒体对自身产生积极作用”的占100%,但其也存在着差异化的作用表现形式。在对7位受访者的访谈中,认为“档案自媒体在档案信息、知识与技能的学习获取中发挥积极作用”的占86%,认为“档案自媒体在洞悉学术前沿与行业发展动态中发挥积极作用”的占71%,认为“档案自媒体在意见表达与交流互动中发挥积极作用”的占43%,认为“档案自媒体在学术研究与论文写作中发挥积极作用”的占29%,认为“档案自媒体能以趣味性的呈现方式增强用户体验感”的占14%。整体来看,档案自媒体传播对于受众而言发挥着积极作用,并在档案信息与知识的获取、学术前沿动态的及时了解、行业发展动向的准确把握、学术研究与论文写作的不断深入、想法与行为的互动交流等方面都有所体现。以档案微信公众号为例。首先,用户可对推文进行点赞、评论、转发与分享,因此具有互动性强、交流便捷等特点;其次,通过阅读微信公众号推送的有关学术前沿与行业发展动态的推文,用户可学习档案知识并获取档案信息、了解最新政策动态与法规标准、接收更多档案资讯等;最后,档案微信公众号对于信息的呈现方式具有多样性、趣味性,可以图文、声像等形式生动直观地呈现档案资源,有助于增强用户的体验感。

就档案信息资源自媒体对档案事业产生的是积极还是消极作用的问题上,受访者认为“档案自媒体对档案事业产生积极作用”的占100%,但同时积极作用在不同方面有着差异化的表现形式。在对7位受访者的访谈中,认为“档案自媒体在档案事业中发挥宣传推广作用”的占71%,认为“档案自媒体在促进档案知识与动态传播中发挥积极作用”的占29%,认为“档案自媒体在服务能力、方式的提升、优化与创新方面发挥平台作用”的占29%,认为“档案自媒体在提升公众档案意识与社会重视程度方面发挥积极作用”的占29%,认为“档案自媒体在加强业界交流与拓宽学科研究范围方面发挥积极作用”的占29%。从调查结果可以看出:其一,档案自媒体可作为档案事业发展宣传的窗口,有着承担学术动态与前沿热点的宣传、提升档案事业在社会范围内的影响力与关注度等积极作用。其二,档案自媒体可为服务能力的提升与方式的创新与优化提供平台支撑。一方面,档案馆可利用档案自媒体提供在线查询利用、档案知识普及等服务,另一方面档案信息资源自媒体创新了档案服务方式,其可借助网络实现在线查档、档案咨询、云参观等服务,不仅极大地节省了用户的时间精力,而且能不断扩大档案信息服务的范围。其三,档案信息资源自媒体的传播能够增强社会档案意识与档案事业影响力。档案信息资源自媒体的特点与社会公众获取信息的习惯与需求相吻合,有助于拓宽档案传播渠道,社会公众通过档案自媒体平台可方便浏览、获取档案资源,有助于潜移默化地影响社会公众的意识与行为,进而提升社会档案意识,推动档案事业发展。

二是档案自媒体传播发生作用的创新结果。就档案信息资源自媒体是否第一时间对受访者产生作用的问题,7 位受访者均持肯定态度,但同时也存在不同的创新结果。在对 7 位受访者的访谈中,认为“档案自媒体信息发布时效性强对于信息快速获取方面发挥作用”的占 86%、认为“档案自媒体在新媒体运营技能的提升与专业知识的学习方面发挥作用”的占 14%、认为“档案自媒体在多元化内容呈现与互动性交流沟通方面发挥作用”的占 14%。由此可见,一方面,档案信息资源自媒体突破了时间和空间的限制,用户可以灵活地通过移动终端随时随地地获取档案信息,如档案新闻动态、档案文章等;另一方面,档案信息资源自媒体提供的档案内容较为多元、新颖、有趣,用户可自主选择感兴趣的档案内容,并可以借助档案自媒体进行互动交流。

就档案信息资源自媒体是否第一时间对档案事业发展产生作用的问题,7 位受访者中持肯定态度的占 71%、持否定态度的占 29%。在对 7 位受访者的访谈中,认为“档案自媒体便捷性传播特征在扩大影响力、吸引用户关注、拓宽服务渠道等方面发挥作用”的占 43%,认为“档案自媒体在档案事业的宣传与政策落实方面发挥作用”的占 29%,认为“档案自媒体局限性导致其未能第一时间对档案事业的发展产生作用”的占 29%,认为“档案自媒体之于档案事业发展在丰富研究对象、变革信息服务内容、改变服务理念方式等方面发挥作用”的占 14%。根据调查结果可知:第一,档案信息资源自媒体对档案事业宣传工作和政策的宣传落实整体发挥着积极推动作用。第二，档案信息资源自媒体拓宽了档案信息的传播路径，能够将档案信息以更便捷的方式传播，推动了用户对于档案信息以及档案事业的持续关注，有助于扩大社会影响力。第三，档案信息资源自媒体的应用对档案事业的发展具有多元化的深远影响。一是有助于丰富研究对象，引发档案工作者开展档案自媒体相关课题、理论的研究，探索档案自媒体工作的实践方式等；二是有助于推动档案信息服务发生变革，如档案信息内容更加多样，档案信息提供主体更加多元——既包括官方机构、专职档案人员又有非专职个体工作者，进一步拓展了档案信息服务的层次与深度；三是有助于改变档案工作人员的服务理念与服务方式等，倒逼档案工作人员不断丰富自身知识结构、提升综合能力、培养服务意识。

三是档案自媒体传播受众需求的匹配程度。就受访者是否认可档案自媒体的问题上，7 位受访者均持肯定态度。通过对 7 位受访者的访谈内容展开分析，究其原因可分为三个方面：第一，对档案事业的发展而言，无论是档案机构、企业或个人，都可以通过档案自媒体发布档案信息，不仅对国内外最新行业动态的发布、政策宣传、档案利用、知识传播等方面发挥着越来越重要的作用，而且在增强社会档案意识、扩大档案事业影响力等方面也能够起到积极的推动作用。同时，档案自媒体使数字档案资源的开发利用不只局限于实体档案馆，还可通过开放共享、互通互联的移动平台加以呈现，使得档案信息资源能被更多人利用，有效地提高了档案利用率。此外，档案自媒体顺应数字时代的潮流，发展潜力巨大，利用档案自媒体传播档案信息资源可为档案事业发展注入新的活力。第二，就档案自媒体本身而言，其具有传播方式快捷便利、传播形式丰富多样、传播内容时效性强、传播平台作用凸显等特征，档案自媒体凭借其独特优势已取得广泛认同。第三，对于用户而言，基于档案自媒体传播速度快、互动性强、内容多元等特征，用户可快速便捷地获取档案信息并实现交流互动，如发表评论、后台留言、点赞转发、参与档案征集捐赠等。此外，档案自媒体以创新多元、丰富多样的呈现方式也为用户学习档案专业知识提供了良好的途径。

(4)调查结论及策略前瞻。调查结果表明，传播受众对档案信息资源自媒体持认可态度，其均认为档案信息资源自媒体对自身以及档案事业发展在整体和第一时间都产生积极作用，创新结果表现为受众对于档案知识信息获取更加便捷、体验感交互感得到增强等，同时在社会档案意识的提升、服务的创新与优化等方面也发挥着积极作用。

与此同时，部分受访者也认为档案信息资源自媒体无法第一时间对档案事业的发展产生积极作用，具体表现在档案自媒体发展普及程度较低、传播信息内容质量和信度有待提高、缺乏系统化传播策略等方面。

为充分发挥档案自媒体的积极作用，档案部门应主动作为、有针对性地予以建设和完善，以期为档案自媒体的发展注入新的活力。

第一，加强档案自媒体的宣传普及力度。档案自媒体数量的增加和影响力的增强往往并不呈正比关系，如以微信公众号和微博为代表的档案自媒体往往出现热度较低的现象。因此，档案自媒体运维者应借助多种宣传手段、迎合用户需求打造“自媒体矩阵”，通过吸引目标用户群体的关注提升自身影响力。

第二，增强档案自媒体的趣味性与互动性。其一，档案自媒体运维者可定期开展有奖类档案知识打卡、档案知识竞赛等活动，以充分调动大家参与互动的积极性；其二，运维者应充分发挥档案自媒体平台呈现内容的多样性、趣味性等优势，将档案信息以图片、视频等用户喜闻乐见的形式加以呈现；其三，档案自媒体运维者可设置专门的后台留言、信箱等交流沟通渠道，及时对用户的意见反馈和需求加以回应，以进一步增强互动性。

第三，严把“质量关”以确保信息的真实准确。“档案自媒体的飞速发展也造成了档案自媒体的质量参差不齐的问题，而且由于档案信息传播过程中已脱离原件，档案信息的真实性难以保证。”①因此，档案自媒体运维者在撰写推送文章时，应保障信息的完整性、真实性并确保内容的可靠性，以高质量的信息推送增强自身的影响力和知名度。

第四，优化传播策略并打造自身特色。以档案微信公众号“金山记忆”为例，其借助微信公众平台的特征优化传播策略，注重打造自身特色，根植于金山悠久的历史文化土壤之中并对其档案文化进行创造性挖掘开发，在

---

① 朱子.用户情感体验视阈下档案自媒体信息传播效果评价研究[J].档案管理，2020(4):25-26.

选题上也注重对前沿热点和用户关注内容的深度挖掘。根据档案微平台研究发布的数据,“金山记忆”在2022年8月TOP100全国档案微信公众号榜单和2021年度全国档案微信公众号排行榜均排名第一。“‘金山记忆’的成功从侧面反映了一篇又一篇承载档案故事的原创文章将档案史志研究者、利用者、爱好者紧密联系起来的事实。”[①]因此,档案自媒体运维者应不断优化传播策略,依据本地、本单位丰富的档案资源打造自身特色并进而形成品牌。

---

① 李思越.使用与满足理论视角下档案微信公众号传播效果研究——以“金山记忆”为例[J].档案天地,2021(9):46-49.

4 档案信息资源自媒体传播受众的分类比较研究

创新扩散理论之科学张力的重要表现之一就是对象细分,其中,采用者分类更是其重要的研究内容。在创新扩散理论中,对采用者的分类是以采用某项创新的时间为标准的,应用这种分类方式不仅可区分采用者的类别,并进一步归纳不同类别采用者的特性,还可通过计量统计的方法呈现出创新扩散全过程中采用者采纳创新的全貌,从而为其他类型的创新扩散研究提供预测分析的依据。对于档案信息资源自媒体的传播受众而言,采用不同的分类标准会得到不同的分类结果,而依据创新扩散理论的分类标准和方法则不仅可对受众的分类得出新的结果,并据此对不同类型受众的特性展开比较研究,还可对自媒体受众的采纳行为展开预测性、前瞻性研究。

4.1 分类标准和方法

4.1.1 以创新性为基础的采用者分类方法

在创新扩散的研究中,早期学者在采用者类别和分类方法的研究和应用中无法达成共识且显得较为混乱,直到20世纪60年代早期,根据“S”形曲线进行分类的方法才得到了大多数学者的认同。

"S"形扩散曲线的制作方法是以扩散过程中的时间因素为标准对创新采用者进行分类,并据此画出相应的创新—扩散曲线。"按照时间描绘出的创新采用者曲线通常呈现钟形;如果将人数加以累计,便会出现'S'形曲线。"①整体而言,某一项创新的预期采用者将呈现正太分布曲线,其基本理由是:"体系里同伴的沟通刺激对个人接受或拒绝创新的影响力会日渐增加。也就是说,这些影响是体系成员对创新的认知和接受递增所造成的。因为,接受创新主要是通过人际交往中的信息交流来实现的。如果第一位创新采用者和体系中的其他两位成员讨论创新,而这两位成员又分别与另外两位朋友讨论,以此类推,最后的分布会表现出二项式增长,如果绘制出连续几批人的情况,这个数字函数将呈现出正规形态。"②对于一项创新的扩散来说,由于社会体系成员不可能完全自由地接触其他每一位成员,而且由于社会地位、地理上的障碍以及其他变数都会对个人之间创新信息的交流产生影响,因此在现实生活中,采用率和正太分布曲线会存在一些差距。但是就长期而言,这些差异会互相抵消,最终"接受曲线会呈钟形,并趋于正太分布"③。

需要注意的是,"'S'形扩散曲线因不同的创新内容、不同体系而不一样,它描述的是一个特定的创新在一个特定社会体系中的扩散情况,而且'S'形扩散曲线也只适用于成功推广的案例中,即社会体系中几乎每个成员都接受了创新。"④因此,对"S"形扩散曲线的应用也应遵循具体问题具体分析的原则。

罗杰斯以创新性为标准,按照受众对创新的接受时间将其分为先驱者、早期受众、早期大众、后期大众、落后者等五种类型,并制作了以创新性为基

---

① E. M. 罗杰斯. 创新的扩散(第五版)[M]. 唐兴通,郑常青,张延臣,译. 北京:电子工业出版社,2016:288.

② E. M. 罗杰斯. 创新的扩散(第五版)[M]. 唐兴通,郑常青,张延臣,译. 北京:电子工业出版社,2016:288.

③ E. M. 罗杰斯. 创新的扩散(第五版)[M]. 唐兴通,郑常青,张延臣,译. 北京:电子工业出版社,2016:290.

④ E. M. 罗杰斯. 创新的扩散(第五版)[M]. 唐兴通,郑常青,张延臣,译. 北京:电子工业出版社,2016:290.

础的采用者分类之“S”形创新—扩散曲线，如图 4.1 所示。

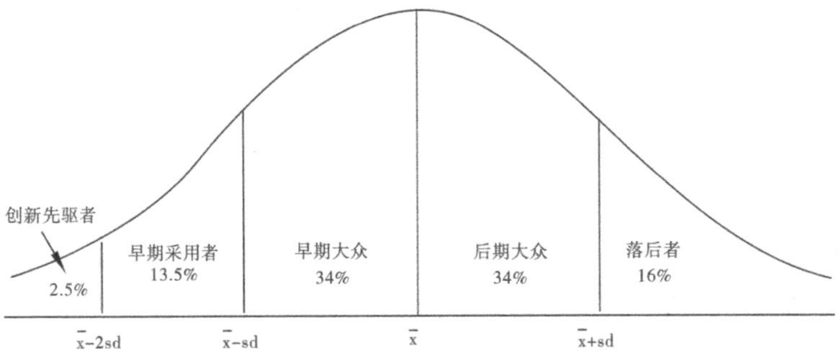

图 4.1　以创新性为基础的采用者分类

“图中以 $\bar{x}$ 为中心轴，按照相应的标准差将创新采用者分为 5 个类别，这里的创新性是一个连续变量，主要由个体接受创新的时间来衡量。”①其中，罗杰斯用以分类的标准——创新性是指“个人或其他创新接受单位，较其他成员相对优先接受创新的程度”②，并进一步指出，创新性是相对的，即只是相对于同一体系中其他人的先后；并且创新性也是一个连续性的变数，将它分割成不同类别只是一种策略。

由图 4.1 可知，罗杰斯将正态分布分成了 5 个区域代表创新采用者的 5 个种类，即创新先驱者、早期采用者、早期大众、后期大众、落后者，并标示了每个种类中人数的大概百分比。其中，“分布曲线的最左侧区域，即以平均值减去 2 个标准差后，在这个时间点之前的采用者，占总数的 2.5%，他们是创新先驱者；紧随其后，出现 13.5% 的采用者，他们接受创新的实践范围在平均值减去一个标准差和减去 2 个标准差之间，我们称之为早期采用者；接着就是在平均值减去一个标准差与平均值之间，这 34% 的接受创新的人群称作早期大众；在平均值右侧，与平均值加上一个标准差之间，则是 34% 的

① E. M. 罗杰斯. 创新的扩散（第五版）[M]. 唐兴通，郑常青，张延臣，译. 北京：电子工业出版社，2016：297.

② E. M. 罗杰斯. 创新的扩散（第五版）[M]. 唐兴通，郑常青，张延臣，译. 北京：电子工业出版社，2016：295.

后期大众；最后接受的16%便是我们所说的落后者。”①

依据该模型展开研究需要注意两个问题：其一，这个分类系统并不是左右对称的，即平均值左侧共有3类，右侧只有2类。当然，为了实现对称，我们可将落后者分为早期落后者和晚期落后者，亦可将创新先驱者和早期采用者合并为一类。由于落后者的特性都比较相似，创新先驱者和早期采用者的特性又不尽相同，故没必要加以细分或合并。其二，由于创新性是连续的，在相邻的两个采用者类别之间，不会有明显的差异或是不连续的情况发生，因此五大类别采用者之间不会有明显的断层。

整体而言，罗杰斯以创新性为基础的采用者分类方法具有很强的科学张力：第一，将创新性作为采用者分类法的标准，不仅可区分采用者的类别、确定每一类别应占所考察系统成员的比例，更为关键的是可借助其确定采用者类别的统计方法或其他方法。第二，将采用者分为5大类别可涵盖所有采用者的特性，覆盖面较广；由于其是基于同一个分类原则来进行划分的，因此分类结果是唯一的。第三，其所依据的“S”形扩散曲线是当今扩散研究中最广泛采用的分类方法，且其所使用的“创新先驱者”“早期采用者”等术语已被大众广泛理解和使用，因此这种分类方法较易获得广泛认同。

4.1.2 档案信息资源自媒体传播受众的分类

2007年至2015年，以“档案界”论坛和“档案知网”为代表的档案网络社区作为我国档案信息资源传播的重要阵地发挥了巨大作用。其中，作为我国档案领域曾经最聚人气、最火爆、最有影响力的档案网络社区，“档案界”论坛汇聚了13000多名会员。2013年年底至2015年，我国经历了一个智能手机的换代高峰期，档案网络社区受到了极大冲击，“档案界”论坛和“档案知网”的会员流量和访问量大幅下降。为了应对挑战，“档案界”论坛开通了手机客户端，但依然无法扭转局势。2016年，“档案界”论坛的服务器停止运营；“档案知网”在2013年经历了所有权转移的周折后就销声匿迹了。

---

① E. M. 罗杰斯. 创新的扩散(第五版)[M]. 唐兴通，郑常青，张延臣，译. 北京：电子工业出版社，2016：296.

我国最早的档案博客创建于 2005 年 5 月 1 日，即辽宁大学赵彦昌教授的“中国档案学研究”博客。据统计，我国的档案博客数量曾达到 200 多个[①]，并出现了“中国档案学研究”“丁氏花园”“兰台家园”等访问量达到 10 万以上、影响力较大的博客。档案博客的发展亦受到了智能手机的强烈冲击，且由于其发布的博文一般篇幅较长不适合快餐式阅读，内容也主要以文字为主，图片、音视频等多元化信息较少，再加上许多博主不能持续更新博文，故也渐趋式微。

当前，档案微博和微信发展得如火如荼，而且其正在深刻地影响档案信息资源的传播。此外，部分档案人在抖音、小红书等平台上开通账号传播档案信息资源，也取得了很好的效果。

自媒体的一个重要特征是传播者同时也作为传播受众而存在，因此，出于研究的可行性考虑，本书以账号为单位，分别在微博、微信、抖音、小红书等当前应用较多的平台上利用其检索功能统计分析了档案自媒体的情况。具体情况如下：

4.1.2.1　档案微博

2022 年 5 月 7 日，在新浪微博网页端以“档案”“档案局”“档案馆”等为检索词进行用户检索，用数据采集器收集检索结果，收集整合并剔除了重复和不相关的数据后得到 324 个档案微博账户，账户主体包括档案局、档案馆、企业以及个人用户。整合好数据后，课题组逐一访问每个微博账号，收集其加入微博的时间，没有显示加入微博时间的以相应账号发布第一篇微博的时间替代，统计好时间后，以年份进行汇总，形成档案微博账号年增量图和增量趋势图。

---

① 钟其炎，杨丹娟. 档案博客的现状调查分析[J]. 档案管理，2008(5)：72-74.

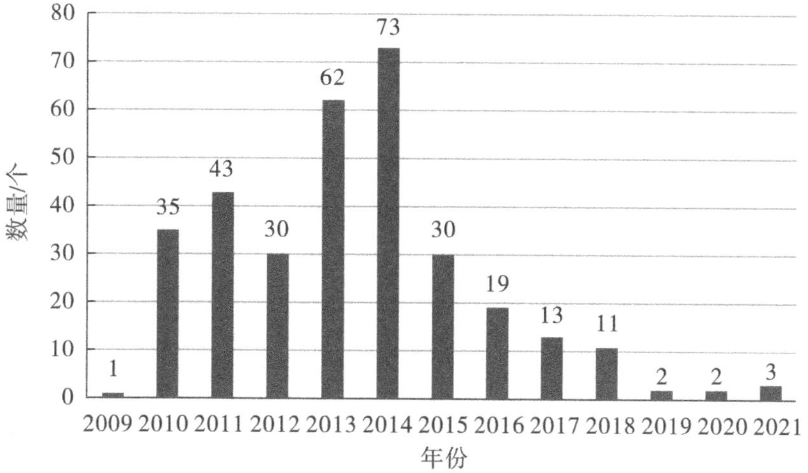

图 4.2 档案微博账号年增量图

由图 4.2 可知，我国的档案微博账号最早注册于 2009 年，2010 年至 2014 年为整体增长期，其中，2014 年达到了顶峰。2015 年至今为下降期，且从 2019 年至 2021 年的态势看，其已进入了生命周期的末端。

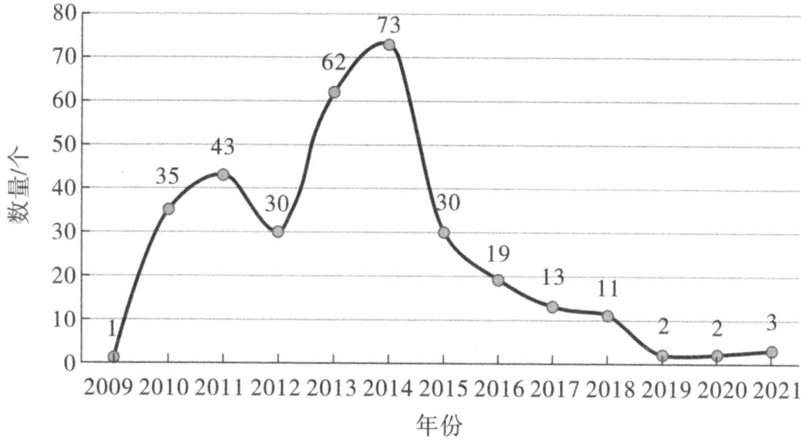

图 4.3 档案微博账号增量趋势图

将图 4.3 与图 4.1 进行对比，我国档案微博的发展整体上符合“S”形创新—扩散曲线。鉴于 2019 至 2021 年的注册账号均未超过 3 个，且 2022 年 1 月 1 日至 2022 年 5 月 7 日尚无新的账号注册，同时，考虑到未来一两年或有新增，故为了计算方便，将基数定为 330 个进行计算。按照图 4.1 的比例并经四舍五入后的计算结果为：创新先驱者 8 个，早期采用者 45 个，早期大众为和后期大众各112个，落后者53个。根据账号注册时间排序后即可在各类采用者中抽取样本展开调查研究。

4.1.2.2　档案微信公众号

2022年5月5日，以“搜狗微信搜索”为检索平台，以“档案”“兰台”“东观”“记忆”等为检索词进行检索，并利用数据采集器收集公众号名称、注册主体等信息，采集后进行整合筛选，形成初步数据，然后在“微信APP”中搜索收集到的微信公众号以获得相应的注册时间信息。鉴于部分微信公众号的注册信息中没有显示注册时间，故以其第一篇推文时间替代。考虑翻阅每一个公众号之第一篇推文获取其发布时间的工作量较大，故登录了自己创建的微信公众号后台，在“写新图文”中的超链接模块搜索链接其他公众号文章，此方法可以便捷获取到某一公众号下的所有推文及发布时间，并在此基础上编写采集器脚本，输入公众号名称即可获取第一篇推文时间。此外，我注意到，在微信中搜索某一公众号名称时会出现一些相关的其他公众号，且部分公众号并不在先前整理的数据中，故又自行将其添加到已有数据中，最终得到1026条公众号数据。对数据进行计算后，绘制了档案微信公众号年增量图和增量趋势图。

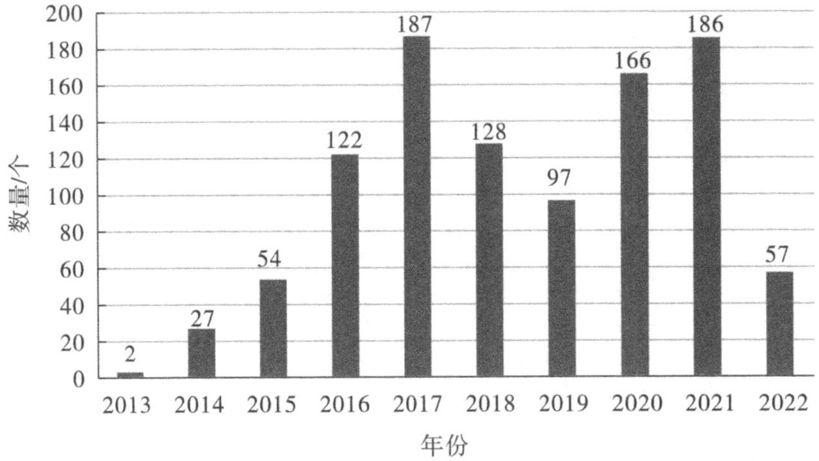

图4.4　档案微信公众号年增量图

由图4.4可知，我国的档案微信公众号最早开通于2013年。2013年至

2017年是一个快速增长期，其中，2017年达到了最高值。2018年至2019年有所下降，其中，2019年下降幅度较大。由于2022年为不完全统计，故暂不考虑其数据，可以看出，2020年至2021年处于缓慢的上升期。

值得注意的是，2021年2月22日，由国家互联网信息办公室发布的新修订的《互联网用户公众账号信息服务管理规定》开始实施，其第十条明确规定："公众账号信息服务平台应当对同一主体在本平台注册公众账号的数量合理设定上限。"2022年8月1日，国家互联网信息办公室发布实施了《互联网用户账号信息管理规定》，对在中华人民共和国境内的互联网信息服务提供者注册、使用互联网用户账号信息及其管理工作进行了严格规定。2018年11月16日，微信团队根据《互联网用户公众账号信息服务管理规定》第七条发布了《公众号注册数量调整》的通知，明确指出："1. 个人主体注册公众号数量上限由2个调整为1个；2. 企业类主体注册公众号数量上限由5个调整为2个。"上述政策的实施对微信账号的注册产生了重大影响。同时，由于政策实施的效应往往具有滞后性，因此，这也在一定程度上解释了2018年至2019年我国档案微信公众号数量下降尤其是2019年下降相对较快的原因。同时，在更加严格的管控之下，2020年较2019年有一个较大幅度的上升，2021年达到了几乎与2017年最高点持平的程度，这在一定程度上也反映了档案微信公众号具有强劲的生命力。

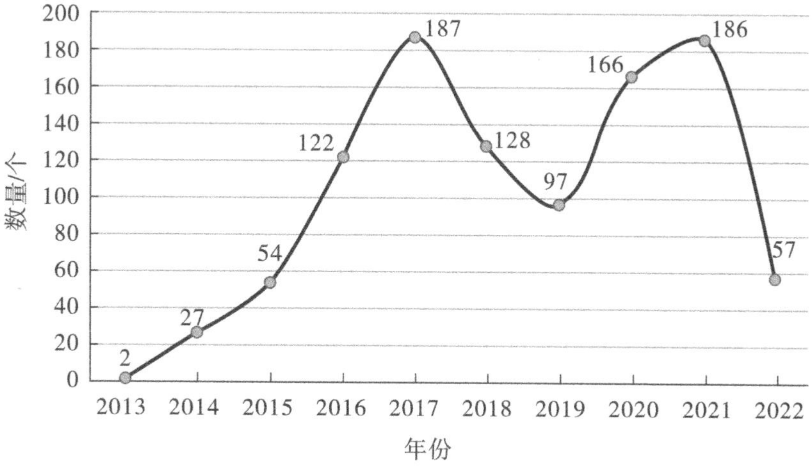

图4.5　档案微信公众号增量趋势图

由图 4.5 可以看出，如果将政策管控这一外部因素的影响暂时忽略，并将其与 4.1 的"S"形扩散曲线对照，可以发现：第一，我国的档案微信公众号自 2017 年开始进入了高峰期，迄今为止仍在持续。第二，因为档案微信公众号的生命周期尚未完结，还无法精确计算各类采用者的数量，但是对照"S"形扩散曲线可知，创新先驱者、早期采用者、早期大众三类采用者已产生，通过抽样的方式对其展开调查分析是可以实现的。为保证调查结论尽可能符合"S"形扩散曲线的原理和要求，可在 2013 年至 2014 年的 29 个公众号中抽取创新先驱者的样本，在 2015 年至 2016 年的 122 个公众号中抽取早期采用者的样本，在 2017 年至 2019 年的 225 个公众号中抽取早期大众的样本。

4.1.2.3 档案类抖音号

2022 年 5 月 10 日，在抖音网页版中以"档案""档案局""档案馆"等为检索词进行检索，辅之以数据采集器进行数据采集，收集筛选后得到 111 个档案抖音账号，主体涉及档案局（馆）、档案服务企业、档案从业者等。由于抖音平台未提供查看他人账号注册时间的选项，故逐一统计了每个抖音账号发布第一个抖音短视频的时间，汇总整理相关数据后形成了档案抖音号年增量图和增量趋势图。

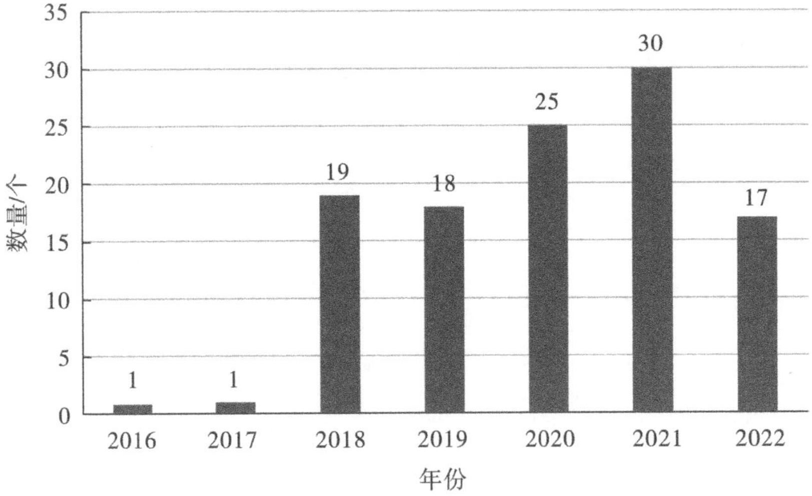

图 4.6 档案抖音号年增量图

由图 4.6 可知,我国的档案抖音号最早开通于 2016 年,2018 年增长幅度较大,2021 年达到了一个小高峰。2022 年虽为不完全统计,但是按照 17 个的基数看,全年的数量也有极大可能达到 30 个以上。因此整体而言,我国的档案抖音号处于不断上升的态势。

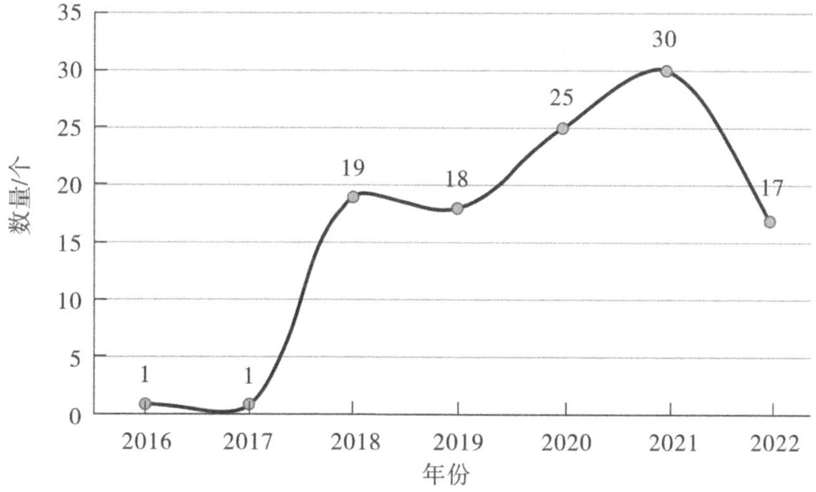

图 4.7　档案抖音号增量趋势图

由图 4.7 可以看出,我国的档案抖音号正处于不断增长的状态,对照图 4.1 的“S”形扩散曲线图可初步判断,创新先驱者已产生,早期采用者尚未完全产生。

4.1.2.4　档案小红书

2022 年 5 月 10 日,在小红书 App 中分别以“档案”“档案局”“档案馆”等为检索词进行检索,然后逐条筛选和汇总检索结果,剔除不相关和未发布内容的账号后得到 41 个档案小红书账号,主要为档案服务企业和个人注册运营的账号,档案局(馆)注册运营的账号较少。由于小红书不能查看账号注册时间,故逐一统计了每个小红书账号发布第一篇内容的时间,汇总整理相关数据后形成了档案小红书账号年增量图和增量趋势图。

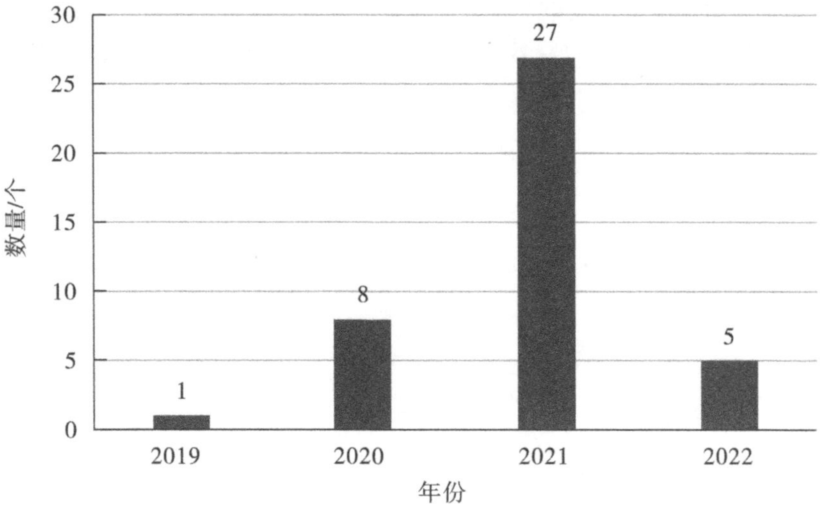

图 4.8　档案小红书账号年增量图

由图 4.8 可知,我国最早的档案小红书账号注册于 2019 年,2021 年增长幅度较大。

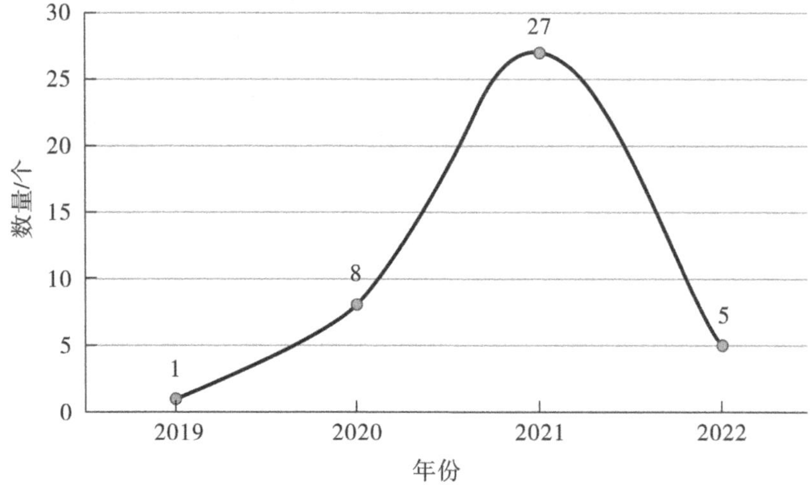

图 4.9　档案小红书账号增量趋势图

图 4.9 显示,2019 年至 2021 年我国的档案小红书账号注册数量呈快速上升的态势,因为 2022 年为不完全统计,且档案小红书相对而言是新生事

物，暂时无法估算其注册量，故此处不予考量。

综合以上统计分析可以看出：其一，档案微博的生命周期已接近尾声，根据统计其整体上符合“S”形扩散曲线，也可以计算出五类采用者的规模并能据此展开抽样调查。其二，档案微信公众号的发展正处于方兴未艾的态势，对照“S”形扩散曲线可大致区分出创新先驱者、早期采用者和早期大众，并能大致确定抽样调查范围。其三，档案抖音和档案小红书的发展时间较短，目前正处于快速发展时期，对于采用者分类研究的价值尚不明显，但是可将注册起始年的账号运维者纳入创新先驱者的范围展开调查分析。

4.2 各类型受众群体的特性比较

4.2.1 创新采用者五大类别的主要特征

创新扩散理论之科学张力的重要表现之一就是“对象细分”策略的采用，其是指“针对不同的创新子对象，采用不同的传播渠道和影响方式。”①罗杰斯指出：“5 个采用者类别具有明显不同的特征，而这正是创新对象细分化的理论基础。”②总体而言，每个类别采用者的主要特征如表 4.1 所示。

表 4.1 创新采用者的五大类别及主要特征③

采用者类别	主要特征
创新先驱者	冒险精神

① E. M. 罗杰斯. 创新的扩散（第五版）[M]. 唐兴通，郑常青，张延臣，译. 北京：电子工业出版社，2016：311.

② E. M. 罗杰斯. 创新的扩散（第五版）[M]. 唐兴通，郑常青，张延臣，译. 北京：电子工业出版社，2016：316.

③ E. M. 罗杰斯. 创新的扩散（第五版）[M]. 唐兴通，郑常青，张延臣，译. 北京：电子工业出版社，2016：295-301.

续表 4.1

采用者类别	主要特征
早期采用者	备受尊敬
早期大众	深思熟虑
后期大众	谨慎多疑
落后者	传统保守

同时,“以往的研究表明,早期采用者与后期采用者在这 3 个方面具有重要差别:①社会经济地位;②个性及价值观;③传播行为及方式。”[①]具体而言:

第一,社会经济地位。罗杰斯认为,早期采用者和后期采用者在年龄上没有明显差别,但是整体而言前者比后者所处的经济地位和社会地位要高。主要表现为:一方面,系统内的早期采用者往往接受过更多的正规教育,他们比后期采用者要博学多才,所处的社会地位也更高些,而且具有更强的向上的社会流动性。另一方面,早期采用者所属的团体或所在的单位规模要大得多。[②] 由此可以看出:首先,在罗杰斯的视野中,教育程度是早期采用者和后期采用者在社会地位层面差距的重要表现和成因。其次,现有的社会地位和向上的社会流动性是二者差距的重要表现。最后,二者在经济地位层面的差距则主要体现为所在单位的规模,一般而言,规模较大的单位能够为采用者带来更多的经济收益和保障。

第二,个性及价值观。罗杰斯认为,系统内的早期采用者和后期采用者在个性及价值观方面存在着巨大差异。主要表现为:“与后期采用者相比,早期采用者具有更强的移情能力、更少的教条主义以及更强的抽象思维能力、逻辑推理能力,并且具有更高的智商,乐于接受改变,更善于应付不确定性和风险,对社会创新和科学都抱有积极的欢迎态度,宿命感的程度较低,

---

① E. M. 罗杰斯. 创新的扩散(第五版)[M]. 唐兴通,郑常青,张延臣,译. 北京:电子工业出版社,2016:316.

② E. M. 罗杰斯. 创新的扩散(第五版)[M]. 唐兴通,郑常青,张延臣,译. 北京:电子工业出版社,2016:316.

在教育、职业等方面都有很高的热情和抱负。”①可以看出，早期采用者和后期采用者在个性及价值观方面的差距主要包括思维、智商、情商、能力、态度、人生观、价值观等多方面内容。

第三，传播行为及方式。罗杰斯认为，属于不同采用者类别的个体具有不同的传播行为和方式。具体而言，“相对于后期采用者而言，早期采用者广泛地参与社会活动，人际关系网中有更高连接性，眼界更开阔，与创新推广人员有更多的接触，有更多的渠道接触媒体和进行人际交往。另外，早期采用者比后期采用者更主动积极地搜寻信息，他们拥有更多有关创新的知识，而且他们当中意见领袖的人数更多。”②由此可知，早期采用者和后期采用者在传播行为及方式方面的差距主要包括社会活动参与的广泛程度、人际关系网的高连接性、眼界的开阔程度、与创新推广人员的接触频次、人际交往渠道的多少、对创新的态度主动与否以及对创新的认知程度等。

4.2.2 档案信息资源自媒体传播各类型受众群体特性调查及比较分析

4.2.2.1 研究思路及方法

本部分研究主要通过问卷调查的方式展开，具体研究思路及方法如下：

(1)调查对象的选择。调查对象的选择主要依据前文对档案微博、微信公众号、抖音、小红书等的分析及计量结果，然后根据《附件 6 档案微博账号》《附件 7 档案微信公众号》《附件 8 档案抖音号》《附件 9 档案小红书账号》等统计结果，按照相应比例确定创新先驱者、早期采用者、早期大众、后期大众、落后者的抽样范围。具体而言，将档案微博账号中的前 8 位、档案微信公众号中的前 29 位、档案抖音号的前 2 位、档案小红书账号的前 1 位共计 40 个账号纳入创新先驱者的抽样范围；将档案微博账号中的第 9 至第 53 位的 45 个账号、档案微信公众号中的第 83 位至第 204 位的 122 个账号共计

① E. M. 罗杰斯. 创新的扩散(第五版)[M]. 唐兴通，郑常青，张延臣，译. 北京：电子工业出版社，2016：316.

② E. M. 罗杰斯. 创新的扩散(第五版)[M]. 唐兴通，郑常青，张延臣，译. 北京：电子工业出版社，2016：316.

167 个账号纳入早期采用者的抽样范围;将档案微博账号中的第 54 位到 165 位的 112 个账号、档案微信公众号中的第 205 位到 429 位的 225 个账号共计 337 个账号纳入早期大众的抽样范围;将档案微博账号中的第 166 位到 277 位的 112 个账号纳入后期大众的抽样范围;将档案微博账号中的第 278 位到 330 位的 53 个账号纳入落后者的抽样范围。

将档案微博、微信公众号、抖音、小红书等四种自媒体的五类采用者在抽样范围区间的账号各自汇总后,然后按照其注册时间或发布第一条信息的时间排列整合后排序,以此作为每一类采用者的抽样框。同时,考虑到五类采用者的总体规模较小但差别较大,其中,创新先驱者和落后者的总体规模更小,且考虑到部分档案微博已长时间停止更新,其运维者无法联系到,为使后续的比较研究可以展开并能够调查到足够的样本,故每一类采用者均抽取 20 个样本。在抽样方法上采取简单随机抽样,并应用随机数表抽取。该方法适用于样本数和总体异质小的情况,且简单易行、代表性强、误差计算方便。此外,四类自媒体的账号中,有以个人身份注册的,有以单位身份注册的,考虑到在社会经济地位维度下有单位规模这一要素,故若抽到以单位身份注册的账号则在调查时将问卷定向发送给运维负责人填写,以保证单位情况填写的准确性。

(2)调查问卷的设计。调查问卷题为“档案信息资源自媒体传播受众群体特性调查问卷”,调查内容主要包括社会经济地位、个性及价值观、传播行为及方式等三个维度,然后依据罗杰斯对三个维度内容的阐述并结合档案信息资源自媒体传播受众的实际情况设置具体问题。具体而言,社会经济地位从所在单位属性、人员规模,以及个人受教育程度、经济收入、现有职称/职务、职业声望、上一级职称/职务晋升空间等方面设置题目;个性及价值观从思维、智商、情商、能力、态度、人生观、价值观等方面设置题目;传播行为及方式从社会活动参与的广泛程度、人际关系网的高连接性、眼界的开阔程度、与创新推广人员的接触频次、人际交往渠道的多少、对创新的态度主动与否以及对创新的认知程度等方面设置题目。问卷共设置 33 题,均为单选题。调查结果均以选项所占百分比计量,以方便对比及清晰显示调查结果。

(3)调查问卷的发放。调查问卷通过网络平台发放和回收。具体而言,将问卷题目在问卷星网络平台设置完毕之后,再将问卷链接通过微信、QQ、电子邮件、手机等媒介定向推送给样本对象。为便于利用问卷星网络平台的自动统计功能,在其平台同时设置了五份内容相同问卷,问卷题目后添加1~5的编号以示区别并分别代表五类受众群体,由此生成五个链接地址,然后将其发送给抽样产生的每一类采用者样本对象。

4.2.2.2　调查统计与分析

(1)社会经济地位。由调查及统计结果可知,后期大众和落后者在受教育程度以及获得最高学历的学校等方面与创新先驱者、早期采用者和早期大众并未显示出较大差距。其中,后期大众和落后者的硕士、博士比例以及毕业于211和985高校的比例平均值分别为57.5%和70%,高于其他类型受众。在工作和学习单位以及月收入方面,创新先驱者、早期采用者和早期大众有更大一部分人在党政机关或国有企业工作,且月收入在10 000元以上的人占比较大,达到了60%。各类型受众所在单位人员规模差异并不大,后期大众和落后者所在单位规模大于1000人的比例均值为32.5%,甚至还高于创新先驱者、早期采用者和早期大众的均值20%。

表4.2　档案信息资源自媒体传播各类型受众群体社会经济地位调查(部分结果)

群体类型	态度	您认为您所从事的工作给您带来了优越感或成就感	您认为您所从事工作的职业声望较高	您认为社会已经给予您所从事工作充分的肯定和足够的重视	您认为您所从事工作的晋升空间较大
创新先驱者	(非常)同意	75%	65%	75%	45%
	一般	25%	30%	20%	25%
	(非常)不同意	0	5%	5%	30%
早期采用者	(非常)同意	80%	70%	50%	45%
	一般	15%	25%	25%	50%
	(非常)不同意	5%	5%	25%	5%

续表 4.2

群体类型	态度	您认为您所从事的工作给您带来了优越感或成就感	您认为您所从事工作的职业声望较高	您认为社会已经给予您所从事工作充分的肯定和足够的重视	您认为您所从事工作的晋升空间较大
早期大众	(非常)同意	50%	20%	50%	20%
	一般	50%	75%	35%	55%
	(非常)不同意	0	5%	15%	25%
后期大众	(非常)同意	40%	40%	40%	25%
	一般	55%	50%	55%	55%
	(非常)不同意	5%	10%	5%	20%
落后者	(非常)同意	50%	45%	35%	25%
	一般	35%	40%	45%	55%
	(非常)不同意	15%	15%	20%	20%

如表 4.2 所示,创新先驱者、早期采用者相较于早期大众、后期大众和落后者更多地肯定其从事工作的职业声望高且会为其带来优越感和成就感以及社会给予了他们所从事工作充分的肯定和足够的重视,比例均高于 70%。在调查所从事工作的晋升空间时,创新先驱者、早期采用者和早期大众也同意他们有较大的晋升空间,但是最高值也仅有 45%,并未超过半数。上述情况表明,在学历和工作单位并未存在较大差异的情况下,创新先驱者、早期采用者和早期大众拥有更高的经济和社会地位,且有更强的向上的社会流动性。

(2)个性及价值观。如表 4.3 所示,在对档案信息资源自媒体传播类型受众群体个性及价值观的调查中,创新先驱者、早期采用者和早期大众具有更强的抽象思维能力、逻辑推理能力,且更富有革新精神,对档案自媒体传播创新有着更高的热情和抱负,平均值均超过了 50%。其中,对于档案传播创新具有更高热情和抱负的创新先驱者、早期采用者和早期大众的比例平均值为 71.67%,后期大众和落后者的比例平均值为 47.5%。各类型受众对于新出现的档案自媒体都持欢迎的态度,且都热衷于尝试使用新出现的档案自媒体，对于未来档案自媒体传播道路有着很高的期待。上述情况表明，创新先驱者、早期采用者和早期大众的抽象思维能力、逻辑推理能力都高于后期大众和落后者，且具有更强的移情能力，更乐于接受新事物和应付不确定性，对创新抱有积极的欢迎态度和抱负。

表4.3　档案信息资源自媒体传播各类型受众群体个性及价值观调查结果

群体类型	态度	我敢于做第一个吃螃蟹的人	我具有较强的抽象思维能力	我具有较强的逻辑推理能力	我是一个富有革新精神的人	我热衷尝试使用新出现的档案自媒体	我对新出现的档案自媒体持欢迎态度	我对档案自媒体传播创新有很高的热情和抱负	我对现有的档案自媒体传播是满意的	未来我觉得档案自媒体传播道路是光明的
创新先驱者	（非常）同意	65%	75%	75%	65%	55%	70%	55%	35%	55%
	一般	30%	20%	20%	30%	40%	30%	30%	45%	45%
	（非常）不同意	5%	5%	5%	5%	5%	0	15%	20%	0
早期采用者	（非常）同意	45%	45%	55%	45%	60%	80%	75%	55%	80%
	一般	50%	45%	45%	50%	40%	20%	25%	40%	20%
	（非常）不同意	5%	10%	0	5%	0	0	0	5%	0
早期大众	（非常）同意	50%	45%	70%	75%	80%	100%	85%	60%	85%
	一般	45%	50%	30%	20%	15%	0	15%	20%	10%
	（非常）不同意	5%	5%	0	5%	5%	0	0	20%	5%

续表 4.3

群体类型	态度	我敢于做第一个吃螃蟹的人	我具有较强的抽象思维能力	我具有较强的逻辑推理能力	我是一个富有革新精神的人	我热衷尝试使用新出现的档案自媒体	我对新出现的档案自媒体持欢迎态度	我对档案自媒体传播创新有很高的热情和抱负	我对现有的档案自媒体传播是满意的	未来我觉得档案自媒体传播道路是光明的
后期大众	(非常)同意	35%	60%	60%	35%	65%	70%	45%	30%	70%
	一般	35%	40%	40%	60%	25%	25%	50%	55%	30%
	(非常)不同意	30%	0	0	5%	10%	5%	5%	15%	0
落后者	(非常)同意	35%	55%	45%	55%	60%	75%	50%	60%	75%
	一般	50%	35%	50%	35%	30%	15%	40%	30%	20%
	(非常)不同意	15%	10%	5%	10%	10%	10%	10%	10%	5%

(3)传播行为及方式。由表 4.4 可以看出，在传播行为及方式的调查中，创新先驱者、早期采用者和早期大众拥有更多接触档案自媒体的渠道，对档案自媒体传播的了解程度较高，也更善于进行人际交往，与档案自媒体传播中创新能力强的人相处频次更高，且比大多数朋友更加活跃地参加档案自媒体传播活动，有更多他人接受新事物前的咨询对象。值得注意的是，各类型的受众中具备“意见领袖”性质的人都较少，比例分别为 35%、25%、15%、40%、25%，平均值为 28%。此外，各类型受众都认为新出现的档案自媒体可以激发其创造力并且对档案自媒体传播持积极主动的态度，比值均高于 55%，且早期大众的比例分别高达 90% 和 100%。上述情况表明，虽然各类型受众都对档案自媒体传播持积极主动的态度，但创新先驱者、早期采用者和早期大众能够更加广泛地接触档案自媒体传播，更加主动积极搜集信息和进行社交，但其中具备“意见领袖”性质的受众比例依然很低。

表 4.4 档案信息资源自媒体传播各类型受众群体传播行为及方式调查结果

群体类型	态度	我比大多数朋友更加活跃地参加档案自媒体传播活动	我有很多接触档案自媒体的渠道	我善于进行人际交往	我是他人接受新事物前的咨询对象	我是属于“意见领袖”性质的人	我和档案自媒体传播中创新能力强的人相处频次较高	我对档案自媒体传播的了解程度较高	我认为新出现档案自媒体可以激发我的创造力	我对档案自媒体传播持积极主动的态度
创新先驱者	（非常）同意	65%	65%	50%	50%	35%	35%	45%	55%	75%
	一般	35%	35%	45%	40%	45%	50%	50%	45%	25%
	（非常）不同意	0	0	5%	10%	20%	15%	5%	0	0
早期采用者	（非常）同意	70%	60%	40%	30%	25%	55%	60%	80%	80%
	一般	30%	35%	55%	60%	50%	40%	35%	15%	15%
	（非常）不同意	0	5%	5%	10%	25%	5%	5%	5%	5%
早期大众	（非常）同意	75%	90%	60%	70%	15%	55%	70%	90%	100%
	一般	20%	10%	35%	20%	65%	35%	30%	10%	0
	（非常）不同意	5%	0	5%	10%	20%	10%	0	0	0
后期大众	（非常）同意	50%	70%	35%	40%	40%	35%	55%	60%	75%
	一般	30%	30%	55%	50%	25%	55%	40%	40%	25%
	（非常）不同意	20%	0	10%	10%	35%	10%	5%	0	0
落后者	（非常）同意	50%	60%	55%	30%	25%	30%	55%	60%	75%
	一般	35%	30%	40%	60%	50%	50%	30%	25%	15%
	（非常）不同意	15%	10%	5%	10%	25%	20%	15%	15%	10%

4.2.2.3 调查结论及策略前瞻

(1)调查结论,通过调查可以得出以下几个结论。

第一,整体来看,创新先驱者、早期采用者和早期大众在三个调查维度上都优于后期大众和落后者。更早接受并成为档案自媒体传播受众的群体在社会经济地位、个性及价值观以及传播行为和方式三个维度上都比后期受众群体更高、更积极向上和更科学主动,主要原因在于其接受了高水平的教育并形成了良好的思维能力和推理能力,拥有勇于革新和应对风险的勇气和能力,积极向上地面对未来的不确定性,积极主动开展高质量社交。

第二,富有革新精神、创新思维和创造力,成了创新先驱者、早期采用者、早期大众区别于后期大众以及落后者的主要差异所在。从表 4.3 和表 4.4 可以看出,创新先驱者、早期采用者和早期大众富有革新精神的受众比例平均值为 61.67%,对档案自媒体传播创新有很高热情和抱负的受众比例平均值为 71.67%,新出现的档案自媒体可以激发其创造力的受众比例平均值为 75%。可以发现,早期受众在革新精神以及创新创造能力方面的确优于后期受众,因此需要激发档案信息资源自媒体传播受众的创新热情,培养档案信息资源自媒体传播受众其创新思维和创新创造力。

第三,不同档案信息资源自媒体传播受众群体中“意见领袖”的数量均不多。从表 4.4 可以看出,在档案信息资源自媒体传播的创新先驱者、早期采用者、早期大众、后期大众和落后者中,认为自己具有“意见领袖”性质的受众占比分别为 35%、25%、15%、40%、25%,均未超过 50%,平均值为 28%。由此可以看出,虽然早期受众拥有良好的传播行为和方式,眼界开阔、人际交往广泛、创新意愿和创新能力较强,但他们并未影响其他的受众。因此,培养具有“意见领袖”潜力的受众并充分发挥其作用则应成为档案信息资源自媒体传播发展的重要目标之一。

(2)策略前瞻,可以从以下几个方面设计前瞻性策略。

首先,推进档案自媒体传播模式优化创新,提高受众的使用满意度。调查显示,受众对现有档案自媒体传播的满意度并不是很高,平均满意度为 48%,因此,提高受众的满意度是扩大档案自媒体受众范围以及维持档案自媒体正常运营的重要路径。第一,重视受众的信息获取需求。既然已经突破了传统的纸媒传播方式，选择了更为灵活方便的自媒体传播，就应充分发挥自媒体传播模式的优点，注重满足受众的信息需求，按需生产优化服务质量，从而提高受众满意度和受众黏性。第二，构建即时反馈的互动交流模式。在档案自媒体传播过程中，受众不仅是信息的被动接收者，同时也是主动建议者，用户可以通过即时反馈的互动交流模式表达个人感知和改进建议，不仅方便与自媒体运维者沟通交流，也有利于满足受众的参与感，获得精神上的满足。

其次，激发档案自媒体传播受众的创新热情，提升其创新创造能力。调查显示，创新先驱者、早期采用者和早期大众相比后期大众和落后者对于档案信息资源自媒体的创新拥有更大的热情和抱负。一方面，针对档案信息资源自媒体传播受众特征的参差，档案信息资源自媒体可以为受众提供发挥积极性和创造力的渠道：①一是有创新意愿和创新实践的受众可以畅所欲言表达自己的想法，二是有助于引导和鼓励其他受众参与自媒体传播的创新实践，不仅可以促进档案信息资源自媒体自身的完善和发展，也可以提高受众质量。另一方面，可以不定期开展征集活动，并设立奖励机制，广泛搜集档案信息资源自媒体传播的革新思路。受众作为档案信息资源自媒体的采用者，自然是最了解使用过程中的不足之处和改进方向，设立奖励机制可以提高受众的创新意愿，从而达到激发受众创新热情、革新自媒体传播路径的目的。

最后，推动具备“意见领袖”潜质的档案自媒体传播受众角色向“意见领袖”转变。“意见领袖”作为在人际传播网络中经常为他人提供信息，同时对他人施加影响的“活跃分子”，在大众传播效果的形成过程中起着重要的中介或过滤作用。② 一方面，应强化具备“意见领袖”特征受众的主体意识，例如具有教授或副教授职称的受众可以合理利用自身的影响力和知识储备，重视自身“意见领袖”角色的塑造和转变，对其他受众的个性与价值观、传播行为和方式产生影响；另一方面，应提升具备“意见领袖”特征的受众的传播

① 段海超，元林. 思想政治教育网络传播受众动机特征及对策分析[J]. 北京工业大学学报（社会科学版），2010，10(2)：73–76.

② 郭庆光. 传播学教程[M]. 北京：中国人民大学出版社，2011.

学知识素养,[①]如可以开展传播学知识培训或者知识讲座,对如何更好利用档案信息资源自媒体进行推广宣传以及开展培训;开展与传播学专家学者的沟通交流活动,就如何更好地将档案与自媒体相结合开展专题研讨与分享。

4.3 意见领袖的确定

4.3.1 意见领袖的内涵、作用及确定方法

在创新扩散的过程中,意见领袖发挥着关键性作用,因此,确认和善用意见领袖至关重要。罗杰斯认为:“意见领袖的作用,它是指某个人的一种能力,即可以频繁地、非正式地影响其他人对创新的态度甚至行为,使他们能按照预定的方式改变。而意见领袖就是在影响他人意见方面,具有领袖作用的人。意见领袖行为,是创新在社会体系中采用率高低的决定性因素。事实上,扩散曲线之所以呈现‘S’形走势,主要原因在于意见领袖接受创新,并且向其他人推广有关创新的信息,才使单位时间内的采用者呈指数型上升,扩散曲线才开始向上攀升。”[②]可以看出,意见领袖在创新扩散过程中的主要作用在于主动推广和传播创新信息,从而使他人接受创新。

在以往的部分创新扩散实验中,不同的研究者通过不同的方法确认了意见领袖,并评估了其效果,典型案例如表 4.5 所示。

---

① 王夏露.高校党支部书记“意见领袖”角色内涵及其塑造策略[J].现代商贸工业,2022,43(21):250-252.

② E.M.罗杰斯.创新的扩散(第五版)[M].唐兴通,郑常青,张延臣,译.北京:电子工业出版社,2016:319.

表 4.5 意见领袖在扩散中的作用①

研究者代表、研究设计	确认意见领袖的方法	计划目的	意见领袖的介入效果
诺玛斯等(1991)进行超过 2 年的随机对照实验	社会测量法,由 4 家安大略地区的医生选出 4 位意见领袖	针对 3552 位孕妇宣传剖腹产可能带来的风险,并强调自然生产的好处	唯有安排意见领袖的医院,才使得剖腹产率降低
米勒等(1998)进行超过 8 个月的随机对照实验,在 5 个时间点搜集数据	观察法和主要受访者评级法(纽约市红灯区的酒吧)	在 1862 位红灯区酒吧男妓及嫖客中,降低艾滋病高感染率	20 位经过专业训练的意见领袖发挥影响力,使不安全性行为减少 3% ~25% 不等
布斯卡等(1986)进行超过 4 年的田野实验	主要受访者评级法(针对芬兰北卡罗尼亚县各农村,每个农村选出 2 位意见领袖,共 805 位)	降低在体系中具有心血管疾病的心脏病患者发病率	戒烟运动和健康饮食疗法取得显著成果
田萨罗等(2000)进行超过 18 个月的田野实验	主要受访者评级法(在 4 个工作场所选出 104 位意见领袖)	改善 4 个工作场所全体员工的公共卫生习惯	意见领袖派发公共卫生材料、主持会议或座谈会,成功通过非正式网络扩散公共卫生资讯
瓦伦特等(2002)进行超过 3 个月的随机对照实验	主要受访者评级法(教师),社会测量法(调查),网络方法(16 所美国加州学校,1960 位六年级学生)	通过教师、意见领袖和其他网络途径,给扩散对象提供相关训练,使吸烟率下降	计划尚在进行,还没有结果

① E. M. 罗杰斯. 创新的扩散(第五版)[M]. 唐兴通,郑常青,张延臣,译. 北京:电子工业出版社,2016:343-344.

续表 4.5

研究者代表、研究设计	确认意见领袖的方法	计划目的	意见领袖的介入效果
卡斯楚等(1995)进行超过 3 年的随机对照实验	主要受访者评级法(以美国亚利桑那州凤凰城 7 家教会的牧师长老们为主)	每一家教会的意见领袖成功推动教友接受防治乳腺癌计划(如乳腺 X 光射线摄影技术及健康饮食等)	计划尚在进行,还没有结果
赛伦塔诺等(2000)进行超过 21 个月的随机对照实验	主要受访者评级法,社会测量法(泰国皇家军队应征入伍者)	降低 450 名泰国皇家军队应征入伍的艾滋病及性病感染率	获得大幅降低艾滋病及性病高感染率的具体成果
厄普等(2002)进行超过 3 年的随机对照实验	主要受访者评级法(美国北卡莱罗纳州 5 个县的 170 位意见领袖)	在美发室、教会等地方成功推广非美籍妇女接受乳腺 X 光摄影术	超过 5 个城市的乳腺 X 光摄影术采用率比对照组平均高出 7%
凯利等(1992)进行超过 6 个月的随机对照实验	观察法,主要受访者评级法(在 3 个城市同性恋酒吧的酒保中选出 43 位意见领袖)	向同性恋酒吧消费者宣传安全性行为,降低艾滋病感染率	未戴安全套的不安全肛交减少了 15% ~29%
凯利等(1997)进行超过 1 年的随机对照实验	观察法,主要受访者评级法(4 个城市同性恋酒吧的酒保)	向 1126 位同性恋酒吧消费者宣传安全性行为,降低艾滋病感染率	减少未戴安全套的肛交,增加保险套的使用

同时,罗杰斯也总结了评估意见领袖的具体方法,他指出:“评估意见领袖和沟通网络作用的主要方法有 4 种:①社会测量法;②受访者评级;③自我认定法;④观察法。”[①]具体内容见表 4.6 所示。

① E. M. 罗杰斯. 创新的扩散(第五版)[M]. 唐兴通,郑常青,张延臣,译. 北京:电子工业出版社,2016:328.

表4.6 评量意见领袖的四大方法①

评量方法	说明	代表性问题	优点	缺点
社会测量法	询问体系成员会向谁寻求相关创新的信息和建议	谁是您的意见领袖	社会测量法问题较易设计，而且也广泛适用于不同的议题类型，同时拥有高度正确性	资料数据分析较复杂；需要大量受访者，才能挑选出少量意见领袖；不适用于抽样调查
受访者评级法	询问一些经过主观选择的体系重要受访者，请他们推荐意见领袖人选	谁是这个体系的意见领袖	较社会测量法节省成本和时间	只访问一部分社会体系成员；每一位受访者都必须对体系相当熟悉
自我认定法	询问受访者一系列问题，测试其是否自认为是体系中一位具有影响力的意见领袖	在体系里您是一位意见领袖吗	测量个人对自己是否是一位意见领袖的认知程度，有助于了解他在体系中的影响力	必须依赖受访者本身，能准确判断和记录自己的形象
观察法	判断和记录分析发生的一切沟通行为		高有效性	有点强人所难；适合较小的体系，同时观察者必须很有耐心

此外，罗杰斯认为，与其跟随者相比，意见领袖具有四个方面的特质，有助于我们确认意见领袖。第一，与体系外的联系。意见领袖更加关注大众媒体、更具有世界公民性、与推广人员接触更加频繁。第二，易接近性。易接近性的一个指标是社会参与的、面对面的沟通，整体而言，意见领袖的社会参与度较跟随者高出许多。第三，社会经济地位。与跟随者相比，意见领

① E. M. 罗杰斯. 创新的扩散（第五版）[M]. 唐兴通，郑常青，张延臣，译. 北京：电子工业出版社，2016：330.

袖拥有更高的社会经济地位。第四,创新性。意见领袖比他的跟随者更具有创新性。①

当然,意见领袖也会以团体的形式存在。“沃克(Walker,1966)指出,创新可以通过团体组织间的网络,从一个团体流传到另一个团体,其扩散过程和同一个社会体系中的个人之间的扩散一样。”②值得关注的是,当前大量自媒体的注册和运维是靠团队展开的,这在很大程度上能够保证其持久性,甚至很多以个人身份注册的自媒体也是依靠团队运维的。

4.3.2　档案信息资源自媒体传播中意见领袖的确定

4.3.2.1　研究思路与方法

罗杰斯不仅论述了意见领袖的内涵、作用,还提出了多种确定方法,可为本研究提供明确、具体的理论和方法指导。本部分研究将在前述分析的基础上,将个人和体系结合起来,以郑州大学档案学专业学生在档案信息资源自媒体传播中意见领袖的确定为例,综合应用社会测量法、受访者评级法、自我认定法和观察法展开。

第一,社会测量法。以设计的“档案信息资源自媒体传播中意见领袖的确定访谈提纲”为研究工具,对郑州大学档案学本科生和硕士研究生展开调查。问卷共设置6个问题,其中,前两个问题为基本信息,包括性别和所在班级;后四个问题为主干问题,包括谁是您的意见领袖、如何影响您的行为、在意见领袖的影响下您行为改变的速度、您使用档案自媒体所产生的效果与意见领袖推广和传播的档案自媒体信息的匹配程度等。

第二,受访者评级法。在第一步广泛调查的基础上,选择部分调查对象进一步展开访谈调查,以确定在郑州大学档案学专业学生体系中档案信息资源自媒体传播中意见领袖的确定问题。

第三,自我认定法。将以第一步调查中学生提到的所有意见领袖人选

---

① E.M.罗杰斯.创新的扩散(第五版)[M].唐兴通,郑常青,张延臣,译.北京:电子工业出版社,2016:337-338.

② E.M.罗杰斯.创新的扩散(第五版)[M].唐兴通,郑常青,张延臣,译.北京:电子工业出版社,2016:340.

为对象展开访谈调查,由调查对象评价自己是否体系中的意见领袖。

第四,观察法。以第一步调查中学生提到的所有意见领袖人选为考察对象,综合课题组成员入职以来的切身观察,考察意见领袖的共同特征。

4.3.2.2 研究过程与分析

本次调查的问卷通过问卷星网络平台发放和回收,并通过微信、QQ 等工具传播扩散。调查时间为 2022 年 7 月 20 日至 8 月 2 日。调查共回收问卷 67 份,有效问卷 63 份,有效率为 93.94%,有效回收率高。在有效问卷的调查对象中,从性别看,男性占 23.81%、女性占 76.19%;从年龄看,主要分布在 19~29 岁;从受教育程度看,本科占 68.25%、硕士研究生占 31.75%。

(1)意见领袖的选择。在意见领袖选择的调查中,42.86% 的调查对象选择"孙大东"作为意见领袖,20.64% 的调查对象选择"李宗富"作为意见领袖,9.52% 的调查对象选择"邢变变"作为意见领袖,9.52% 的调查对象选择"常大伟"作为意见领袖,7.93% 的调查对象选择"马双双"作为意见领袖,6.35% 的调查对象选择"魏斌"作为意见领袖,1.59% 的调查对象选择"高大伟"作为意见领袖,1.59% 的调查对象选择"陈忠海"作为意见领袖。整体来看,98.41% 的调查对象选择的意见领袖为郑州大学档案学专业教师,1.59% 的调查对象选择了郑州航空工业管理学院档案学专业教师作为自己的意见领袖。上述情况表明,在意见领袖的选择维度下,调查对象偏向于选择本校档案学专业教师作为自己的意见领袖。

(2)意见领袖行为影响方式。在意见领袖行为影响方式的调查中,认为"通过意见领袖在课堂/班会/组会对档案自媒体的介绍接受档案自媒体"的调查对象占 42.86%,认为"通过关注意见领袖推荐的微信公众号或者阅读意见领袖分享的微信公众号文章接受档案自媒体"的调查对象占 37.74%,认为"通过加入意见领袖组织的档案自媒体信息研讨会接受档案自媒体"的调查对象占 9.11%,认为"通过完成意见领袖布置的科研任务或课程作业接受档案自媒体"的调查对象占 6.94%,认为"通过关注意见领袖推荐的微博博主或阅读意见领袖分享的微博博文接受档案自媒体"的调查对象占 3.35%。上述情况表明,在意见领袖行为影响方式维度下,调查对象通过意见领袖接受档案自媒体的方式包括课堂介绍、分享档案自媒体账号及文章、组织研讨、布置科研任务或课程作业四种，且以前两种方式为主。

（3）意见领袖影响下行为改变的速度。在意见领袖影响下行为改变速度的调查中，选择“立刻接受了档案自媒体”的调查对象占71.25%。此部分调查对象中，认为“意见领袖推广和传播的档案信息迎合了自己的信息需求”的占46.81%，认为“基于对意见领袖权威性及专业能力的信任”的占41.56%，认为“意见领袖推广和传播的档案信息激发了自己的好奇心”的占6.98%，认为“经意见领袖总结与加工的档案信息具有易理解性”的占4.65%。选择“经过了一个考察期或犹豫期再接受档案自媒体”的调查对象占28.75%。此部分调查对象中，认为“需要对信息质量进行鉴别”的占51.75%，认为“需要判断信息对个人的有用性”的占48.25%。上述情况表明，在意见领袖影响下行为改变速度维度下，多数调查对象在意见领袖推广和传播档案自媒体信息后对其持积极态度且接受速度较快，主要是出于对意见领袖权威性及专业能力的信任，而经过一个考察期或犹豫期再接受档案自媒体的调查对象则是基于其对信息质量及对个人有用性的考量。

（4）使用档案自媒体产生的效果与意见领袖推广和传播档案自媒体信息的匹配程度。在意见领袖推广和传播档案自媒体信息匹配程度的调查中，认为其“使用自媒体所产生的效果与意见领袖推广传播档案自媒体信息的匹配程度较高”的调查对象占66.67%。此部分调查对象中，认为“通过档案自媒体及时把握了学科前沿与发展动态”的占54.29%，认为“档案自媒体强化了对所学专业知识的理解与掌握”的占20.96%，认为“档案自媒体为论文的选题与撰写提供了充足素材”的占15.81%，认为“档案自媒体提供了丰富的就业信息”的占8.94%。认为其“使用自媒体所产生的效果与意见领袖推广传播之档案自媒体信息的匹配程度较低”的调查对象占33.33%。此部分调查对象中，认为“较难对档案自媒体产生使用黏性，只是偶尔使用”的占71.43%，认为“只能通过档案自媒体了解部分内容，无法对知识进行系统性学习”的占19.05%，认为“档案自媒体信息专业性较强，以现有知识水平理解起来较为困难”的占9.52%。上述情况表明，在使用档案自媒体所产生的效果与意见领袖推广和传播之档案自媒体信息匹配程度维度下，多数调查对象认为其匹配程度较高，主要原因在于档案自媒体在知识拓展、学术研究及就业等方面提供了帮助,而认为匹配程度较低的小部分调查对象则是出于其对使用档案自媒体频率较低因而学习效果不高、档案自媒体多为碎片化信息难以进行知识的系统性学习、档案自媒体信息专业性较强而以现有知识水平难以消化与吸收等因素的考量。

4.3.2.3 研究结论及后续调查

(1)调查结论。调查结果表明,郑州大学档案学专业本科生和硕士研究生在意见领袖的选择上偏向于本校档案学专业教师,其通过意见领袖接受档案自媒体的方式包括课堂介绍、分享档案自媒体账号及文章、组织研讨、布置科研任务或课程作业四种,且以前两种方式为主。多数学生基于对意见领袖权威性及专业能力的信任而以较快的速度接受了档案自媒体,并基于对档案自媒体在知识拓展、学术研究及就业等方面发挥着积极作用的考量,认为其使用档案自媒体所产生的效果与意见领袖推广和传播档案自媒体信息的匹配程度较高。少部分学生基于档案自媒体信息质量及其有用性的考虑对档案自媒体持犹豫态度。具体而言,该部分学生因受到其使用档案自媒体频率较低因而学习效果不高、档案自媒体多为碎片化信息难以进行知识的系统性学习、档案自媒体信息专业性较强以现有知识水平难以消化与吸收等影响,认为其使用档案自媒体所产生的效果与意见领袖推广和传播之档案自媒体信息的匹配程度较低。

(2)后续调查。2022 年 9 月 1 日至 15 日,对调查对象所选择的孙大东、李宗富、邢变变、常大伟、马双双、魏斌、高大伟、陈忠海等意见领袖,通过电话、微信、电子邮件等方式展开了访谈调查,调查题目包括“在档案信息资源自媒体传播中,您认为自己是一位意见领袖吗?”“如果是,您是通过什么方式影响学生接受档案自媒体的?”“学生接受档案自媒体之后的效应如何?”以及部分随机问题等。

根据调查,8 位老师均认可自己在学生接受档案自媒体的过程中充当了意见领袖的角色。同时,孙大东、高大伟两位老师表示其对其他学校的学生以及部分档案工作者也产生了较大影响,主要是通过其负责运维的“档案零距离”微信公众号、“档案图志”微信公众号实现的。在对学生之影响方式的调查维度,提及主动推送档案自媒体文章、以档案自媒体文章作为授课素材、推荐关注档案自媒体的老师占100%，提及围绕档案自媒体文章展开讨论、推荐档案自媒体文章作为学术研究素材的老师占75%，提及将档案自媒体文章作为课程作业或课题讨论题目的老师占50%。其他提及的方式还包括运维档案自媒体、撰写档案自媒体文章、搜索档案自媒体文章、调查档案自媒体等，但其占比均在50%以下。在对学生之影响效应的调查维度，37.5%的老师表示无法衡量、不易感知等，62.5%的老师表示通过其影响很多学生开始关注并使用了档案自媒体，部分同学还以档案自媒体为研究对象撰写了学术论文、学位论文等。同时，孙大东、高大伟两位老师还表示，在其影响下部分同学加入了“档案零距离”微信公众号、“档案图志”微信公众号的运维团队。

根据长期观察，孙大东和高大伟作为“档案零距离”微信公众号、“档案图志”微信公众号的发起者和主要负责人，在公众号的运维和推广过程中发挥了重要作用，其中，孙大东指导学生撰写发表了多篇关于档案微信的学术论文。李宗富、邢变变、常大伟、马双双、魏斌等作为“档案零距离”微信公众号的指导老师，不仅在微信公众号的推广中不遗余力，而且在自己的教学、科研工作中对档案自媒体也非常关注，其中，李宗富、邢变变以档案自媒体或档案自媒体文章为研究对象，产出或指导学生发表了多篇学术论文。陈忠海教授虽然没有运维档案自媒体的经历，但是其出于研究、教学的需要以及学科情感、学科自觉等因素，在档案自媒体的关注、应用和推广等方面也投入了大量的时间和精力。

基于上述分析可以看出，在档案信息资源自媒体传播中，作为意见领袖其个人在档案自媒体的研究、应用和推广中的强烈需求和主动性是重要影响因素。在影响方式层面，持续且直接的方式对受众的接受行为所产生的影响程度更大，短暂而间接的方式则影响较小。在影响效应层面，不可否认，受众在接受档案自媒体之后对其所产生影响的感知由于主观性较强而不易测量，但是整体而言可通过其关注、点赞、转发以及相关学术成果的产出情况等予以考量。

5 档案信息资源自媒体传播受众的需求及满意度

罗杰斯认为:“创新—发展一般都源于意识到问题或需求,因为它最能触动研发创新、解决问题及满足需求。”①而在创新认知属性中,相对优势和兼容性是与创新采用率呈正比的两个属性,且这两个属性均与用户需求及其满足密切相关。其中,与已有同类创新相比,某一项创新越能满足相关需求其扩散速度就越快,这也是其相对优势的主要体现;同时,用户对创新的需求则是创新兼容性的重要组成要素。② 此外,罗杰斯认为,创新的结果可从三个不同的角度去分析,其中,合意的与不合意的、可预料与无法预料的两个层面③,用户需求的满足均是重要的评价标准。当前,随着人们生理需求、安全需求的逐渐满足,创新扩散需要更多考虑新事物、新观念对于受众高层次需求的满足。对于档案信息资源的传播而言,虽然大众媒体和人际关系依然在传播过程中占据着重要地位,但其作用已经被自媒体稀释,在有媒介使用能力的潜在接受者中,自媒体已经成为新思想、新技术大面积扩散的有力帮手。因此,本书将传播受众的需求及满意度作为重要的研究内容之一。

---

① E. M. 罗杰斯. 创新的扩散(第五版)[M]. 唐兴通,郑常青,张延臣,译. 北京:电子工业出版社,2016:139.

② E. M. 罗杰斯. 创新的扩散(第五版)[M]. 唐兴通,郑常青,张延臣,译. 北京:电子工业出版社,2016:252.

③ E. M. 罗杰斯. 创新的扩散(第五版)[M]. 唐兴通,郑常青,张延臣,译. 北京:电子工业出版社,2016:467.

5.1　需求分类的依据与方法

由于创新扩散理论没有对扩散对象的需求展开专门分析，但鉴于其重要性，本书将效果层级、创新—决策过程、马斯洛需求层次理论、KANO 模型等内容和理念结合起来分析，试图建立创新扩散理论视阈下档案信息资源自媒体传播受众需求的分析框架与指标体系。

马斯洛需求层次理论和 KANO 模型是当前应用较广的关于需求分类的理论。马斯洛将人类需求分为生理需求、安全需求、归属需求、尊重需求、自我实现，并建立了五级金字塔模型，如图 5.1 所示。在其后的研究中，马斯洛又增加了认知需求、审美需求、超越需求等内容。KANO 模型是东京理工大学教授狩野纪昭基于赫兹伯格的双因素理论提出的，其依据产品的质量特性与用户满意度的关系，将产品特性分为必备属性、期望属性、魅力属性、无差异属性、反向属性五种，与之对应的影响用户满意度的因素分别为基本型需求、期望型需求、魅力型需求、无差异型需求、反向型需求。其中，前三类需求根据绩效指标分类对应了基本因素、绩效因素和激励因素，从三个因素的内涵可以看出，其相对应的用户需求也是一个从低级向高级发展的过程。

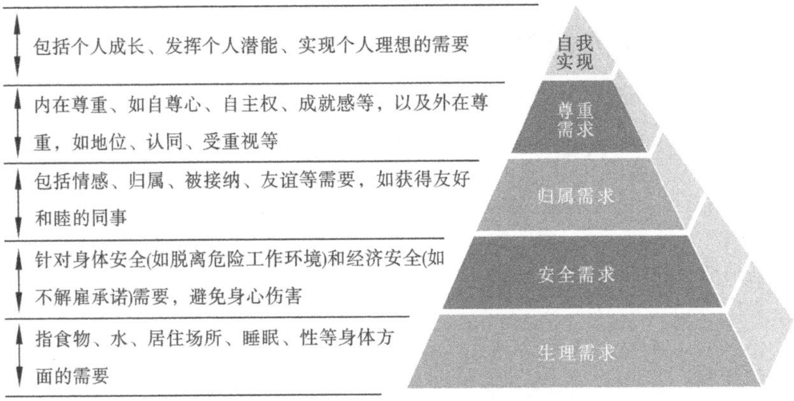

图 5.1　马斯洛需求层次金字塔模型图

由图 5.1 可知，马斯洛需求层次理论不仅明确划分了人类需求的层级，赋予了每个层级相应的名称，并阐明了具体的内容；此外，其还指出人的需求有一个从低级到高级的发展过程，人在每一个时期都有一种需求占主导地位，而其他需求则处于从属地位，正因为如此，其理论内容不仅符合人类需求发展的一般规律，而且在需求管理层面具有极大的启发意义。同时，马斯洛还认为，人类的需求和行为是相辅相成的，人要求内在价值和内在潜能的实现乃是人的本性，而人的行为则是有目的性和创造性的，其内在的主要推动力量即是人类需求的满足。当然，马斯洛需求层次理论也有一定的不足，如存在着人本主义局限、强调人的动机是由人的需求决定的、需求归类有重叠倾向、需要层次理论具有自我中心的倾向、需要满足的标准和程度是模糊的等。①

KANO 模型以分析用户需求对用户满意的影响为基础，体现了产品性能和用户满意之间的非线性关系。由于自媒体也是相应厂商推出的产品，在其开发和营销中对用户需求的满足是其价值实现的关键考量因素，因此，KANO 模型的理念和理论在自媒体及其信息传播的研究中也是适用的。同时，狩野纪昭不仅阐释了基本型需求、期望型需求、魅力型需求、无差异型需求、反向型需求等的内涵，也提出了 KANO 模型分析方法，其是基于 KANO 模型对顾客需求的细分原理而开发的一套结构型问卷和分析方法，是分析用户需求及满意度的有效工具。

通过对效果层级与创新—决策过程进行分析，用户在创新—决策的不同过程中对某一项创新的需求是不同的，由此产生的效果层级和行为也是不同的，而且随着创新—决策过程的发展和转换，用户的需求层次也在不断提升。当然，在用户的创新—决策过程中，某一项创新或其部分功能会因对用户需求无影响或不满足甚至背离，从而会导致用户产生拒绝创新的行为。

通过上述分析可知：其一，将 KANO 模型应用于档案信息资源自媒体传播受众的研究，不仅可为其提供充实的理论依据，还可提供操作性较强的方法论依据。其二，KANO 模型对效果层级与创新—决策过程中用户需求和行为的分析也是适用的，而且将三者结合起来，有助于细化和丰富后两者的内容，并可提供新的研究视角和方法论。其三，马斯洛需求层次理论与 KANO 模型的基本型需求、期望型需求、魅力型需求从内涵上讲具有相通性，将二

---

① 叶浩生. 西方心理学的历史与体系[M]. 北京：人民教育出版社，1998：564-565.

者结合起来,有助于发挥其内容层面的明确性优势,并可有效弥补 KANO 模型相应内容的模糊性不足。其四,整体而言,KANO 模型可为创新扩散理论视阈下档案信息资源自媒体传播受众需求体系的构建提供体系框架和一级指标等方面的分析依据和启示,马斯洛需求层次理论则可在二级指标和三级指标的分析中提供依据和启示。

5.2 档案信息资源自媒体传播受众满意度调查研究

5.2.1 研究思路及方法

5.2.1.1 问卷调查的理论依据

本部分研究将综合应用 KANO 模型、马斯洛需求层次理论和创新扩散理论,并以此为依据设计创新扩散理论视阈下档案信息资源自媒体传播受众满意度评价指标。

第一,以 KANO 模型为依据设计一级评价指标。具体而言,一级指标分别设定为基本型需求、期望型需求、魅力型需求。同时,在设计问卷时设置相应的反向型问题,以此对无差异型需求和反向型需求展开调查和分析。

第二,以马斯洛需求八层次理论为依据设计二级评价指标。具体而言,将生理需求和安全需求归入基本型需求,将归属需求、尊重需求、认知需求归入期望型需求,将审美需求、自我实现、超越需求归入魅力型需求。需要说明的是,KANO 模型和马斯洛需求八层次理论的部分内容与档案信息资源自媒体传播受众并不完全吻合,需要进行相应调整:一方面,生理需求与基本型需求的内涵差异性较大,为了更符合档案自媒体的实际情况,在设计三级指标时仍依据基本型需求的内涵展开。同时,将安全需求的内容融入性能需求中。另一方面,马斯洛需求八层次理论仍未能涵盖档案信息资源自媒体传播受众的所有需求,故根据实际情况在期望型需求中增加了服务需求。

第三,以二级指标的内涵为依据设计三级指标,共设计三级指标 41 个。需要说明的是,基本型需求的三级指标按照主体、中介、客体的思路展开,其中，客体层面又从内容和形式两个方面去设计具体指标；服务需求的主要依据是档案提供利用方式及其内涵。最终结果如表 5.1 所示。

第四，依据创新—决策过程中五个阶段的内涵和特征分析调查结果。具体而言，将每一个三级指标均视为受众决策行为的影响因素，包括其正向型和反向型调查结果。同时，期望层次越高，在受众说服、接受、使用、确认档案信息资源自媒体传播之决策中发挥的作用也越重要。同时，基本型需求的三级指标能基本涵盖受众在认知阶段所需搜集创新信息的范畴。

表 5.1 创新扩散理论视阈下档案信息资源自媒体传播受众满意度评价指标

一级指标	二级指标	三级指标
a1 基本型需求	b1 运维需求	c1 专业素养
		c2 信息素养
		c3 服务素养
		c4 更新的周期性
		c5 更新的及时性
	b2 性能需求	c6 安全稳定
		c7 易用流畅
		c8 集成检索
		c9 隐私保护
	b3 功能需求	c10 浏览
		c11 点赞
		c12 转发
		c13 评论
		c14 复制
	b4 信息需求	c15 内容的客观性
		c16 内容的真实性
		c17 内容的全面性
		c18 内容的趣味性
		c19 形式的多样性
		c20 形式的创新性

续表 5.1

一级指标	二级指标	三级指标
a2 期望型需求	b5 服务需求	c21 档案查阅服务
		c22 档案咨询服务
		c23 档案证明服务
		c24 档案展览服务
		c25 档案推送服务
		c26 档案代办服务
	b6 归属需求	c27 在线问答帮助
		c28 用户反馈交流
	b7 尊重需求	c29 无障碍传播
		c30 共建共享
	b8 认知需求	c31 特色档案馆藏
		c32 档案编研产品
		c33 档案文创产品
a3 魅力型需求	b9 审美需求	c34 元素特色性
		c35 界面整洁性
		c36 布局合理性
		c37 品牌识别性
	b10 自我实现	c38 个性化服务
		c39 定制化服务
	b11 超越需求	c40 档案学术研究
		c41 档案知识分享

5.2.1.2 研究工具及数据处理

本研究采用自编问卷“档案信息资源自媒体传播受众满意度调查问卷”,调查对象为档案自媒体受众。问卷共设 86 题,除前 4 题基本信息外,后面 82 题根据二级指标设置,每题下再根据三级指标设若干小题,并结合每个评测维度设置正向和反向问题测评档案自媒体受众的满意度。在量表设置上采用李克特五级量表,将受众满意度划分为不满意、较不满意、一般、较为满意、满意五个层次。调查结果采用 SPSS 24.0 统计软件进行数据的录入和分析,分析方法主要采用描述统计和方差分析。

5.2.1.3　问卷发放及回收情况

本次调查的问卷通过问卷星网络平台发放和回收,并通过微信、QQ、电子邮箱等媒介传播扩散。调查时间为 2022 年 7 月 20 日至 8 月 2 日。调查共回收问卷 277 份,有效问卷 277 份,有效率为 100%。在有效问卷的调查对象中,从所在单位的性质看:学校占 55.23%、党政机关事业单位占 25.63%、国有企业占 11.55%、私企占 5.05%、个体占 1.08%、军队占 0.72%、其他占 0.72%;从年龄看:19 岁及以下的占 3.97%、20~29 岁的占 46.93%、30~49 岁的占 43.68%、50~59 岁的占 4.33%、60 岁及以上占 1.08%;从受教育程度看:初中及以下占 0.36%、高中占 0.72%、大专占 3.61%、本科占 49.46%、硕士占 23.83%、博士占 22.02%。从以上数据可以看出,本次调查问卷的有效回收率高,样本覆盖面广。

对此次调查之信效度检验的过程和结果如下:

(1)信度检验。本研究采用 SPSS24.0 对问卷内部一致性系数克隆巴赫 Alpha 值进行信度检测,结果如表 5.2 所示。正向问题的信度是 0.985,反向问题的信度是 0.991,问卷整体信度是 0.969。研究表明,克隆巴赫 Alpha 的取值范围介于 0 到 1,如果测量问卷的 Alpha 系数在 0.9 以上,表明此调查信度较好。可见,不论是从正向问题维度还是反向问题维度,亦或是问卷整体维度看,均处于较好的信度范围,说明本调查具备一定的可靠性。

表 5.2　信度检验结果

量表	克隆巴赫 Alpha	项数
正向问题	0.985	41
反向问题	0.991	41
问卷整体	0.969	82

(2)效度检验。课题组采用 SPSS24.0 对调查结果进行 KMO 和巴特利特球形度检验,结果如表 5.3 所示。可以看出,正向问题的 KMO 量数显示为

0.960,反向问题的 KMO 量数显示为 0.976,问卷整体的 KMO 量数显示为 0.948,而巴特利特球形度检验(显著性)显示均小于 0.001,且检验结果均为 0.000。从效度检验结果可知,本次问卷调查的结构效度较好且具备较高的准确性与真实性。

表 5.3　效度检验结果

		正向问题	反向问题	问卷整体
KMO 取样适切性量数		0.960	0.976	0.948
巴特利特球形度检验	近似卡方	14 681.569	18 146.678	34 674.875
	自由度	820	820	3321
	显著性	0.000	0.000	0.000

5.2.2　调查统计与分析

5.2.2.1　运维需求满意度

根据档案自媒体运维的情况,此维度下的调查主要围绕档案自媒体运维人员的专业素养、信息素养、服务素养以及档案自媒体的更新周期、更新及时性等方面展开。

表 5.4　运维需求正反方向满意度调查结果

$N=277$	不满意	较不满意	一般	较为满意	满意	前两项之和	后两项之和
专业素养高	0%	0%	10.47%	32.85%	56.68%	0%	89.53%
专业素养低	35.02%	32.85%	19.14%	7.94%	5.05%	67.87%	12.99%
信息素养高	0%	0%	9.75%	30.32%	59.93%	0%	90.25%
信息素养低	38.27%	32.13%	16.97%	7.58%	5.05%	70.40%	12.63%
服务素养高	0%	0.36%	7.22%	32.13%	60.29%	0.36%	92.42%
服务素养低	44.04%	29.24%	14.81%	7.22%	4.69%	73.28%	11.91%
更新周期短	0.72%	3.97%	14.08%	32.49%	48.74%	4.69%	81.23%
更新周期长	23.47%	32.85%	27.07%	9.03%	7.58%	56.32%	16.61%
更新的及时性强	0%	2.17%	7.58%	31.41%	58.84%	2.17%	90.25%
更新的及时性差	31.41%	36.82%	19.49%	6.50%	5.78%	68.23%	12.28%

表5.4显示,在运维需求满意度的调查中,正向问题所有运维维度均具有较高的满意度,平均可达88.74%。其中,服务素养高的满意度最高,信息素养高和更新的及时性次之且二者的满意度相同,第三位是专业素养,更新周期短的满意度最低;反向问题中,服务素养低的不满意度最高,信息素养低排第二位,更新及时性差排在第三位,专业素养低和更新周期长分列第四、第五位。调查结果表明,运维需求维度下满足受众需求都会获得较高满意度,其中,服务素养更为受众所重视。

5.2.2.2 性能需求满意度

根据自媒体平台的性能情况并结合受众需求的内容,此维度下的调查主要围绕档案自媒体的安全性、易用性、检索性能、隐私保护性能等方面展开。

表5.5 性能需求正反方向满意度调查结果

$N=277$	不满意	较不满意	一般	较为满意	满意	前两项之和	后两项之和
安全稳定	0%	1.08%	6.14%	33.21%	59.57%	1.08%	92.78%
不安全稳定	41.88%	33.57%	13%	6.50%	5.05%	75.45%	11.55%
易用流畅	0%	1.08%	5.42%	34.66%	58.84%	1.08%	93.50%
不易用流畅	38.99%	37.18%	13.72%	5.42%	4.69%	76.17%	10.11%
可集成检索	0%	0.72%	7.95%	30.32%	61.01%	0.72%	91.33%
不能集成检索	32.49%	35.38%	20.94%	6.14%	5.05%	67.87%	11.19%
具备隐私保护	0%	0.72%	6.50%	27.80%	64.98%	0.72%	92.78%
不具备隐私保护	54.87%	22.74%	11.56%	6.14%	4.69%	77.61%	10.83%

如表5.5所示,在性能需求满意度的调查中,正向问题所有性能维度需求均具有很高的满意度,平均达到了92.60%。其中,易用流畅满意度最高,安全稳定和具备隐私保护次之且满意度相同,排名最后的是可集成检索;反向问题调查中,不具备隐私保护的不满意度最高,不易用流畅排第二,不安

全稳定次之,不能集成检索排最后。调查结果表明,性能需求维度下满足受众需求都会获得很高的满意度。其中,性能易用流畅更为受众所重视,不具备隐私保护最不受欢迎。

5.2.2.3 功能需求满意度

综合考虑自媒体平台的功能和受众需求,此维度下的调查主要围绕档案自媒体的浏览功能、点赞功能、转发功能、评论功能、复制功能等展开。

表 5.6 功能需求正反方向满意度调查结果

$N=277$	不满意	较不满意	一般	较为满意	满意	前两项之和	后两项之和
有浏览功能	0.36%	0.72%	7.94%	35.38%	55.60%	1.08%	90.98%
无浏览功能	35.02%	34.66%	19.12%	5.78%	5.42%	69.68%	11.20%
有点赞功能	0.72%	1.08%	23.47%	33.94%	40.79%	1.80%	74.73%
无点赞功能	19.49%	27.80%	40.79%	6.14%	5.78%	47.29%	11.92%
有转发功能	0.72%	0.36%	13.72%	40.07%	45.13%	1.08%	85.20%
无转发功能	25.27%	30.69%	32.12%	6.50%	5.42%	55.96%	11.92%
有评论功能	0.36%	0.72%	14.80%	34.66%	49.46%	1.08%	84.12%
无评论功能	24.91%	32.13%	32.12%	5.42%	5.42%	57.04%	10.84%
有复制功能	0.36%	0.72%	7.94%	34.66%	56.32%	1.08%	90.98%
无复制功能	33.21%	32.13%	24.19%	5.05%	5.42%	65.34%	10.47%

由表 5.6 可以看出,在功能需求满意度的调查中,正向问题所有功能维度需求均具有较高满意度,平均为 84.20%。有浏览功能和有复制功能的满意度并列第一,有转发功能排名第二,有评论功能排名第三,最后一位为点赞功能;反向问题调查中,无浏览功能的不满意度最高,无复制功能排第二,无评论功能排第三,无转发功能排第四,无点赞功能排最后一位。调查结果表明,功能需求维度下满足受众需求都会获得较高满意度,其中,浏览和复制功能更为受众所重视,相较而言,无评论功能比无转发功能则更不为受众所喜爱。

5.2.2.4 信息需求满意度

综合考虑自媒体平台信息的内容、形式情况和受众需求，此维度下的调查主要围绕档案自媒体内容的客观性、真实性、全面性、趣味性以及形式的多样性、创新性等展开。

表 5.7 信息需求正反方向满意度调查结果

N=277	不满意	较不满意	一般	较为满意	满意	前两项之和	后两项之和
内容的客观性强	0%	0.36%	8.31%	30.32%	61.01%	0.36%	91.33%
内容的客观性弱	35.74%	33.21%	20.22%	6.14%	4.69%	68.95%	10.83%
内容的真实性强	0%	1.08%	6.14%	27.08%	65.70%	1.08%	92.78%
内容的真实性弱	53.79%	24.19%	12.27%	5.42%	4.33%	77.98%	9.75%
内容的全面性强	0%	0.36%	7.22%	31.05%	61.37%	0.36%	92.42%
内容的全面性弱	32.85%	31.41%	25.63%	4.33%	5.78%	64.26%	10.11%
内容的趣味性强	0.72%	0.72%	8.67%	31.77%	58.12%	1.44%	89.89%
内容的趣味性弱	28.16%	29.96%	29.60%	6.14%	6.14%	58.12%	12.28%
形式的多样性强	0.36%	0.72%	6.14%	33.57%	59.21%	1.08%	92.78%
形式的多样性弱	25.27%	36.10%	28.52%	4.69%	5.42%	61.37%	10.11%
形式的创新性强	0%	0.72%	6.50%	33.21%	59.57%	0.72%	92.78%
形式的创新性弱	25.99%	33.21%	29.24%	5.42%	6.14%	59.20%	11.56%

由 5.7 可以看出，在信息需求满意度的调查中，正向问题所有信息维度需求均具有很高的满意度，平均可达 92.00%。内容的真实性强、形式的多样性强和形式的创新性强等的满意度并列第一，内容的全面性强排第二，内容的客观性强排名第三位，内容的趣味性强排最后一位；反向问题调查中，内容的真实性弱之不满意度最高，内容的客观性弱排第二，内容的全面性弱排第三，形式的多样性弱排第四，形式的创新性弱排第五，内容的趣味性弱则排在最后一位。调查结果表明，信息需求维度下满足受众需求都会获得很高的满意度，其中，受众更为关注内容的真实性以及形式的多样性和创新性，且内容不客观比内容不全面更不受受众欢迎。

5.2.2.5 服务需求满意度

根据自媒体平台开展服务的情况并结合受众需求，此维度下的调查主要围绕档案自媒体提供的档案查阅、档案咨询、档案证明、档案展览、档案推送和档案代办等服务展开。

表 5.8 服务需求正反方向满意度调查结果

$N=277$	不满意	较不满意	一般	较为满意	满意	前两项之和	后两项之和
档案查询服务	0%	1.08%	6.50%	30.69%	61.73%	1.08%	92.42%
档案查询服务	30.32%	35.02%	23.82%	5.42%	5.42%	65.34%	10.84%
档案咨询服务	0%	0.72%	5.42%	35.02%	58.84%	0.72%	93.86%
档案咨询服务	28.52%	35.38%	24.91%	5.05%	6.14%	63.90%	11.19%
档案证明服务	0%	1.44%	7.59%	28.88%	62.09%	1.44%	90.97%
档案证明服务	27.44%	31.77%	29.96%	5.05%	5.78%	59.21%	10.83%
档案展览服务	0.36%	0.36%	8.31%	33.21%	57.76%	0.72%	90.97%
档案展览服务	23.47%	32.49%	33.21%	4.33%	6.50%	55.96%	10.83%
档案推送服务	0.36%	0.72%	11.56%	36.46%	50.90%	1.08%	87.36%
档案推送服务	21.66%	32.85%	35.38%	4.33%	5.78%	54.51%	10.11%
档案代办服务	0.36%	1.08%	8.67%	31.77%	58.12%	1.44%	89.89%
档案代办服务	22.38%	30.32%	36.47%	5.05%	5.78%	52.70%	10.83%

如表 5.8 所示，在服务需求满意度的调查中，正向问题所有服务维度需求均具有较高满意度，平均达到了 90.91%。有档案咨询服务的满意度最高，有档案查询服务排第二，有档案证明服务和有档案展览服务并列第三，有档案代办服务排第四，有档案推送服务排在最后一位；反向问题调查中，无档案查询服务的不满意度最高，无档案咨询服务排第二，无档案证明服务排第三，无档案展览服务排第四，无档案推送服务排第五，无档案代办服务排在最后一位。调查结果表明，服务需求维度下满足受众需求都会获得较高的满意度，其中，受众更希望能够提供档案咨询服务，且较倾向于档案自媒体能够提供推送服务。

5.2.2.6 归属需求满意度

根据自媒体平台给受众营造归属感的情况，此维度主要围绕档案自媒体的在线问答帮助和用户反馈交流渠道展开调查。

表 5.9 归属需求正反方向满意度调查结果

$N=277$	不满意	较不满意	一般	较为满意	满意	前两项之和	后两项之和
有在线问答帮助	0%	0.72%	7.22%	35.38%	56.68%	0.72%	92.06%
无在线问答帮助	26.71%	34.30%	28.16%	4.69%	6.14%	61.01%	10.83%
有用户反馈交流渠道	0%	0.36%	7.58%	35.38%	56.68%	0.36%	92.06%
无用户反馈交流渠道	28.88%	34.30%	27.08%	4.69%	5.05%	63.18%	9.74%

如表 5.9 所示，在归属需求满意度的调查中，正向问题所有归属维度需求均具有很高的满意度，平均可达 92.06%。有在线问答帮助和有用户反馈交流渠道的满意度相同；反向问题调查中，无用户反馈交流渠道不满意度较高，无在线问答帮助次之。调查结果表明，归属需求维度下满足受众需求都会获得很高的满意度，其中，受众更倾向于档案自媒体能够提供用户反馈渠道。

5.2.2.7 尊重需求满意度

根据自媒体平台满足受众尊重需求的情况，此维度主要围绕档案自媒体的无障碍传播和共建共享展开调查。

表 5.10 尊重需求正反方向满意度调查结果

$N=277$	不满意	较不满意	一般	较为满意	满意	前两项之和	后两项之和
可以无障碍传播	0.36%	1.44%	9.03%	28.16%	61.01%	1.80%	89.17%
不可以无障碍传播	26.71%	32.49%	29.60%	5.78%	5.42%	59.20%	11.20%
可以共建共享	0.36%	1.08%	9.03%	32.49%	57.04%	1.44%	89.53%
不可以共建共享	23.47%	32.49%	33.20%	5.42%	5.42%	55.96%	10.84%

由表5.10可以看出，在尊重需求满意度的调查中，正向问题所有尊重维度需求均具有较高满意度，平均为89.35%。可以共建共享的满意度较高，可以无障碍传播次之；反向问题调查中，不可以无障碍传播的不满意度较高，不可以共建共享次之。调查结果表明，尊重需求维度下满足受众需求都会获得较高满意度，其中，不可以无障碍传播比不可以共建共享更不受受众欢迎。

5.2.2.8　认知需求满意度

根据自媒体平台满足受众认知需求的情况，此维度下的调查主要围绕档案自媒体在传播特色档案馆藏、提供档案编研产品和提供档案文创产品等方面的满意度展开。

表5.11　认知需求正反方向满意度调查结果

$N=277$	不满意	较不满意	一般	较为满意	满意	前两项之和	后两项之和
传播特色档案馆藏	0.36%	0.36%	6.86%	31.77%	60.65%	0.72%	92.42%
不传播特色档案馆藏	27.08%	32.13%	29.96%	5.05%	5.78%	59.21%	10.83%
提供档案编研产品	0.36%	0.72%	8.67%	31.41%	58.84%	1.08%	90.25%
不提供档案编研产品	24.19%	32.49%	31.40%	6.50%	5.42%	56.68%	11.92%
提供档案文创产品	0.36%	1.08%	10.83%	31.41%	56.32%	1.44%	87.73%
不提供档案文创产品	21.30%	31.41%	37.55%	4.69%	5.05%	52.71%	9.74%

如表5.11所示，在认知需求满意度的调查中，正向问题所有认知维度需求均具有较高满意度，平均达到了90.13%。传播特色档案馆藏的满意度最高，提供档案编研产品次之，提供档案文创产品排最后一位；反向问题调查中，不传播特色档案馆藏的不满意度最高，不提供档案编研产品次之，不提供档案文创产品排最后一位。调查结果表明，认知需求维度下满足受众需求都会获得较高满意度，其中，受众更希望档案自媒体能够传播特色馆藏资源。

5.2.2.9　审美需求满意度

根据自媒体平台满足受众审美需求的情况，此维度下的调查主要围绕档案自媒体的元素特色性、界面整洁性、布局合理性、品牌识别性等展开。

表5.12 审美需求正反方向满意度调查结果

N=277	不满意	较不满意	一般	较为满意	满意	前两项之和	后两项之和
元素特色性强	0.00%	0.72%	8.31%	33.21%	57.76%	0.72%	90.97%
元素特色性弱	22.38%	32.13%	35.02%	3.97%	6.50%	54.51%	10.47%
界面整洁性强	0.00%	1.08%	7.23%	29.96%	61.73%	1.08%	91.69%
界面整洁性弱	28.52%	36.10%	25.99%	3.25%	6.14%	64.62%	9.39%
布局合理性强	0.00%	0.36%	6.50%	33.21%	59.93%	0.36%	93.14%
布局合理性弱	28.16%	35.38%	26.71%	3.97%	5.78%	63.54%	9.75%
品牌识别性强	0.36%	0.36%	10.47%	33.21%	55.60%	0.72%	88.81%
品牌识别性弱	23.83%	32.13%	33.57%	4.33%	6.14%	55.96%	10.47%

如表5.12所示，在审美需求满意度的调查中，正向问题所有审美维度需求均具有较高满意度，平均可达91.15%。其中，布局合理性强的满意度最高，界面整洁性强排第二，元素特色性强排第三位，品牌识别性强排最后一位；反向问题调查中，界面整洁性弱的不满意度最高，布局合理性弱排第二，品牌识别性弱排第三位，元素特色性弱排最后一位。调查结果表明，审美需求维度下满足受众需求都会获得较高满意度，其中，受众更关注布局的合理性，相较而言，界面整洁性弱比品牌识别性弱更不受受众欢迎。

(10)自我实现需求满意度

根据自媒体平台满足受众自我实现需求的情况，此维度下的调查主要围绕档案自媒体提供的个性化服务和定制化服务展开。

表5.13 自我实现需求正反方向满意度调查结果

N=277	不满意	较不满意	一般	较为满意	满意	前两项之和	后两项之和
提供个性化服务	0.36%	1.08%	9.03%	29.96%	59.57%	1.44%	89.53%
不提供个性化服务	23.47%	32.85%	33.93%	4.33%	5.42%	56.32%	9.75%
提供定制化服务	0.36%	0.72%	9.75%	31.41%	57.76%	1.08%	89.17%
不提供定制化服务	21.66%	32.49%	36.10%	4.33%	5.42%	54.15%	9.75%

如表5.13所示，在自我实现需求满意度的调查中，正向问题所有自我实现维度需求均具有较高满意度，平均为89.35%。提供个性化服务的满意度较高，提供定制化服务次之；反向问题调查中，不提供个性化服务的不满意度较高，不提供定制化服务次之。调查结果表明，自我实现需求维度下满足受众需求都会获得较高满意度，相较而言，受众更希望档案自媒体能够提供个性化服务。

5.2.2.11　超越需求满意度

根据自媒体平台满足受众超越需求的情况，此维度下的调查主要围绕档案自媒体在帮助档案学术研究和进行档案知识分享方面的满意度展开。

表5.14　超越需求正反方向满意度调查结果

$N=277$	不满意	较不满意	一般	较为满意	满意	前两项之和	后两项之和
有助于档案学术研究	0.36%	0.36%	8.31%	30.32%	60.65%	0.72%	90.97%
无助于档案学术研究	28.16%	33.21%	29.97%	3.97%	4.69%	61.37%	8.66%
可以进行档案知识分享	0.00%	0.36%	7.59%	29.60%	62.45%	0.36%	92.05%
不可以进行档案知识分享	29.24%	32.85%	29.61%	3.97%	4.33%	62.09%	8.30%

由表5.14可以看出，在超越需求满意度的调查中，正向问题所有超越维度需求均具有很高的满意度，平均可达91.51%。可以进行档案知识分享的满意度较高，有助于档案学术研究次之；反向问题调查中，不可以进行档案知识分享的不满意度较高，无助于档案学术研究次之。调查结果表明，超越需求维度下满足受众需求都会获得较高满意度，其中，受众更希望档案自媒体可以进行知识分享。

5.2.3　调查结论及策略前瞻

调查结果表明，满足受众各维度下的需求都会获得较高的满意度，但运维需求中的服务素养，性能需求中的易用流畅、隐私保护，功能需求中的浏览、复制和评论，信息需求中内容的真实性、客观性以及形式的多样性和创新性，服务需求中的档案咨询和推送服务，归属需求中的用户反馈渠道，尊重需求中的无障碍传播，认知需求中的特色馆藏，审美需求中的界面整洁性和品牌识别性，自我实现需求中的个性化服务，超越需求中的档案知识分享等更受用户重视，且如果不满足用户的这些需求会使档案信息资源自媒体传播更不受欢迎。

基于以上分析，档案信息资源自媒体应在做好每个维度下的服务并提供相应功能的基础上，从以下几方面入手更好地满足受众的需求：

第一，修炼提升服务素养。档案信息资源自媒体运维者应学习做好服务的基本礼仪，从专业形象、沟通技巧等方面修炼提升服务素养，尊重每一位自媒体受众。如可设置贴心的问候语，在用户关注时自动发送；与发布内容下的评论进行友善交流，及时回复受众提问等。

第二，合理搭建服务平台。在选择自媒体平台时，档案信息资源自媒体运维者应首先关注基本的浏览、复制和评论功能；其次，应选择易用流畅并能保护好用户隐私的平台；最后，应学习自媒体内容发布的基本规范，做到界面整洁规范，并积极打造好自身的品牌形象，选择统一的色彩和元素标识。此外，还应积极借助平台能力为阅读障碍的用户打造无障碍视听体验。

第三，创作发布优质内容。档案信息资源自媒体运维者在创作发布文章、视频等内容时，应注意创作内容的真实性和客观性，并积极创新内容形式，采用图文、音视频等结合的方式制作发布媒体内容，注重内容的时效性、学术性、前瞻性等为用户分享档案知识，并使受众有所收获。档案馆在运维自媒体时也应多发布一些特色馆藏信息，让受众领略特色馆藏的风采，做好馆藏资源的开发利用。

第四，拓展创新服务方式。档案信息资源自媒体运维者在做好基本档案信息传播服务的基础上，还应积极拓展创新服务方式，如提供在线咨询服务、利用 RSS 聚合档案信息内容并根据用户需求进行推送等。同时，在服务中也可以多增加一些个性化的服务，通过小程序的方式向用户开放服务。此外，还应积极开设用户反馈渠道，通过建立微信、QQ 群等方式方便用户反馈需求信息，为受众搭建一个优质的反馈渠道。

6 档案信息资源自媒体传播效果的差距及缩小策略

创新扩散理论的重要贡献之一是对创新结果的系统分析,内容包括创新结果的方向、创新的功能和意义、创新扩散的动态平衡、传播效果的差距等。其中,关于传播效果差距及其缩小策略的论点对档案信息资源自媒体传播而言极具启发意义,不仅有助于弥补档案信息资源传播研究中在传播效果层面的薄弱之处,还可通过提出有针对性的缩小策略为相关研究的落地提供有力支撑。同时,罗杰斯认为:“创新的结果会影响整个社会体系,因为除了影响个人的那些变化外,很多影响是发生在整个体系范围的。”[①]而且,“创新的扩散会使原来的社会贫富差距扩大”[②],即创新会加剧不公平。依据创新扩散理论,对档案信息资源自媒体传播效果的研究,一方面应将微观个体和宏观社会体系结合起来考察,尤其应注重对相应社会体系影响的研究;另一方面应看到,信息鸿沟的存在和扩大是客观存在和必然趋势,如何通过有效策略缩小差距是档案人的重要使命。

---

① E. M. 罗杰斯. 创新的扩散(第五版)[M]. 唐兴通,郑常青,张延臣,译. 北京:电子工业出版社,2016:32.

② E. M. 罗杰斯. 创新的扩散(第五版)[M]. 唐兴通,郑常青,张延臣,译. 北京:电子工业出版社,2016:483.

6.1 传播效果的差距

6.1.1 传播效果差距研究的要点

在传播效果的扩散研究中,从研究对象看可分为两个层次:第一个层次是关于沟通活动对扩散影响的研究,此类研究中的效果是以体系中一群人的知识、态度和行为之平均改变程度来衡量的;第二个层次是关于传播效果差距的研究,关注焦点是:"这项创新扩散的传播活动,是否对某些人比其他人产生了更重大的影响,或者说是不同的影响?"[①]研究的主要目的是了解传播效果的公平性,而不是活动造成的总体(或平均)影响。由此可见,对传播效果差距的研究是创新扩散理论的重要组成部分和理论升华的着重点。这一研究范例的要点如下:

其一,研究理念层面。研究者注重观察整体传播的对象,找出其中某些比其他人更容易受影响的人,旨在寻求创新的扩散对不同的人会产生哪些不同的效果,而不仅仅止于对全体成员的平均性或整体性的效果。其二,研究方法层面。研究者通常采用的方法是根据不同的标准将扩散对象划分为2至3个版块。例如,以社会经济地位来分,可分为大企业员工和小企业员工;以采用者类别来分,可分为早期采用者和后期采用者;以个人拥有信息程度来分,则可分为信息富裕者和信息贫乏者。[②] 整体而言,罗杰斯在论述中多用"上层"和"下层"代称。其三,研究结论层面。根据罗杰斯的研究,"创新扩散结果通常会使体系中的上层阶级与下层阶级之间的差距扩大"[③],

① E. M. 罗杰斯. 创新的扩散(第五版)[M]. 唐兴通,郑常青,张延臣,译. 北京:电子工业出版社,2016:484-486.

② E. M. 罗杰斯. 创新的扩散(第五版)[M]. 唐兴通,郑常青,张延臣,译. 北京:电子工业出版社,2016:486.

③ E. M. 罗杰斯. 创新的扩散(第五版)[M]. 唐兴通,郑常青,张延臣,译. 北京:电子工业出版社,2016:486.

造成差距扩大的因素包括创新推广的方式、社会体系结构等。其中,社会体系结构会部分决定创新结果的公平性和不公平性①,且其也不一定是接受创新及其结果的障碍,主要原因在于组织会在扩散过程中发挥重要作用,它可以达成个人无法达成的目标。②

6.1.2 档案信息资源自媒体传播效果差距调查分析

6.1.2.1 研究工具及数据处理

本部分研究采用自编问卷“档案信息资源自媒体传播效果差距调查问卷”,调查对象为档案信息资源自媒体传播受众。问卷共设置22题,前5题为基本信息,其余18题每题之下均设置了若干小题,并对每个评测维度设置正向和反向问题以评测自媒体受众的满意度。调查问卷的量表设置采用李克特五级量表,在调查受众使用档案自媒体开展传播行为动因时划分0—4五个分值,0表示不符合,数字越大表示符合程度越高;在调查档案自媒体对受众需求满足程度时设置了不符合、较不符合、一般、符合、十分符合五个层次。为了便于比较和分析,调查结果数据均以选项所占百分比计量。

6.1.2.2 问卷发放及回收情况

本次调查的问卷通过问卷星网络平台发放和回收,并通过微信、QQ等工具传播扩散。调查时间为2022年12月9日至12月24日。调查共回收问卷310份,有效问卷310份,有效率为100%。在有效问卷的调查对象中:从年龄看,19岁及以下的占1.94%、20~29岁的占30.32%、30~39岁的占27.74%、40~49岁的占30.32%、50~59岁的占8.06%、60岁及以上占1.61%;从受教育程度看,初中及以下占0.65%、高中占0.65%、大专占9.03%、本科占44.84%、硕士占28.06%、博士占16.45%,其他占0.32%;从所在单位的性质看,党政机关事业单位占31.61%、国有企业占16.45%、私企占12.26%、个体占0.32%、学校占38.39%、其他占0.97%。从以上数

① E. M. 罗杰斯. 创新的扩散(第五版)[M]. 唐兴通,郑常青,张延臣,译. 北京:电子工业出版社,2016:489.

② E. M. 罗杰斯. 创新的扩散(第五版)[M]. 唐兴通,郑常青,张延臣,译. 北京:电子工业出版社,2016:489-490.

据可以看出，本次调查问卷回收的有效率较高、有效样本覆盖面较广，为调查的可信度和有效度提供了保障。

6.1.2.3　调查统计与分析

（1）传播行为动因，具体体现在以下几个方面。

第一，浏览档案自媒体推文会点赞的动因。关于这个问题，问卷设置了“觉得版型好看”“觉得文章形式新颖”“觉得内容很有意思”“赞同作者的观点”“满足了我的学习需求”“满足了我的研究需求”“满足了我的工作需求”“满足了我的生活需求”等八个选项。样本的总体平均分为3.1分，其中，“觉得内容很有意思”“赞同作者的观点”“满足了我的学习需求”“满足了我的研究需求”“满足了我的工作需求”等五个选项的平均分超过了3.1分，且均有超过50%的调查对象在这五个选项中选择了4分。根据统计，有61.94%的受众在“觉得内容很有意思”的选项选择了4分，在所有选项中占比最高。由此可知，受众在点赞推文时更加看重推文内容的有趣与否以及能够满足学习研究方面的需求。

第二，浏览档案自媒体推文会留言评论的动因。围绕留言评论的原因，课题组设置了四个题目，分别是“赞同文章观点”“不赞同文章观点”“想发表自己的看法”“参与互动活动”。该调查部分的样本总体平均值为2.65分，仅有“赞同文章观点”和“想发表自己的看法”两个选项的平均分超过了总体平均值。其中，在“赞同文章观点”选项中选择4分的比例最高，为46.45%。可以看出，受众更愿意在赞同文章的观点时留言评论、发表自己的看法。

第三，浏览档案自媒体推文会转发/分享的动因。该部分样本总体平均值为2.58分，在“帮助自己保存信息，方便以后查找”“觉得很有意思，好玩”“能表达自己的情绪、想法和观点，展示自我”“认为会对别人有帮助”“认为能和别人产生共鸣”“就想刷刷存在感”等六个选项中，只有“觉得很有意思，好玩”和“就想刷刷存在感”两个选项的平均分低于平均值，在“帮助自己保存信息，方便以后查找”选项选择4分的用户有54.84%。以上统计数据说明，受众多出于保存并方便之后查找的原因对推文进行转发和分享。

第四，浏览档案自媒体推文会收藏的动因。这一问题共设置了四个选项，包括“满足了我的学习需求”“满足了我的研究需求”“满足了我的工作需求”“满足了我的生活需求”,四个选项的总体平均分为3.13分,其中,只有“满足了我的生活需求”选项的分数为2.43分,远低于平均分,其他选项的平均分均高于3.13分。根据统计,有66.45%的受众在“满足了我的学习需求”选项选择了4分,有58.06%的受众在“满足了我的研究需求”和“满足了我的工作需求”选项选择了4分。调查结果表明,相较于满足生活需求而言,受众在收藏自媒体推文时更加看重满足自身的学习、研究和工作需求。

(2)需求满足状况,可以从以下几个方面具体分析。

此部分的调查围绕学习、学术需求,求职、工作需求,社会交流、表达自我需求及娱乐需求等四个维度展开。调查结果如表6.1所示。

表6.1 档案自媒体受众需求满足状况(N=310,单位:除平均分项外为%)

项目	学习、学术需求			求职、工作需求			社会交流、表达自我需求				娱乐需求		
相符程度	获取专业知识,撰写论文	获取准确、快速、真实信息	加深对档案领域的认识	求职	了解行业动态资讯	同行间工作交流	帮助他人	表达观点	与他人沟通	寻求情感归属、专业认同	打发时间	个人日常习惯	个人兴趣爱好
不符合	3.55	0.32	0.97	14.52	0.65	1.61	1.29	4.19	3.55	6.13	18.39	8.39	4.52
较不符合	5.48	4.84	2.9	10.65	2.58	4.48	7.1	8.71	9.68	8.71	15.81	17.42	11.94
一般	28.71	23.87	15.48	22.58	13.55	19.39	25.81	28.71	29.03	27.42	30	29.67	27.0
符合	31.61	36.13	39.04	26.77	36.12	38.71	32.25	30.97	29.68	28.71	17.0	20.65	27.74
十分符合	30.65	34.84	41.61	25.48	47.1	35.81	33.55	27.42	28.06	29.03	18.71	23.87	28.71
平均分	2.8	3	3.17	2.38	3.26	3.02	2.9	2.69	2.69	2.66	2.02	2.34	2.64
高于平均分样本占比	62.26	50.97	41.61	52.25	47.1	35.81	65.81	58.39	57.74	57.73	35.81	44.52	56.45

第一,学习、学术需求满足状况。调查结果显示,认为档案信息资源自媒体传播能够“满足获取专业知识、撰写论文的需求”的受众占样本总体的62.26%,表明受众的此项需求得到了较好的满足;同时,认为档案信息资源自媒体传播能够“获取准确、快速、真实信息”的受众占比为50.97%,这一数据能够表明用户在该方面需求得到了一般性满足;另外,认为档案自媒体传播能够“加深对档案领域的认识”的受众占比为41.61%,一定程度上表明其该方面的需求并未得到充分满足。

第二,求职、工作需求满足状况。在此维度下问卷设置了“我使用档案自媒体满足了求职需求”“我使用档案自媒体满足了了解档案行业动态资讯的需求”“我使用档案自媒体满足了同行间工作交流的需求”等三个题目。根据统计,档案信息资源自媒体受众求职的需求满足程度最高,占比52.25%;了解行业动态资讯的需求满足程度次之,占比47.1%;同行间工作交流的需求满足程度最低,仅占35.81%。

第三,社会交流、表达自我需求满足状况。由表6.1可以看出,在使用档案自媒体过程中,受众根据自己已有的知识和经验帮助别人的需求满足程度最高,占比65.81%;表达自己赞成/反对的观点的需求满足程度次之,占比58.39%。同时,满足程度最低的是寻求情感归属、专业认同方面的需求,占比57.73%;与他人沟通想法方面占比57.74%。

第四,娱乐需求满足状况。调查结果显示,在使用档案自媒体的过程中,调查对象在个人兴趣爱好方面的需求满足程度最高,占比56.45%;个人日常习惯方面需求的满足程度次之,占比44.52%;同时,打发时间方面需求的满足程度最低,高达64.19%的调查对象都认为该方面的需求未得到满足。

6.1.2.4 研究结论及策略前瞻

(1)研究结论。

第一,从横向来看,用户使用档案自媒体传播过程中学习学术、求职工作、社交和表达自我以及娱乐需求的满足程度存在较大差异。由表6.2可知,档案自媒体传播中受众需求满足程度的总体平均值为50.54%。其中,社会交流和表达自我的需求满足程度最高,平均值达到了59.92%;学习和学术需求的满足程度次之，达到了51.61%；求职工作和娱乐的需求均未得到很好的满足，平均值分别为45.05%和45.59%，均未超过50%。此外，四项需求满足平均值的最高值和最低值之间差额为14.87%。由此统计结果可知，档案自媒体传播在满足受众求职工作和娱乐需求方面仍需要改进和提升。

表6.2　档案自媒体传播中受众需求满足情况一览表（N=310）

项目	学习、学术	求职、工作	社会交流、表达自我	娱乐	总计
需求满足平均值	51.61%	45.05%	59.92%	45.59%	50.54%

第二，从纵向来看，调查结果显示，档案自媒体受众的需求与实际需求满足情况有差异。关于档案自媒体传播行为的动因，有超过60%的受众选择了“满足了我的学习需求”和“觉得内容很有意思”。其中，有61.94%的受众在点赞原因中选择了内容有趣，有60.32%的受众在点赞原因中选择了能够满足学习需求，有66.45%的受众在收藏原因中选择了能够满足学习需求。实际需求满足情况调查显示，学习学术需求满足的平均值为51.61%，其中“加深对档案领域的认识”需求的满足仅有41.61%。上述统计数据表明，受众的学习学术需求虽然得到了基本的满足，但在某些方面仍然存在欠缺。另外，有39.03%的受众出于“想发表自己的看法”的原因选择了留言评论，32.9%的受众出于“能表达自己的情绪、想法和观点，展示自我”的原因选择了转发分享。可以看出，受众对于表达观点和交流的需求程度并没有很高，但是在实际需求满足情况的调查中，“社会交流、表达自我”的需求满足平均值最高，达到了59.92%，这一统计数据表明，尽管在档案自媒体传播的实际过程中受众对于表达观点与交流的需求没有那么强烈，但相关方面的需求仍然能被很好地满足。

（2）策略前瞻。

第一，调整并丰富档案自媒体传播的信息内容构成，充分满足用户全面性、多样化和个性化需求。

首先，可通过建立专题讨论小组赋予档案自媒体受众的创新创造力。

档案自媒体受众的需求往往是多种多样且具有个人特色的,为档案自媒体受众提供一个在线交流的窗口,能够将受众的兴趣点和需求点契合起来,并通过窗口表达出来,不仅可以帮助平台获取更准确的受众需求,也可以促进受众之间的沟通交流,受众之间的自发交流也是满足其各类型需求的途径之一。例如可以模仿豆瓣 APP 的交流分享模式,开设“学习学术”“求职工作”等专题小组,受众可以在小组内自由发文讨论,支持点赞、评论和转发小组内的高质量观点,受众发言获得较多的点赞评论和转发,也能够提高其发表观点和沟通交流的积极性。其次,通过挖掘档案信息资源的深度提高其在档案自媒体平台的竞争力[①]。在如今信息爆炸的社会,大部分档案自媒体所做的工作只是简单的“搬运”,将不同来源的信息进行整合和发布。因此,深度挖掘信息资源以提高档案自媒体平台吸引力和竞争力是其重要发展方面。例如发布“求职工作”信息时,可以在简单汇总信息的基础上,通过合理的分析对未来趋势做出预测,如此一来受众获取的就不仅是简单的汇总信息,还能够为其决策提供支持。最后,通过合理运用技术手段呈现多元多态的信息内容。自媒体时代,受众能够接收的信息是各式各样的,突破了文字图片的单一表达形式,短视频、音频等类型的信息成果层出不穷[②],想要获得更多受众的关注和支持,提高内容的趣味性和可读性,就要创新信息的呈现形式,这样一来也能更好地满足受众的娱乐需求,提高其对档案自媒体平台的满意度。

第二,增强档案自媒体受众的身份认同和文化认同,优化档案自媒体的传播效果。受众的身份认同能够为档案自媒体传播提供动力,而档案自媒体传播对于档案的再生产也为受众身份认同赋予了活力,[③]受众对自身身份和档案文化产生认同,才能提高其利用档案自媒体开展传播活动的自觉主动性。档案自媒体传播需要在满足受众需求的基础上开展,因此在开发和

---

① 王文亮.利用自媒体开发档案信息资源的特色与策略[J].秘书之友,2018(5):41-43.

② 陈佳雨,汤玲玲,王小云.自媒体时代档案故事众开发模式研究[J].浙江档案,2021,(1):28-30.

③ 杨茜兰.档案记忆再生产视角下的身份认同过程与策略分析[J].浙江档案,2021(10):27-31.

利用档案时要更多地关注受众的情感需求，强调其情感价值，引起受众的身份认同和情感共鸣，提高受众对档案自媒体的满意度。一方面，可通过主题征集活动征集不同类型和不同主题的档案信息资源，对征集到的优秀成果进行宣传投放，并给予一定的奖励。奖励措施的实施不仅有利于激发档案自媒体受众的身份认同感，也能提高其对档案自媒体传播的积极性；另一方面，通过加强受众需求分析，为受众提供个性化、主题化的主动服务。充分满足受众的需求是提升其档案文化认同感的重要手段，受众只有充分认识到档案自媒体所提供的信息内容是有价值的，传播才能持续开展下去。因此，加强对受众需求的分析和预测，为其提供更加精准和完善的内容，才能进一步提高档案自媒体受众的需求满意度。

6.2 缩小差距的策略

6.2.1 缩小差距策略的具体内容

罗杰斯认为，在创新扩散过程中，社会上层和下层在传播效果层面的差距必然会产生而且会不断扩大，但其同时也指出扩大差距是可以避免的。[①]对此，罗杰斯分析了差距产生的三个深层次原因，并提出了相应缩小差距的策略。

首先，社会上层较下层更容易接触创新信息并产生创新意识。应对策略：第一，对社会上层来说是多余的或没用的，或是对他们没有好处的信息，推广单位可以把这些信息提供给下层民众。这种策略会帮助社会下层取得信息。第二，根据社会下层的特征，如教育特征、交流习惯等来制定传播信息。第三，善用社会下层民众的沟通管道，使得知晓性知识的传递畅通无阻。第四，把下层民众集合起来，并变成一个个小组，让他们一起学习和讨

① E. M. 罗杰斯. 创新的扩散（第五版）[M]. 唐兴通，郑常青，张延臣，译. 北京：电子工业出版社，2016：490-492.

论创新信息。这些小团体一起倾听、讨论和实习,可让他们感受到自我能量和集体能量,相信他们能够控制周遭的环境。第五,推广人员可以把优先接触的对象由原来的创新先驱者和早期采用者,改为后期大众和落后者。①

其次,上层民众获得创新评价信息的机会较下层民众多。应对策略:第一,在下层民众当中找出意见领袖。推广人员应该重点关注这些意见领袖,和他们密切互动,如此更有助于把创新推广给下层民众。第二,在下层民众中挑选辅助推广人员,通过同质性传播网络传递创新信息。第三,为下层民众组建团体,在他们进行决策时提供支持,从而赋予下层民众在经济、社会和政治等方面的力量,②以利于创新的扩散。

最后,上层民众比下层民众拥有更多可用资源。应对策略:第一,推荐那些满足下层民众需要的创新。设计研发计划的时候应以社会下层的问题为核心,注重解决其问题。第二,建立社会组织,为社会下层调动足够的资源来采用高成本的创新。第三,让下层民众参与扩散方案的策划和执行,其中包括确定创新推出的先后顺序。第四,指定某些推广人员专门为下层民众服务,让推广人员了解社会下层的特别需求,从而制定切实的解决方案。③

6.2.2 档案信息资源自媒体传播效果差距缩小策略规划思路

根据创新扩散理论的相关内容并结合档案领域的实际情况,档案信息资源自媒体传播效果差距缩小策略的规划思路应包括如下几个方面:

第一,从主体层面讲,档案部门应以加速推动档案惠民服务和档案公共服务均等化为目标,采取相应策略为下层受众提供更容易接触档案信息资源并产生创新意识、获得档案自媒体及其传播的档案信息资源之评价信息的机会、渠道等。重要着手点包括:一是应充分应用新媒体、新技术打造和

---

① E. M. 罗杰斯. 创新的扩散(第五版)[M]. 唐兴通,郑常青,张延臣,译. 北京:电子工业出版社,2016:490-491.

② E. M. 罗杰斯. 创新的扩散(第五版)[M]. 唐兴通,郑常青,张延臣,译. 北京:电子工业出版社,2016:491-492.

③ E. M. 罗杰斯. 创新的扩散(第五版)[M]. 唐兴通,郑常青,张延臣,译. 北京:电子工业出版社,2016:492.

推送更加惠民的档案自媒体和档案信息资源;二是应积极鼓励和引导社会公众的广泛参与,尤其是应主导构建档案信息资源自媒体传播的行动者网络。

第二,从客体层面讲,档案部门应加快推进档案数字资源的开放利用和档案信息资源开发的迭代升级,将更多的档案信息资源纳入档案自媒体的传播范畴、产出更多符合社会大众需求和习惯的档案信息资源,从而使下层受众获得更多可用的档案信息资源及产品。重要着手点包括:一是在《中华人民共和国档案法》(以下简称《档案法》)规定的档案封闭期缩短为25年的背景下,加速推动数字档案资源体系建设和开放审核工作;二是应遵循现代化思维如游戏化思维的理念和要求开发档案信息资源,并借助档案自媒体完成社会化传播。

第三,从媒介层面讲,档案部门应从平台建设和技术应用两个层面考量档案自媒体的升级,为下层受众提供更为便捷和多元化的信息获取和沟通渠道。重要着手点包括:一是应充分挖掘自媒体平台的优势和强大功能,开通自主服务功能、提升短视频传播比重、强化智能化交流活动等;二是应充分利用现代信息技术提升档案信息资源自媒体传播的智能化、惠民性等。

6.2.3 档案信息资源自媒体传播效果差距缩小策略的重点突破方向

基于以上分析,本书特提出了在具体实施过程中可遵循的两个重点突破方向,以有效缩小传播效果差距。其一是在思维理念层面,可应用游戏化思维加快档案信息资源开发的迭代升级;其二是在具体操作层面,可依据行动者网络理论构建社会力量广泛参与的档案信息资源自媒体传播之行动者网络,并将人类行动者和非人类行动者均纳入其中。

6.2.3.1 应用游戏化思维加速档案信息资源开发的迭代升级

加大档案资源开发力度是《"十四五"全国档案事业发展规划》(以下简称《规划》)提出的重要任务,而在互联网时代,我国档案信息资源开发正面临着迭代升级的机遇和挑战,这也为相关工作提出了更紧迫的诉求和更高的要求。“游戏化是互联时代的重要趋势”①,应用游戏化思维对学习、工作等进行重塑有助于极大地提升参与者的乐趣和效能。“游戏化思维方式是指用游戏设计方法和游戏元素重新设计并进行非游戏类事务的思维方式”②,将游戏化思维应用于档案信息资源的开发,有助于通过有计划、有方向、精心设计的方式让社会公众获得乐趣,并可有效提升其满足感和获得感,尤其是有助于吸引下层受众关注档案信息资源,进而实现档案信息资源的价值拓展。

(1)开发理念的迭代升级:从馆藏为本走向以人为本。如今,社会公众对档案信息资源产生了更高的期许,并对资源的文化价值、精神价值、创意价值等更为偏爱。此外,在体验经济盛行的当下,用户在利用和传播档案信息资源中的个性化、体验性、参与感、情感性需求也得到了升级。可以看出,在时代飞速发展、技术革新大潮的冲击下,档案信息资源的开发理念也需要迭代升级。

纵观国内外档案信息资源的发展历史和现状,其开发经历了三个阶段:

第一,1.0时代。该阶段的档案信息资源开发主要是对档案原件的简单复制,形态上以馆藏档案的复制件以及纸质印刷品为主,即便是文化性、创意性较强的档案文创产品也是如此。较为典型的如美国国家档案馆以馆藏的《独立宣言》《美国宪法》《权利法案》等为基础开发的仿真品以及图书、笔记本、明信片等。我国档案馆也展开了很多有益的探索,如宁波市海曙区档案馆开发了《宁波府城隍庙》明信片。同时,随着信息技术的提高,很多新型的档案文创产品也被开发了出来,如四川省档案馆开发的文创U盘,“展示了‘印记100’川渝地区档案馆馆藏红色珍档名录库入选的100件、入围的29件红色珍档。”③可以看出,该阶段档案信息资源开发以馆藏档案为主,所应用的技术手段也较为单一,迎合了社会公众快餐式阅读的习惯,尚属于浅层

---

①　简·麦戈尼格尔.游戏改变世界:游戏化如何让现实变得更美好[M].闾佳,译.杭州:浙江人民出版社,2012:72-73.

②　凯文·韦巴赫,丹·亨特.游戏化思维:改变未来商业的新力量[M].周逵,王晓丹,译.杭州:浙江人民出版社,2014.

③　詹雪瑜.四川省档案馆发布首批文创系列产品[EB/OL].(2021-09-29)[2022-06-15].http://www.chinaarchives.cn/home/category/detail/id/36699.html.

次传播档案文化的阶段。

第二,2.0 时代。该阶段的档案信息资源开发更为注重对馆藏特色档案资源所包含之档案文化元素的提取。仍以档案文创产品为例:美国国家档案馆以《独立宣言》为素材,开发出了尺子、雨伞、鼠标垫、T 恤等;广州市档案馆以其二期大楼南立面大型花岗岩浮雕《凤凰之光》为设计理念推出了档案文化创意口罩。① 值得注意的是,该阶段开发的产品更注重档案文化的开发和传承,旨在使社会公众对档案元素获得较为持久、深刻的印象。不难发现,对于社会公众而言,其档案信息资源接受行为仍以被动型、灌输式为主。

第三,3.0 时代。该阶段的档案信息资源开发是对档案文化的深层次加工和展示,开发对象不仅包括馆藏档案,还包括档案理念、档案工作等元素,产品以体验型、系统性的图书、游戏、场景等为主,较为典型的是"我是档案迷"丛书和第七档案室。"我是档案迷"丛书是由苏州市工商档案管理中心开发的国内首套面向青少年的档案类图书,一方面,该丛书依据青少年的特点和喜好设计了"兰兰""台台""方叔叔"3 个卡通形象,并以青少年喜闻乐见的"穿越"方式贯穿其中,通过一系列体验式探险活动,融入一个个历史档案故事,让青少年在轻松愉悦的阅读中学习档案知识。另一方面,丛书根据青少年的阅读需求设计了富有感染力的文字、生动有趣的图画以及与知识紧密契合的游戏,引导青少年接触世界记忆、了解文献遗产、认识苏州丝绸档案。"第七档案室"是中国丝绸档案馆推出的一个档案教育文化创意项目,其"以解谜书、实景解谜活动等为承载形式,借助丰富的馆藏档案资源,结合游戏互动体验,将档案知识、解谜游戏、文艺创作等巧妙地融为一体"②。该阶段的开发产品将游戏化思维与档案信息资源相结合,实现了"专业化+体验化"的跨越式发展,使其成为社会公众学习档案文化知识、体验档案工作的平台和载体,促进了档案教育和文化功能的延伸。

① 符畅,马微微.呼吸之间传播档案文化!广州市国家档案馆推出档案文创口罩[EB/OL].(2021-06-08)[2022-06-15]. https://news.ycwb.com/2021-06/08/content_40066091.htm.

② 陈鑫,杨韫,谢静,等.档案文化"破圈"传播实践路径:以中国丝绸档案馆"第七档案室"项目为例[J].档案与建设,2022(2):51-54.

游戏化思维的要旨在于解决如何让参与者主动、积极地参与到活动中，这也要求档案部门在开发档案信息资源的过程中秉持以人为本的理念，即要充分了解用户的“需求、心理和生理特征、能力、习惯和偏好等，在前期对目标用户充分调研的基础上做出用户画像”①，并以此为依据设计相关产品，唯有如此开发的档案信息资源产品才能最大限度地激发用户的内在动机，吸引社会公众尤其是下层受众主动接触和利用档案信息资源，并在此过程中通过游戏化的激励机制强化自我激励，从而有效提升其获得感和满足感，并自觉学习和接受档案部门倡导的理念和模式、传播的知识和文化等。如英国国家档案馆在了解青少年的兴趣爱好、学习习惯等的基础上，以相关档案信息资源为基础在官网的教育栏目推出了一款趣味性强的穿越小游戏，其“以《英国大宪章》(Magna Carta)为蓝本，让用户通过收集勋章穿越五个历史阶段并到全国各地进行访问、研究文件和完成编年史”②。其结合用户画像有针对性地开发档案信息资源，不仅拉近了青少年与档案之间的距离，还为档案教育功能的发挥注入了新鲜活力。由此可见，将游戏化思维应用于档案信息资源的开发，其内在的要求即在于开发理念应从馆藏为本走向以人为本，这既是信息时代商业模式变革的迫切需要，也是档案部门打造品牌效应、拓展文化功能的内在诉求。

(2)开发模式的迭代升级：从简单复制走向系统构建。在档案信息资源的开发中实现游戏化思维的落地需要遵循一些共通的原则和方法，从而构建游戏化的系统，包括“可视化目标、拆解小任务、任务的可选择性、设计游戏学习路径、实行游戏化的激励机制、社群化学习”③。其中，可视化目标要求档案部门在开发档案信息资源时应首先确定清晰明确的目标，然后用文字、图像等记录下来并及时反馈给用户，提醒用户在使用和体验档案信息资源产品的过程中努力完成相应目标任务，从而极大地实现自我满足感；拆解

---

① 孙大东，白路浩.心流理论视阈下红色档案传承红色基因的向度与路径[J].档案学通讯，2022(1)：15-22.

② 娄海婷.英国国家档案馆网站的教育栏目及启示.档案管理，2019(3)：81.

③ 简书.游戏化思维：让学习与健身像打游戏一样令人上瘾[EB/OL].(2021-08-24)[2022-07-15].https：//www.jianshu.com/p/1b0f5faeae45.

小任务要求档案部门在开发档案信息资源中设定的目标应是可量化的，且可分为若干个可量化的子目标，如此一来，用户即可有计划、有方向地一步步完成目标任务，并脚踏实地地完成最终目标，不会因目标过高或过程过长而放弃；任务的可选择性要求档案部门在开发档案信息资源时应尽可能全面考虑用户的能力、生理、心理等情况，为其设计实现总目标或子目标的多元化路径，如此才能使目标用户在复杂的档案信息资源产品体验中坚持下来并获得主控感，进而获得沉浸式体验；设计游戏学习路径要求档案部门在开发档案信息资源时应根据不同类型的档案信息，将游戏化技术与学习需求结合起来，如设计游戏人物对话、插图和故事等帮助用户在轻松愉快的过程中完成学习任务；实行游戏化的激励机制要求档案部门在开发档案信息资源时应根据任务进展程度通过各种奖励方式，如积分、排名、奖品等及时反馈，对用户形成极大的激励作用，促使其更加努力地完成最终的目标任务；社群化学习要求档案部门在开发档案信息资源时应注意借助社群的力量，鼓励用户进行彼此之间的互助、分享、竞争等，共同完成目标。

由上述分析可知，将游戏化思维与档案信息资源结合需要对档案信息资源、档案文化等进行系统性、深层次再加工，并借助现代信息技术和新媒体去实现。以"第七档案室"项目为例，其在研发中，通过设计统一的风格、联动的剧情和可拓展的架构从而打造了整体 IP，通过虚实结合的方式创新内容、多维立体的设计创新形式，实现了虚实跨界双创新，通过构建实景空间、塑造 NPC（非玩家角色）、打造互动平台等方式为用户营造出了交互沉浸感。[①] 其中，《第七档案室之追踪者的倒计时》推出仅 3 天，累计参与人数就达千余人，使用户在游戏过程中享受了探索的乐趣、解谜成功的喜悦，还学习了档案的沿革、功能、意义等专业知识，了解了包括丝绸档案在内的世界文献遗产、文化遗产、非物质文化遗产等相关内容，实现了档案文化的"破圈"传播。这些方法和效果在简单复制的开发模式中是无法实现的。

（3）开发效能的迭代升级：从快餐阅读走向沉浸体验。心流理论是美国积极心理学奠基人之一米哈里·契克森米哈赖（Mihaly Csikszentminhalyi）提

---

① 陈鑫，杨韫，谢静，等. 档案文化"破圈"传播实践路径：以中国丝绸档案馆"第七档案室"项目为例[J]. 档案与建设，2022(2)：51-54.

出的一个重要的心理学理论,并在游戏的设计与开发中得到了充分的应用和验证。心流是"一个人完全沉浸在某种活动当中,无视其他事物存在的状态"①,一方面,心流体验是个体将自己的精力和注意力完全投入某项活动后获得的一种忘记时间、忘记他物的沉浸式体验;另一方面,用户达到心流状态时也会获得高度的兴奋感、充实感、满足感等积极的心理反应,因此其也是用户参与某项活动所能获得的最优心理状态。更为重要的是,用户在达到心流时也意味着其正处于注意力高度集中的状态,此时的学习效率最佳;同时,用户获得积极心理反应会促使其继续全身心投入到相应活动中去,从而可实现学习效果的正向累加效应。"任务挑战与用户能力的高水平匹配、清晰的目标、即时反馈"②是产生心流体验的三个必要条件。其中,任务挑战与用户能力的高水平匹配要求用户不仅要参与相应活动,还应能主导活动的进展从而获得主控感;清晰的目标要求设计者设定的活动目标不仅应符合明确、可衡量、可达成、相关、时限等目标管理原则,还应具有挑战性;即时反馈则要求用户在进行游戏体验过程中能够接收到来自用户自身或外部的引导与评价,让其有动力继续专注下去,从而产生持续的激励作用。③

游戏化思维具有"及时反馈、奖励和惩罚机制、任务分解、设定可量化的目标、可以正向累计得分"④等特点,其中,及时反馈就是利用游戏中的积分、等级等要素以可视化的方式向目标用户予以反馈;奖励和惩罚机制也意味着设定的目标任务需具有挑战性,用户需用自己相应的能力去努力达成任务目标;任务分解和设定可量化的目标不仅符合目标管理原则,也有助于用户在完成任务的过程中获得主控感;可以正向累计得分也有助于用户在游戏体验中获得积极心理的正向累加效应。可以看出,游戏化思维的特征与

① 契克森米哈赖. 心流:最优体验心理学[M]. 张定绮,译. 北京:中信出版社,2017:67.

② 孙大东,白路浩. 心流理论视阈下红色档案传承红色基因的向度与路径[J]. 档案学通讯,2022(1):15-22.

③ 孙大东,白路浩. 心流理论视阈下红色档案传承红色基因的向度与路径[J]. 档案学通讯,2022(1):15-22.

④ 通识地图. 游戏化思维[EB/OL]. (2021-02-04)[2022-07-15]. https://zhuanlan.zhihu.com/p/30765283.

心流体验产生的必要条件是高度吻合的，而且心流理论本身的主要应用领域就是游戏设计与开发。因此，将游戏化思维应用于档案信息资源的开发目的在于使目标用户获得沉浸式体验，并使其达到最佳的学习状态，从而实现档案文化传播的最佳效果。如 2019 年，湖北省档案馆利用 VR 技术建立了名为“丰碑——庆祝新中国成立 70 周年暨湖北解放 70 周年档案史料展”的虚拟档案展厅，用户佩戴 VR 头盔，通过操纵数据手柄可控制进退和模拟触摸，通过转动头部可调整方位和视角。[①] 用户不仅可以身临战争的情境中，还可以感受档案史料的巨大魅力，在沉浸式体验中完成红色档案知识的学习和红色基因的传承。

可以看出，将游戏化思维与档案信息资源的开发相结合，可以最大限度使目标用户获得沉浸式体验，并使其在最佳的心理、生理状态下完成相应的目标任务，最终产生效能的最大化结果。在 3.0 时代，可通过场景服务、交互式体验等对档案信息资源进行深加工，借助游戏化思维使用户身临其境地感受档案文化。如故宫博物院与网易游戏合作开发了名为《绘真·妙笔千山》的手机游戏，游戏以中国山水画为背景，将故宫博物院的热门馆藏文物《千里江山图》的静态场景转化为动态场景，每一幅画卷就是一个关卡，用户在体验诗情画意的同时需要在已有的游戏场景中找出更多的线索，进行物品收集、破解谜题等，从而推动剧情，了解画中世界的故事。[②] 借助现代化的传播方式和体验形式，深入挖掘档案元素与游戏的结合点，不仅有助于档案原始记录作用的发挥与情感价值的实现，还能增强档案文化持续性传播的效果。在 1.0 时代和 2.0 时代，档案信息资源产品的形态要么是馆藏档案的复制或简单加工，要么是单一档案元素的呈现，其更为符合社会公众快餐式阅读的习惯。此外，其对用户内在动机和自我激励的激发主要是通过用户对馆藏档案或档案元素的好奇心实现，如由台北故宫博物院推出的“朕知道了”胶带，极受大众喜爱，其主要爆点就是康熙皇帝真迹的复制品“朕知道了”四字。用户在好奇心的驱使下购买胶带后，其内在动机快速得到了满

① 罗倩，项敏刚. VR 技术在档案展览中的应用[J]. 北京档案，2020(2)：29-31.

② 刘宁星. 从“绘真·妙笔千山”手游项目看文化资源的创造性转化[C]//北京数字科普协会. 2019 北京数字博物馆研讨会论文集. 北京：华夏出版社，2019：113-119.

足,但由于无法激发持续的内在动机和自我激励,其购买行为往往是一次性的。

6.2.3.2　社会力量参与档案信息资源自媒体传播的行动者网络构建

档案信息资源自媒体传播涉及面广、系统性强,不仅需要档案部门、立档单位、社会组织、档案企业等相关部门的协同,还需要社会力量的强有力参与。同时,由于档案信息资源的形成主体和形成来源较为广泛,凡是国家机关、企事业单位、社会组织、个人等在社会活动中所形成的具有保存价值的历史记录均可纳入其中,由此,档案信息资源自媒体传播不仅是社会力量可以广泛参与档案事业的一片沃土,也是档案部门贯彻落实《中华人民共和国档案法》中"国家鼓励社会力量参与和支持档案事业的发展"①的规定,以及完成《"十四五"全国档案事业发展规划》中"鼓励、引导、规范社会力量参与档案事务"②任务的一个重要突破口。

行动者网络理论是以法国著名科学知识社会学家卡龙(Callon)和拉图尔(Latour)为代表的巴黎学派于20世纪80年代中期提出的理论,旨在提出关于科学和知识形成之新的分析纲领,其颠覆了传统社会学的相应认知,发展至今已成为解释社会建构和社会技术活动的重要理论之一,在社会学、哲学、教育学、管理学、语言学、人类学、情报学等领域得到了广泛应用。转译是将异质化行动者建构成动态网络的调节行为,卡龙认为转译过程包括问题呈现、利益赋予、招募成员和行动动员4个环节③,并详细阐释了其内涵和运行机制。课题组认为,以行动者网络理论为依据,从转译过程的四个环节出发探索社会力量参与档案信息资源自媒体传播的实现路径,可为缩小传

---

① 中国人大网. 中华人民共和国档案法[EB/OL]. (2020-06-20)[2022-12-15]. http://www.npc.gov.cn/npc/c30834/202006/14a5f4f6452a420a97ccf2d3217f6292.shtml.

② 中华人民共和国国家档案局. 中办国办印发《"十四五"全国档案事业发展规划》[EB/OL]. (2021-06-09)[2022-12-15]. https://www.saac.gov.cn/daj/yaow/202106/899650c1b1ec4c0e9ad3c2ca7310eca4.shtml.

③ CALLON MICHEL. Some Elements of a Sociology of Translation: Domestication of the Scallops and the Fishermen of St Brieuc Bay[J]. The Sociological Review, 1984, 32(1): 196-233.

播效果的差距、推动档案部门积极主动融入国家治理体系建设等提供有益的借鉴与启示。

(1)问题呈现——档案信息资源自媒体传播问题化。依据行动者网络理论,在社会力量参与档案信息资源自媒体传播中构建行动者网络的第一个环节是问题呈现,即以档案部门为核心行动者,通过界定社会力量参与档案信息资源自媒体传播的顶层设计、底层逻辑,以及社会力量和相关非人类行动者在传播中的角色与功能、权利与义务等内容,并用自己的语言、理念、规范、程序等呈现的过程。该环节的最终目的在于档案部门要为异质行动者确定档案信息资源自媒体传播的共同目标,并使其成为非核心行动者实现目标的强制通行点,试图使每一个行动者都成为传播网络中的一个节点。

本书依据行动者网络理论制作了社会力量参与档案信息资源自媒体传播的相关行动者一览表,如表6.3所示。

表6.3 社会力量参与档案信息资源自媒体传播的相关行动者

类型	行动者	举例	角色
人类行动者	社会组织	志愿者组织、社工组织、学会、基金会	档案信息资源形成单位、采集单位、提供单位、管理单位、开发利用单位
	个人	亲历者、亲见者、亲闻者、专家学者、社工、志愿者	档案信息资源形成者、采集者、提供者、开发利用者
非人类行动者	思想理念	以人民为中心的思想、共建共享理念、系统观念等	工作原则、指导思想
	制度规范	标准规范、管理办法、奖惩制度	工作保障、工作遵循
	媒介平台	网站、微信公众号、微博、抖音、小红书、App、数据库	档案信息资源采集、存储、传播平台
	技术设备	人工智能技术、数据库技术、流媒体技术、音视频编解码技术、网络传输、嵌入式技术、电脑、手机、照相机、摄像机	技术手段

当前,历史的书写方式与传播方式已发生了巨大变化,互联网和多样化

社交媒体的广泛应用已经深刻改变了社会力量的思维和行为方式,因此,在社会力量参与档案信息资源自媒体传播的过程中,档案部门可从业务技术和管理运维两个层面展开规划。

第一,业务技术层面。档案部门应在严格遵守相应档案标准和规范的基础上,通过多元化途径将其传播给社会力量或内化为系统功能和要求等,使其成为社会力量参与档案信息资源自媒体传播的标准和规范。①档案部门可主动对接志愿者组织、社工组织、学会、基金会等社会组织以及研究团队、个人,通过业务指导和培训、专家公益讲座、项目合作交流等途径展开相应档案标准和规范的精准传播;同时还可借助“报、网、端、微、屏”等媒介展开大众传播。②档案部门可在门户网站、微信公众号、App、数字档案馆等建设与优化升级过程中嵌入档案征集模块,按照相应标准和规范如《录音录像档案管理规范》《数码照片归档与管理规范》《录音录像类电子档案元数据方案》等设置参数,以保证社会力量提交的档案资料符合归档要求。③档案部门可主导建设档案信息资源采集与征集的网络平台、专题数据库、众创开发和意见征集平台等,除按照相应标准和规范设置参数外,还可考虑建设社会力量自行采集、管理和开发档案信息资源的功能和模块。

第二,管理运维层面。档案部门应通过制定相应的工作和管理制度,明确社会力量在档案信息资源自媒体传播中的权利和义务,以及其在工作实践和平台运维中的实现方式等。①档案部门可通过制定社会力量参与档案事业的有关工作制度、评价体系、奖惩制度等激励、引导和规范档案工作人员开展相关工作。②档案部门可研究制定社会力量参与档案信息资源自媒体传播的管理办法、工作指南、系统操作指南等,以使社会力量的相关行为符合档案理念和要求,并掌握和应用相应技术平台。③档案部门可制定实施会员积分制的网络平台使用和管理办法,以充分调动社会力量的主人翁意识,并合理保证其在参与过程中著作权、优先利用权、监督权、建议权等权利的实现,以及经济利益、政治利益、文化利益、社会利益、情感利益等的收获。

(2)利益赋予——档案信息资源自媒体传播主体同盟化。利益赋予是构建行动者网络的第二个环节,在该环节中,档案部门需要通过给予利益的方式吸引非核心行动者参与档案信息资源自媒体传播,核心在于档案部门要通过实现收益共享从而留住同盟者。课题组梳理了社会力量参与档案信息资源自媒体传播所能获得的相关利益,如表6.4所示。

表6.4 社会力量参与档案信息资源自媒体传播所能获得的相关利益

类型	内容
经济利益	奖金、商品类奖品、版税、劳务费、档案信息资源编研产品或文创产品利润分红等
政治利益	著作权、优先利用权、监督权、建议权等权利的保障与实现
文化利益	档案知识的学习、精神的传承、文化的赓续、学术成果的产出、兴趣的满足与交流的开展等
社会利益	荣誉奖励、专家称号等的获得,社会公益活动、社会交流活动的开展等
情感利益	爱国爱党、热爱人民等感情,同事情谊、革命情谊等的维系,以及尊重和信任等的获得

在该环节中,档案部门可通过多元化途径实现利益赋予:①是制度性赋予。一方面,档案部门应严格贯彻落实《中华人民共和国档案法》《中华人民共和国著作权法》等相关法律,并在制定相应管理制度和规范的过程中予以明确和细化。另一方面,档案部门可在制定鼓励、规范和引导社会力量参与档案事务相关事项之工作体制和管理机制的过程中加入相应规定。②是协议性赋予。在社会力量参与档案信息资源自媒体传播的过程中,如档案信息资源采集、编研产品和文创产品的设计与开发等,档案部门均应与相应的社会组织和个人进行协商,通过订立口头协议、书面协议、录音协议等方式明确各自的权利和义务,其中即包括利益分配问题。③是过程性赋予。社会力量参与档案信息资源自媒体传播是一个系统性过程,在此过程中,档案部门应始终坚持以人民为中心的思想和共建共享理念,在全过程管理中切实保障社会力量利益的实现。④是结果性赋予。在表6.4所示的利益内容中,部分利益是属于普惠性利益,如政治利益、文化利益、社会利益、情感利益中的部分内容,部分利益属于专属性利益,如表彰、奖励的授予,版税、劳务费、利润分红等,需要档案部门根据相应社会团体和个人的贡献予以分

配。按照利益赋予的结果划分,上述四种途径中制度性赋予和协议性赋予应属于潜在利益赋予,过程性赋予和结果性赋予应属于现实利益赋予。

值得关注的是,现代网络技术和新媒体的应用在深刻改变传播模式的同时,也产生了连锁反应,其中重要的体现之一即是新媒介赋权的产生。档案部门也应在重视新媒介应用的基础上,在网络平台上开展档案信息资源的采集、线索和创意征集等工作方式以及会员积分制的管理模式等,通过新媒介实现利益赋予。

(3)招募成员——构建档案信息资源自媒体传播共同体。招募成员是构建行动者网络的第三个环节,在该环节中,档案部门需通过一系列策略尽可能使非核心行动者接受其在档案信息资源自媒体传播中的角色,从而形成合作网络。

随着习近平总书记提出的“构建人类命运共同体”之构想和理念的传播与践行,世界人民对共同体理念的关注和认知也提升到了前所未有的高度。从广义上讲,共同体是基于共同目标、共同利益、共同理念和行为范式等组成的各种层次、范围、类型的团体和组织。档案部门可通过定向招募和非定向招募的方式招募成员,并通过目标维系、利益维系、文化维系、情感维系等方式将成员凝聚成档案信息资源自媒体传播共同体。定向招募即是档案部门在前期调研的基础上,选择档案信息资源采集、征集、编研、文创产品设计开发、自媒体传播与运维以及学术研究等事项的合作者,可通过项目制管理、业务指导培训等形式予以推动。非定向招募是档案部门通过发布档案信息资源、编研产品和文创产品创意等征集公告,广泛招募合作者、提供者等,可通过众创、评奖比赛等形式推动。

成员招募完成之后,档案部门应以长远的眼光对待成员,以建成长期、稳定的档案信息资源自媒体传播共同体。①档案部门应设定明确、长远的档案信息资源自媒体传播目标,并将该目标纳入相关项目协议、业务指导和培训中,同时还可通过档案自媒体有计划地持续推文,将建设目标、建设方案、建设理念等传播给共同体成员,使其内化为每位成员的行动目标和指导理念。②档案部门应在充分调研的基础上,全面掌握相应成员的利益需求,提前准备利益分配方案和相应物品,并可通过内部物质资源潜力的深入挖掘、外部政策资金支持的主动寻求等方式储备较为充沛的物质基础。③档案部门应充分发挥自己的档案信息资源优势，有计划地组织成员参观线上线下专题档案展览、观看档案视频、主动推送档案信息资源及其相关产品等，使成员在满足自己学习需求、工作需求、文化需求、生活需求、情感需求等的基础上，深刻感悟档案文化的魅力及巨大优势，从而结成更为紧密的档案文化纽带。④档案部门在开展档案信息资源自媒体传播的过程中，应在恪守档案职业道德的基础上，诚心实意地对待每位成员，必要时还可配备专门的联络人员以强化与成员间的情感联络，使各位成员能够切切实实感受档案部门及工作人员对其的尊重、信任和重视。

(4)行动动员——成为档案信息资源自媒体传播代言者。行动动员是构建行动者网络的最后一个环节，在该环节中，档案部门需将各方行动者高效地协调、组织起来，积极地承担相应角色并展开行动，而在此过程中，档案部门也需树立自己在行动者网络中的代言者身份，确立自己的代表性。顺应信息化时代的发展形势和要求，档案部门应主动采用网络化手段，以提升行动动员的速率和效率。

第一，档案部门可主导建设档案信息资源采集与征集的网络平台。首先，该网络平台应具有较强的兼容性，既可嵌入已有的档案网站、数字档案馆系统、档案微信公众号、档案 App 等，也可以独立的形式存在，如档案信息资源采集与征集 App。其次，该网络平台的主要功能是档案信息资源及其产品的文本采集、图片采集、视频采集、线索征集、创意征集等。在设计过程中，档案部门一方面应将相关标准、规范中的技术指标设置为参数，以保证社会力量提交的材料符合归档要求；另一方面应顺应时代的发展，嵌入微视频的录制功能，并提供多样化视频录制背景，以满足社会力量的个性化需求，同时，档案部门也可鼓励社会力量提供微作品。再次，该网络平台应充分应用人工智能技术，指导和协助社会力量采集、提供档案资料。若遇到人工智能无法解决的问题，应通过自动触发功能反馈给平台或档案工作人员，由其通过远程辅导与协助的方式解决。最后，该网络平台可实施会员积分制模式。一方面，档案部门可通过发布馆藏档案、档案产品、科研项目等信息征集材料、线索和创意，社会力量可通过参与活动的形式按其贡献大小获得相应积分。另一方面，社会力量可通过自行上传相关资料、线索和创意等方式获得相应积分。会员凭获得的积分浏览、下载其他会员上传的资料，也可在积分达到一定程度时领取档案部门提供的电子奖励证书、档案编研产品、档案文创产品等。对于贡献突出的会员，档案部门应按照规定给予表彰、奖励。

第二，档案部门可主导建设档案信息资源自媒体传播行动者通联和统管平台。通联和统管平台可将档案信息资源自媒体传播行动者网络进行固化，并通过档案部门的通联和统管工作将其打造为一个有组织、有指导、有管理、有服务的平台。该网络平台应是一个跨区域、跨部门的网络平台，档案信息资源自媒体传播共同体成员可以自愿加入。同时，档案部门可通过该网络平台统筹各成员参与档案信息资源自媒体传播的活动形式、内容、时间等，还可通过录制视频、发布公告并结合腾讯会议、钉钉等媒介开展线上的业务辅导和培训，以进一步提升社会力量参与档案信息资源自媒体传播的质量。

7 结论与展望

作为传播效果研究的经典理论之一，创新扩散理论对档案信息资源自媒体传播研究具有十分重要的指导和应用价值。从理念层面看，创新扩散理论对传播效果的聚焦可为档案信息资源自媒体传播的效果研究提供极大的借鉴与启示，可有效弥补研究的薄弱环节。从方法层面看，一方面，创新扩散理论实施的对象细分策略可为档案信息资源自媒体传播受众的研究提供方法论依据，并可为效果研究的开展提供坚实的基础；另一方面，创新扩散研究具有自己的多元化研究方法，可有效保障档案信息资源自媒体传播研究的开展。从内容层面看，创新扩散理论具有完整的理论体系，将其应用于档案信息资源自媒体传播研究中可有效保证其顺利开展并完成既定研究目标。

7.1 结论

本书依据创新扩散理论的理念、方法论和内容，结合档案信息资源自媒体传播的实际情况，以大量的调查资料为基础，通过相应的论证分析得出了如下结论：

第一，在五个创新认知属性中，档案自媒体相较于档案网站、纸媒等媒介而言，相对优势较为明显，但是其兼容性、复杂性程度、可试性、可观察性程度等均较低。因此,档案信息资源自媒体传播之创新认知属性的兼容性、可试性和可观察性的评价结果不容乐观,且整体而言,五个维度中不同项目的评价结果差异较小。由此可知,当前档案自媒体尚未能充分满足受众的需求。

第二,在档案信息资源自媒体传播中,受众的决策依次要经历认知阶段、说服阶段、决策阶段、执行阶段和确认阶段。从受众接触档案自媒体的情况来看,大部分受众接触档案自媒体都是在进入档案学专业或档案行业开始的,表明档案自媒体自身具有很强的专业属性;受众接触档案自媒体的途径以推荐为多,表明档案自媒体本身的影响力是依赖于受众传播的。从受众对档案自媒体的使用情况来看,大部分受众的使用频率较高且呈现一定的规律性,表明档案自媒体的用户黏度较高;基础功能仍是大多数受众的常用功能,表明档案自媒体提供的高级功能较为有限。从受众对档案自媒体的态度来看,大部分受众对于档案自媒体持支持态度,但其仍有许多值得改进与提升之处。从受众对档案自媒体的推荐意愿来看,档案自媒体自身所具有的专业性强等特点也在很大程度上影响着受众的意愿,且受众对同行的推荐意愿较为强烈,但对于不了解档案信息或缺乏认知需求之人的推荐意愿不强烈。

第三,在档案信息资源自媒体传播中,受众的行为变化也将依次经历思考前期、思考期、准备期、行动期、维持期,不同时期受众所表现出的效果层级也是不同的。从横向来看,档案信息资源自媒体传播效果不尽如人意;从纵向来看,在认知—确认五个阶段中不同项目的传播效果有所差异;从内涵来看,在满足受众需求方面档案自媒体传播信息内容质量的影响大于其功能性设置的影响。

第四,档案信息资源自媒体传播受众之决策模式包括个人决策模式、意见收集决策模式、权威决策模式、附属决策模式等四种,且其主要受来自内部因素和外部因素的双重影响。当前,档案信息资源自媒体传播之受众决策中存在缺乏决策参与者代表的广泛性、缺乏单位内生动力、专业化运维团队的建设与文章质量较低、自身定位与准确用户分析存在缺失等问题。

第五,档案信息资源自媒体传播受众创新结果包括合意与不合意的结果、直接和间接的结果、预期与非预期的结果三类。整体而言,受众对档案信息资源自媒体持认可态度,其均认为档案信息资源自媒体对自身以及档案事业发展在整体和第一时间都产生积极作用,创新结果表现为受众对于档案知识信息获取更加便捷、体验感交互感得到增强等,在档案事业发展过程中社会档案意识的提升、服务的创新与优化等方面也发挥积极作用。

第六,档案信息资源自媒体传播受众可分为创新先驱者、早期采用者、早期大众、后期大众、落后者五种类型,其主要特征包括社会经济地位、个性及价值观、传播行为及方式等三个层面。从整体上看,创新先驱者、早期采用者和早期大众在三个调查维度上都优于后期大众和落后者;富有革新精神、创新思维和创造力成为了创新先驱者、早期采用者、早期大众、后期大众和落后者的差异所在;不同档案信息资源自媒体传播受众群体中意见领袖的数量都不多。

第七,在档案信息资源自媒体传播的过程中,意见领袖发挥着关键性作用,其确定方法主要包括社会测量法、受访者评级法、自我认定法、观察法。受众在意见领袖的选择上偏向于本单位的人士,且其基于对意见领袖权威性及专业能力的信任能以较快的速度接受档案自媒体,并认为其使用档案自媒体所产生的效果与意见领袖推广和传播之档案自媒体信息的匹配程度较高。此外,在档案信息资源自媒体传播中,作为意见领袖其个人在档案自媒体的研究、应用和推广中的强烈需求和主动性是重要影响因素。

第八,KANO 模型、马斯洛需求层次理论和创新扩散理论可作为构建创新扩散理论视阈下档案信息资源自媒体传播受众满意度评价指标体系的依据。整体而言,受众各维度下的需求都会获得较高的满意度,其中部分需求更被受众重视,且如果不满足受众的这些需求会使档案信息资源自媒体传播更不受欢迎。

第九,档案信息资源自媒体传播效果的差距必然会产生且会不断扩大。当前,从横向来看,受众使用档案自媒体传播过程中的需求满足程度存在较大差异;从纵向来看,档案自媒体受众的需求与实际需求满足情况有出入。差距缩小的策略可从主体层面、客体层面、媒介层面进行规划,并可从两个方向入手重点突破,即在思维理念层面可应用游戏化思维加快档案信息资源开发的迭代升级，在具体操作层面可依据行动者网络理论构建社会力量广泛参与的档案信息资源自媒体传播之行动者网络。

7.2 展望

创新扩散理论有自己强大的科学张力和广阔的应用空间，应用其展开档案信息资源自媒体传播研究具有得天独厚的优势。但是不可否认，任何理论都不是十全十美的，创新扩散理论也是如此，而且在国内外档案自媒体的建设及其档案信息资源传播过程中亦存在很多问题，部分问题也不是一个课题所能解决的，需要更多志同道合之士的加入和多方面资源的投入。上述情况的存在也为该主题的进一步研究提供了较大空间：

第一，创新扩散的研究大量应用调查法以获取资料，包括文献（主要是档案资料）调查、问卷调查、访谈调查、田野调查等，一方面需要投入大量的研究力量和成本，才能保证各项调查的实施和完成；另一方面，由于获取的大量资料是靠受众回忆而得，主观性较强且容易有误差。由于很多创新的扩散周期较长，故对同一研究对象需要展开长时间跟踪调查。基于以上原因，在关于档案信息资源自媒体传播的后续研究中应继续坚持过程研究的理念，对调查对象展开持续跟踪且需分时段进行多次深入调查，而且调查对象还应多元化，以对收集到的资料进行相互印证。有条件的还应展开扎根调查，以保证材料的真实性和可靠性。

第二，创新扩散理论展示的是一个完整的创新之扩散图景，尤其是对于其核心模型的“S”形创新—扩散曲线而言，只有完成全周期扩散的创新才能够符合曲线模型。由于现代技术更新换代较快，国内外很多档案自媒体的扩散尚在发生过程中，而且随着新媒体的不断出现，也会有很多新的档案自媒体加入进来。因此，在档案信息资源自媒体传播研究的应用中，一方面需要紧密结合创新扩散理论的理论内容和研究方法展开研究，另一方面也应深入挖掘其理念和思想层面的启示以展开前瞻性研究，尤其是可结合“S”形创新—扩散曲线对新兴的档案自媒体受众展开分类研究。

第三，在创新扩散的过程中，社会上层和下层在传播效果层面的差距必然会存在且会进一步扩大，但是罗杰斯也指出可以通过实施相应策略以缩小差距。一方面，由于罗杰斯给出的缩小差距之策略是面向所有创新的，对某一项具体创新而言会产生适用性问题，即是否使用、适用性程度如何。因此，就档案信息资源自媒体传播而言需要根据其理念和应对策略做适当的调整，尤其是应充分发挥其在理念层面的启发价值，并根据新形势、新使命、新思想具体规划缩小差距的策略。另一方面，在缩小差距的策略中，创新传播者发挥着主导性作用，而对档案自媒体而言，由于运维者当前主要的关注点在于档案信息资源的挖掘和开发，在传播方面的投入相对不足。因此，在未来的发展和研究中，档案人应坚持人民导向，在档案信息资源自媒体传播中创新传播形式、推动均等化的实现。

目前，世界各国还有很多创新扩散的研究项目正在开展，而且，随着人工智能的发展和应用，在相关研究中一定会出现新的理论内容和方法手段。因此，档案学人应进一步关注创新扩散理论的发展，并应用其对相关档案现象展开深入研究，以进一步推动受众研究和效果研究，为档案学理论体系的薄弱点寻找破解方案。

参考文献

[1]叶浩生.西方心理学的历史与体系[M].北京:人民教育出版社,1998.

[2]郭庆光.传播学教程[M].北京:中国人民大学出版社,2011.

[3]简·麦戈尼格尔.游戏改变世界:游戏化如何让现实变得更美好[M].闾佳,译.杭州:浙江人民出版社,2012:72-73.

[4]凯文·韦巴赫,丹·亨特.游戏化思维:改变未来商业的新力量[M].周逵,王晓丹,译.杭州:浙江人民出版社,2014.

[5]E. M.罗杰斯.创新的扩散(第五版)[M].唐兴通,郑常青,张延臣,译.北京:电子工业出版社,2016:20.

[6]契克森米哈赖.心流:最优体验心理学[M].张定绮,译.北京:中信出版社,2017:67.

[7][加拿大]马歇尔·麦克卢汉.理解媒介:论人的延伸[M].何道宽,译.南京:译林出版社,2019.

[8] MOSWEU T L. Use of social media platforms for increased access and visibility by the Botswana National Archives and Records Services [M]//Research Anthology on Applying Social Networking Strategies to Classrooms and Libraries. IGI Global,2023.

[9] SAUROMBE N. Raising awareness about public archives in East and Southern Africa through social media[M]//Research Anthology on Applying Social Networking Strategies to Classrooms and Libraries. IGI Global,2023.

[10]钟其炎,杨丹娟.档案博客的现状调查分析[J].档案管理,2008(5):72-74.

[11]顿琴,李刚.《档案界》的网络社区:《档案界》论坛特点和功能分析[J].档案管理,2010,183(2):54-56.

[12]段海超,元林.思想政治教育网络传播受众动机特征及对策分析[J].北

京工业大学学报(社会科学版),2010,10(2):73-76.
[13]张宁,谢海洋.试析档案类博客对档案信息传播的影响[J].兰台世界,2010,299(4):22-23.
[14]赵淑梅,于振宽.博客是档案学网络教学资源建设与共享的重要工具[J].档案学通讯,2010,198(6):68-71.
[15]樊如霞,徐舒柯.网络媒介对档案信息传播的影响与服务策略[J].档案学通讯,2011(5):68-71.
[16]梁沙,陈旭.网络环境下档案信息传播研究:基于档案馆网站、网络社区、博客、微博四种网络传播方式的比较分析[J].档案与建设,2011,272(12):8-10.
[17]梁沙.论网络环境下档案信息传播的整合:以档案馆网站、网络社区、博客、微博四种网络传播方式为例[J].档案管理,2012,194(1):11-13.
[18]曹琳琳.档案信息资源碎片化传播研究:以档案微博为例[J].云南档案,2012,244(12):42-44.
[19]赵淑梅,邱扬凡.美国档案工作应对社交媒体的策略[J].档案学通讯,2013,214(5):89-92.
[20]周雪.浅析自媒体时代下档案信息资源传播[J].档案管理,2014,206(1):13-15.
[21]蔡红.档案微博传播效果分析与研究[J].档案与建设,2014,302(2):33-35.
[22]郭焱,谭志强.论我国档案类博客的发展现状及趋势[J].兰台世界,2015,463(5):32-33.
[23]朱兰兰,裴佳勇.社交媒体环境下的档案信息资源建设探讨[J].档案学研究,2015,146(5):82-86.
[24]田浩.档案信息资源的自媒体传播[J].科技传播,2015,7(7):103+95.
[25]石艳霞,张婷.档案信息社会化网络传播模式构建研究[J].档案与建设,2015,323(11):8-11.
[26]李晓.新媒体时代档案文化对农村传播的对策分析[J].兰台世界,2015,472(14):24-25.

[27]卢兴.基于新媒体的档案信息传播创新研究[J].兰台世界,2015(35):50-51.

[28]朱兰兰,王梦思.论新媒体时代档案文化价值的发掘与传播[J].档案管理,2016,218(1):17-19.

[29]孙大东.档案自媒体的教育功能研究:以《档案界》论坛为例[J].档案管理,2016,218(1):55-57.

[30]胡荣华.自媒体视角下的档案信息资源开发利用策略研究[J].北京档案,2016,303(3):30-31.

[31]史辉,胡晓彤,任洁.我国档案APP的发展现状及其在档案信息传播中的应用分析[J].山西档案,2016,227(3):70-72.

[32]张澍雅.档案自媒体信息传播的SWOT分析:以档案微信为例[J].管理工程师,2016,21(4):59-63.

[33]毕大鹏.新媒体环境下的档案信息资源建设浅谈[J].新媒体研究,2016,2(5):38,77.

[34]朱兰兰,任琼辉.档案信息微传播初探[J].档案学研究,2016,152(5):99-102.

[35]李兴利.最受欢迎的档案微信推文[J].中国档案,2016,518(12):34-35.

[36]宋艳.网络媒介下如何完善档案信息服务[J].黑龙江档案,2017,221(2):59-60.

[37]赵彦昌,毛丽敏."互联网+"环境下档案信息资源建设若干问题研究[J].档案学研究,2017,157(4):31-35.

[38]裴佳勇.社交媒体环境下档案文化传播模式分析与构建[J].北京档案,2017,319(7):27-29.

[39]本刊编辑部.习近平的"网络治理观"[J].网络传播,2017(8):28-29.

[40]王嘉男,赵屹.社交媒体环境下档案信息服务SWOT分析及策略[J].北京档案,2017,323(11):18-21.

[41]方燕平.基于"4I模型"的档案微信传播探究[J].档案天地,2017,284(12):39-41.

[42]王淼，蒋冠. 档案微信公众号推文阅读量提高策略探析[J]. 北京档案，2017，324(12)：10-13.
[43]王文亮. 利用自媒体开发档案信息资源的特色与策略[J]. 秘书之友，2018(5)：41-43.
[44]王丹丹. 提高档案机构微信传播力的策略研究[J]. 兰台世界，2018，548(6)：29-32.
[45]娄海婷. 英国国家档案馆网站的教育栏目及启示[J]. 档案管理，2019(3)：81.
[46]罗倩，项敏刚. VR 技术在档案展览中的应用[J]. 北京档案，2020(2)：29-31.
[47]朱子. 用户情感体验视阈下档案自媒体信息传播效果评价研究[J]. 档案管理，2020(4)：25-26.
[48]陈佳雨，汤玲玲，王小云. 自媒体时代档案故事众开发模式研究[J]. 浙江档案，2021，(1)：28-30.
[49]李思越. 使用与满足理论视角下档案微信公众号传播效果研究：以“金山记忆”为例[J]. 档案天地，2021(9)：46-49.
[50]杨茜兰. 档案记忆再生产视角下的身份认同过程与策略分析[J]. 浙江档案，2021(10)：27-31.
[51]许瑶. 地方红色档案资源“微”传播效果调研分析：以江苏省地级市档案馆微信公众号为考察对象[J]. 山东档案，2022，246(1)：11-14.
[52]孙大东，白路浩. 心流理论视阈下红色档案传承红色基因的向度与路径[J]. 档案学通讯，2022(1)：15-22.
[53]陈鑫，杨韫，谢静，谈隽. 档案文化“破圈”传播实践路径：以中国丝绸档案馆“第七档案室”项目为例[J]. 档案与建设，2022(2)：51-54.
[54]杨茉. 融媒体视阈下历史档案文化传播研究：基于某清代玉牒相关微博的分析[J]. 档案学研究，2022，188(5)：89-93.
[55]朱祥伟. 基于档案微信公众号档案利用研究[J]. 办公自动化，2022，27(18)：49-51.
[56]王夏露. 高校党支部书记“意见领袖”角色内涵及其塑造策略[J]. 现代

商贸工业,2022,43(21):250-252.

[57]卢羿芝.英国国家档案馆政务社交媒体存档实践及启示[J].北京档案,2023,386(2):42-45.

[58]赵雪芹,李金璐.新媒体环境下红色档案资源开发优化路径:以31个省级综合档案馆为例[J].档案与建设,2023,410(2):54-57.

[59]崔璐,张茜雅.档案机构可持续应用社交媒体平台运营策略研究[J].兰台世界,2023,605(3):35-40.

[60] MICHEL CALLON. Some Elements of a Sociology of Translation: Domestication of the Scallops and the Fishermen of St Brieuc Bay[J]. The Sociological Review,1984,32(1):196-233.

[61]KIM J-H. A Study on Interactions between Archives and Users by Using Social Media-Based on the Cases of National Archives of the U. S. and the U. K. [J]. Journal of Korean Library and Information Science Society,2015,46(3):225-253.

[62]UNGWON C, GANG J, JUNHYEONG P, et al. A Study on Social Media Usage of Government Archival Services and Users' Interestedness: Focused on "National Archives of Korea" and "Presidential Archives"[J]. Journal of the Korean Society for Information Management,2016,33(2):135-156.

[63]LAWRIMORE E. Shoestring Social Media: Building a Social Media Presence for UNCG's Special Collections and University Archives[J]. North Carolina Libraries,2017,75(1).

[64]CHERN LI L, OLIVER G, WATKINS M. Insight from social media use by memory institutions in New Zealand[J]. Online Information Review,2018,42(1):93-106.

[65]MUKWEVHO J, NGOEPE M. Taking archives to the people[J]. Library Hi Tech,2018,37(3):374-388.

[66]UBALE K. Application and Use of Social Networking Sites for Promoting Archival Resources in the National Archives of Nigeria: An Integrated Framework Based on the Assumptions of Unified Theory and Use of

Technology (UTAUT) [J]. Journal of Library, Science Education and Learning Technology,2020,2(1):66-75.

[67] YANG I-H. Archival Platform for Everyone: Archival Design with Social Media Platform Based on User Experience Design[J]. The Korean Journal of Archival Studies,2020,66:157-201.

[68] RAHMAN M M, SHOEB M Z H. Redesigning archive literacy service by using social media as a tool: Cases in Japan archive centers[J]. Annals of Library and Information Studies,2020,67(2):118-124.

[69] MATTEI S. Archival Communication in the Age of Social Media. The Italian Case and the Main Strategies in the International Context[J]. JlisIt,2021, 12(2):39-53.

[70] BARROWCLIFFE R. Closing the narrative gap: social media as a tool to reconcile institutional archival narratives with Indigenous counter-narratives [J]. Archives and Manuscripts,2021,49(3):151-166.

[71] ADAMS T, KOPELMAN S. Remembering COVID-19: memory, crisis, and social media[J]. Media, Culture & Society,2022,44(2):266-285.

[72] 刘宁星. 从"绘真·妙笔千山"手游项目看文化资源的创造性转化[C]//北京数字科普协会. 2019 北京数字博物馆研讨会论文集. 北京:华夏出版社,2019:113-119.

[73] ELSAWY E. Digital Platforms and its Importance in Enhancing the Educational and Media Role of the National Records and Archives Authority in Oman [C]//2021 22nd International Arab Conference on Information Technology(ACIT). IEEE,2021:1-8.

[74] 叶琳. 档案官方微博信息传播计量研究[D]. 南京:南京大学,2017.

[75] 侯琳. 档案自媒体在档案信息传播中的应用研究[D]. 郑州:郑州大学,2017.

[76] 娄海婷. 问题与对策:"5W"模式视阈下档案微信传播研究[D]. 郑州:郑州大学,2019.

[77] STEVENSON J A. Social Network Analysis on Wisconsin Archival Facebook

Community[D]. The University of Wisconsin-Milwaukee,2017.
[78]符畅,马微微. 呼吸之间传播档案文化！广州市国家档案馆推出档案文创口罩[EB/OL]. (2021-06-08)[2022-06-15]. https://news. ycwb. com/2021-06/08/content_40066091. htm.
[79]詹雪瑜. 四川省档案馆发布首批文创系列产品[EB/OL]. (2021-09-29)[2022-06-15]. http://www. chinaarchives. cn/home/category/detail/id/36699. html.
[80]中共中央网络安全和信息化委员会办公室. 互联网用户公众账号信息服务管理规定[EB/OL]. (2021-01-22)[2022-07-04]. http://www. cac. gov. cn/2021-01/22/c_1612887880656609. htm.
[81]中共中央网络安全和信息化委员会办公室. 互联网用户账号信息管理规定. (2022-06-26)[2022-07-04]. http://www. cac. gov. cn/2022-06/26/c_1657868775042841. htm.
[82]微信团队. 公众号注册数量调整. (2022-06-26)[2022-07-04]. https://mp. weixin. qq. com/cgi-bin/announce? action = getannouncement&announce _ id = 11542251791Imz2O&version = &lang = zh _ CN&token =.
[83]简书. 游戏化思维：让学习与健身像打游戏一样令人上瘾[EB/OL]. (2021-08-24)[2022-07-15]. https://www. jianshu. com/p/1b0f5 faeae45.
[84]通识地图. 游戏化思维[EB/OL]. (2021-02-04)[2022-07-15]. https://zhuanlan. zhihu. com/p/30765283.
[85]中国人大网. 中华人民共和国档案法[EB/OL]. (2020-06-20)[2022-12-15]. http://www. npc. gov. cn/npc/c30834/202006/14a5f4f6452a420a97ccf2d3217f6292. shtml.
[86]中华人民共和国国家档案局. 中办国办印发《"十四五"全国档案事业发展规划》[EB/OL]. (2021-06-09)[2022-12-15]. https://www. saac. gov. cn/daj/yaow/202106/899650c1b1ec4c0e9ad3c2ca7310eca4. shtml.

附　录

附件 1　档案信息资源自媒体传播的创新认知属性调查问卷

档案信息资源自媒体传播的创新认知属性调查问卷

尊敬的先生/女士:

您好!

本人系郑州大学信息管理学院档案学专业教师邢变变,现正在进行一项关于档案信息资源自媒体传播的创新认知属性调查研究,想邀请您用几分钟时间帮忙填答这份问卷。本次调查严格按照《中华人民共和国统计法》的要求进行,问卷实行匿名制,所有数据只用于项目研究,请您放心填写。您的回答对我十分重要,非常感谢您的支持和参与!

调查对象:档案自媒体用户,包括档案微信、微博、QQ、抖音、Facebook、Twitter 等自媒体平台的用户。

说明:本调查表中的档案信息资源包括档案内容信息资源、档案产品信息资源、档案工作信息资源、档案学术信息资源等。

基本情况

1. 您所在单位的性质是(　　)。

A. 党政机关事业单位　　B. 国有企业

C. 私企　　D. 外企

E. 个体　　F. 军队

G. 学校　　H. 其他(请注明)________

2. 您的年龄是(　　)。

A. 19 岁及以下　　B. 20～29 岁

C. 30～39 岁　　D. 40～49 岁

E. 50～59 岁　　F. 60 岁及以上

3. 您的受教育程度是(　　)。

A. 初中及以下　　B. 高中

C. 大专　　D. 本科

E. 硕士　　F. 博士

4. 您应用频率最高的档案自媒体是(　　)。

A. 微信　　B. 微博

C. QQ　　D. 抖音

E. Facebook　　F. Twitter

其他(请注明):________

相对优势

5. 与档案网站、纸媒等媒介相比,您认为档案自媒体在传播档案信息资源的过程中,在形式的灵活性和多样性方面的优势大小程度为________(0表示没有优势,其他数字越大表明程度越大)。

A. 0　　B. 1

C. 2　　D. 3

E. 4

6. 与档案网站、纸媒等媒介相比,您认为档案自媒体在传播档案信息资源的过程中,在内容的丰富性和吸引力方面的优势大小程度为________(0表示没有优势,其他数字越大表明程度越大)。

A. 0　　B. 1

C. 2　　D. 3

E. 4

7. 与档案网站、纸媒等媒介相比，您认为档案自媒体在传播档案信息资源的过程中在传播速度方面的优势大小程度为________（0 表示没有优势，其他数字越大表明程度越大）。

A. 0　　B. 1

C. 2　　D. 3

E. 4

8. 与档案网站、纸媒等媒介相比，您认为档案自媒体在传播档案信息资源的过程中在传播广度方面的优势大小程度为________（0 表示没有优势，其他数字越大表明程度越大）。

A. 0　　B. 1

C. 2　　D. 3

E. 4

9. 与档案网站、纸媒等媒介相比，您认为档案自媒体在传播档案信息资源的过程中在与用户的互动性方面的优势大小程度为________（0 表示没有优势，其他数字越大表明程度越大）。

A. 0　　B. 1

C. 2　　D. 3

E. 4

10. 与档案网站、纸媒等媒介相比，您认为档案自媒体传播档案信息资源的传播效果的大小程度为________（0 表示没有效果，其他数字越大表明程度越大）。

A. 0　　B. 1

C. 2　　D. 3

E. 4

兼容性

11. 您认为档案自媒体传播与档案事业发展趋势的兼容性程度是________

A. 完全不兼容　　B. 较不兼容
C. 一般兼容　　D. 较为兼容
E. 完全兼容

12. 您认为档案自媒体传播与档案网站、纸媒等传播的兼容性程度是________

A. 完全不兼容　　B. 较不兼容
C. 一般兼容　　D. 较为兼容
E. 完全兼容

13. 您认为档案自媒体传播对您了解档案资讯方面需求的满足程度是________

A. 完全不满足　　B. 较不满足
C. 一般满足　　D. 较为满足
E. 完全满足

14. 您认为档案自媒体传播对您学习、工作或研究提供参考方面需求的满足程度是________

A. 完全不满足　　B. 较不满足
C. 一般满足　　D. 较为满足
E. 完全满足

15. 您认为档案自媒体传播对您提高专业兴趣与积极性方面需求的满足程度是________

A. 完全不满足　　B. 较不满足
C. 一般满足　　D. 较为满足
E. 完全满足

16. 您认为档案自媒体传播对您培养专业感情与责任方面需求的满足程度是________

A. 完全不满足　　B. 较不满足
C. 一般满足　　D. 较为满足
E. 完全满足

17. 您认为档案自媒体传播对您增强专业自信与自尊方面需求的满足程度是________

A. 完全不满足　　B. 较不满足
C. 一般满足　　D. 较为满足
E. 完全满足

复杂性

18. 与档案网站、纸媒等媒介相比，您认为档案自媒体在软件操作使用方面的难易程度是________

A. 非常难　　B. 比较难
C. 难度适中　　D. 比较容易
E. 非常容易

19. 与档案网站、纸媒等媒介相比，您认为档案自媒体在内容编辑方面的难易程度是________

A. 非常难　　B. 比较难
C. 难度适中　　D. 比较容易
E. 非常容易

20. 与档案网站、纸媒等媒介相比，您认为档案自媒体在互动交流的实现方面的难易程度是________

A. 非常难　　B. 比较难
C. 难度适中　　D. 比较容易
E. 非常容易

21. 与档案网站、纸媒等媒介相比，您认为档案自媒体在信息展示的实现方面的难易程度是________

A. 非常难　　B. 比较难

C. 难度适中　　D. 比较容易

E. 非常容易

可试性

22. 在您使用档案自媒体之前，________查阅过相关指导或学习性材料（选否请跳过下一题）。

A. 是　　B. 否

23. 已查阅的这些材料对您使用档案自媒体的影响程度是________（0 表示没有，其他数字越大表明程度越大）。

A. 0　　B. 1

C. 2　　D. 3

E. 4

24. 在您使用档案自媒体之前，________咨询、请教过别人使用方法（选否请跳过下一题）。

A. 是　　B. 否

25. 这些指导对您使用档案自媒体的影响程度是________（0 表示没有，其他数字越大表明程度越大）。

A. 0　　B. 1

C. 2　　D. 3

E. 4

26. 在您使用档案自媒体之前，________使用过档案网络社区、博客等其他类似的媒介（选否请跳过下一题）。

A. 是　　B. 否

27. 这些经验对您使用档案自媒体的影响程度是________(0 表示没有，其他数字越大表明程度越大)。

A. 0　　B. 1

C. 2　　D. 3

E. 4

28. 在您使用档案自媒体之前，________使用过其他领域的自媒体(选否请跳过下一题)。

A. 是　　B. 否

29. 这些经验对您使用档案自媒体的影响程度是________(0 表示没有，其他数字越大表明程度越大)。

A. 0　　B. 1

C. 2　　D. 3

E. 4

可观察性

30. 您周围的同学或同事在使用档案自媒体之后，他们在知悉档案资讯方面的进步您能够在________程度上观察到(0 表示没有，其他数字越大表明程度越大)。

A. 0　　B. 1

C. 2　　D. 3

E. 4

31. 您周围的同学或同事在使用档案自媒体之后，他们在学习、工作或研究方面的进步您能够在________程度上观察到(0 表示没有，其他数字越大表明程度越大)。

A. 0　　B. 1

C. 2　　D. 3

E. 4

32. 您周围的同学或同事在使用档案自媒体之后，他们在专业兴趣与积极性方面的进步您能够在________程度上观察到(0 表示没有，其他数字越大表明程度越大)。

A. 0　　B. 1

C. 2　　D. 3

E. 4

33. 您周围的同学或同事在使用档案自媒体之后，他们在专业感情与责任方面的进步您能够在________程度上观察到(0 表示没有，其他数字越大表明程度越大)。

A. 0　　B. 1

C. 2　　D. 3

E. 4

34. 您周围的同学或同事在使用档案自媒体之后，他们在专业自信与自尊方面的进步您能够在________程度上观察到(0 表示没有，其他数字越大表明程度越大)。

A. 0　　B. 1

C. 2　　D. 3

E. 4

附件2　档案信息资源自媒体传播访谈提纲

档案信息资源自媒体传播访谈提纲

尊敬的先生/女士：

您好！

本人是郑州大学信息管理学院档案学专业教师邢变变，现正在进行一项关于档案信息资源自媒体传播的访谈调查，调查对象为档案自媒体用户，想邀请您参加访谈。本次调查获得的所有资料只用于项目研究，请您放心填写。您的回答对我非常重要，非常感谢您的支持和参与！

您所在单位的性质是（　　）。

党政机关事业单位

国有企业

私企

外企

个体

军队

学校

其他（请注明）________________

您的年龄是（　　）。

19岁及以下

20～29岁

30～39岁

40～49岁

50～59岁

60岁及以上

您的受教育程度是(　　)。

初中及以下

高中

大专

本科

硕士

博士

1. 认知阶段

(1)请您回忆一下,您大概是什么时间开始接触档案自媒体(档案微博、档案微信公众号、档案抖音、档案小红书等)? 您当时接触档案自媒体(档案微博、档案微信公众号、档案抖音、档案小红书等)的原因是什么?

(2)请您分享一下,您当时通过什么途径了解到档案自媒体(档案微博、档案微信公众号、档案抖音、档案小红书等)? 同学、朋友推荐? 还是其他什么途径? 您开始接触档案自媒体(档案微博、档案微信公众号、档案抖音、档案小红书等)时,您所了解的档案自媒体(档案微博、档案微信公众号、档案抖音、档案小红书等)的功能是什么? 请详细阐述。

2. 说服阶段

(3)您对档案自媒体(档案微博、档案微信公众号、档案抖音、档案小红书等)本身持怎样的态度? 赞成还是反对? 请详细阐述原因。

(4)您对档案自媒体(档案微博、档案微信公众号、档案抖音、档案小红书等)的传播模式、运营机制、功能设置(点赞、转发、收藏、评论)、服务项目等分别持怎样的态度(肯定、否定还是可有可无)? 请详细阐述原因。

3. 决策阶段

(5)您会主动关注或运营更多的档案自媒体(档案微博、档案微信公众号、档案抖音、档案小红书等)吗? 请详细阐述原因

(6)您会主动尝试档案自媒体(档案微博、档案微信公众号、档案抖音、档案小红书等)推出的功能与服务吗? 比如点赞、转发、收藏、评论、查询等。

4. 执行阶段

(7)通常情况下,您使用档案自媒体(档案微博、档案微信公众号、档案

抖音、档案小红书等)的频率是多少(每天使用多少次)?使用档案自媒体(档案微博、档案微信公众号、档案抖音、档案小红书等)的目的是什么?您使用档案自媒体(档案微博、档案微信公众号、档案抖音、档案小红书等)的哪些功能较多?

(8)结合自身经历,您一般使用档案自媒体(档案微博、档案微信公众号、档案抖音、档案小红书等)都做些什么?比如上传档案工作视频、发表自己文章或观点、浏览档案信息、转发优秀文章等,请详细阐述。

5. 确认阶段

(9)使用档案自媒体(档案微博、档案微信公众号、档案抖音、档案小红书等)后,您是否会觉得其内容、功能与服务满足了您的需求?请详细阐述所满足的需求。

(10)使用档案自媒体(档案微博、档案微信公众号、档案抖音、档案小红书等)后,您是否会觉得其给您的学习、生活、工作等各方面带来了许多好处?请详细阐述所带来的好处。那么,您是否会在日常生活中持续使用它且将其推介给其他人使用呢?

附件3 档案信息资源微信公众号传播效果层级调查问卷

档案信息资源微信公众号传播效果层级调查问卷

尊敬的先生/女士：

您好！

本人是郑州大学信息管理学院档案学专业教师邢变变，现正在进行一项关于档案信息资源微信公众号传播效果层级的调查研究，调查对象为档案微信公众号的用户，想邀请您用几分钟时间帮忙填写这份调查问卷。本次调查严格按照《中华人民共和国统计法》的要求进行，问卷实行匿名制，所有数据只用于项目研究，请您放心填写。您的回答对我非常重要，非常感谢您的支持和参与！

填写说明：

请在括号里面填写该题答案的相应序号，若无特殊说明均为单选。

凡遇到“________”时，请您填上真实的数字或情况。

基本情况

1. 您的性别是(　　)。

A. 男　　B. 女

2. 您的年龄是(　　)。

A. 19岁及以下　　B. 20~29岁

C. 30~49岁　　D. 50~59岁

E. 60岁及以上

3. 您的受教育程度是(　　)。

A. 初中及以下　　B. 高中

C. 大专　　D. 本科

E. 硕士　　F. 博士

4. 您工作或学习单位的性质是(　　)。

A. 党政机关事业单位　　B. 国有企业

C. 私企　　D. 外企

E. 个体　　F. 军队

G. 学校　　H. 其他(请注明)________

5. 您关注档案微信公众号的数量是(　　)。

A. 1～3 个　　B. 4～6 个

C. 7～9 个　　D. 10 个及以上

6. 您关注档案微信公众号的时间(　　)。

A. 1 年以内　　B. 1～2 年(≥1 年,<2 年)

C. 2～3 年(≥2 年,<3 年)　　D. 3～4 年(≥3 年,<4 年)

E. 4 年及以上

第一部分　认知阶段

7. 您是通过(　　)途径了解并关注档案微信公众号的。

A. 互联网　　B. 朋友、同事或家人

C. 传统媒介(如报纸、广播、电视)　　D. 自己主动查询

E. 偶然发现　　F. 其他(　　)。

8. 您认为档案微信公众号的档案查询功能对您知悉档案信息的满足程度是(　　)(注:分数越高,影响越大,“0”表示无影响)。

A. 0　　B. 1

C. 2　　D. 3

E. 4

9. 您认为档案微信公众号的交流互动功能对您理解档案信息的满足程度是(　　)(注:分数越高,影响越大,“0”表示无影响)。

A. 0　　B. 1

C. 2　　D. 3

E. 4

10. 您认为档案微信公众号的个性化内容推送功能对您知悉档案信息的满足程度是(　　)(注:分数越高,影响越大,“0”表示无影响)。

A. 0　　B. 1

C. 2　　D. 3

E. 4

11. 您认为通过档案微信公众号所获得的视觉体验对您理解档案信息的满足程度是(　　)(注:分数越高,影响越大,“0”表示无影响)。

A. 0　　B. 1

C. 2　　D. 3

E. 4

12. 您认为档案微信公众号传播对您知悉档案信息的新颖性的满足程度是(　　)(注:分数越高,影响越大,“0”表示无影响)。

A. 0　　B. 1

C. 2　　D. 3

E. 4

13. 您认为档案微信公众号传播对您知悉档案信息的内容丰富性的满足程度是(　　)(注:分数越高,影响越大,“0”表示无影响)。

A. 0　　B. 1

C. 2　　D. 3

E. 4

14. 您认为档案微信公众号传播对您知悉档案信息的独特性的满足程度是(　　)(注:分数越高,影响越大,“0”表示无影响)。

A. 0　　B. 1

C. 2　　D. 3

E. 4

第二部分　说服阶段

15. 您认为出于个人喜欢的角度对您使用档案微信公众号的影响程度是(　　)(注:分数越高,影响越大,“0”表示无影响)。

A. 0　　B. 1

C. 2　　D. 3

E. 4

16. 您认为出于向他人分享、讨论档案资讯信息的目的对您使用档案微信公众号的影响程度是(　　)(注:分数越高,影响越大,“0”表示无影响)。

A. 0　　B. 1

C. 2　　D. 3

E. 4

17. 您认为传播内容的创新性对您使用档案微信公众号的影响程度是(　　)(注:分数越高,影响越大,“0”表示无影响)。

A. 0　　B. 1

C. 2　　D. 3

E. 4

18. 您认为传播内容的有益性对您使用档案微信公众号的影响程度是(　　)(注:分数越高,影响越大,“0”表示无影响)。

A. 0　　B. 1

C. 2　　D. 3

E. 4

19. 您认为传播功能的多样性对您使用档案微信公众号的影响程度是（　　）（注：分数越高，影响越大，“0”表示无影响）。

A. 0　　B. 1

C. 2　　D. 3

E. 4

20. 您认为传播主体的权威性对您使用档案微信公众号的影响程度是（　　）（注：分数越高，影响越大，“0”表示无影响）。

A. 0　　B. 1

C. 2　　D. 3

E. 4

21. 您认为出于人情关系的维护对您使用档案微信公众号的影响程度是（　　）（注：分数越高，影响越大，“0”表示无影响）。

A. 0　　B. 1

C. 2　　D. 3

E. 4

第三部分　决策阶段

22. 我愿意主动寻找更多感兴趣的档案微信公众号进行关注（　　）（注：“0”表示完全不同意，其他数字越大表明程度越大）。

A. 0　　B. 1

C. 2　　D. 3

E. 4

23. 我愿意主动对我学习工作和生活有帮助的档案微信公众号进行关注（　　）（注：“0”表示完全不同意，其他数字越大表明程度越大）。

A. 0　　B. 1

C. 2　　D. 3

E. 4

24. 我愿意将领导、同事或朋友向我推荐的档案微信公众号进行关注(　　)(注:“0”表示完全不同意,其他数字越大表明程度越大)。

A. 0　　B. 1

C. 2　　D. 3

E. 4

25. 我愿意主动通过档案微信公众号获取更多的档案信息(　　)(注:“0”表示完全不同意,其他数字越大表明程度越大)。

A. 0　　B. 1

C. 2　　D. 3

E. 4

26. 我愿意通过档案微信公众号同自己喜欢的组织和个人沟通(　　)(注:“0”表示完全不同意,其他数字越大表明程度越大)。

A. 0　　B. 1

C. 2　　D. 3

E. 4

27. 我愿意使用档案微信公众号推出的点赞、评论或分享等各项基础性功能(　　)(注:“0”表示完全不同意,其他数字越大表明程度越大)。

A. 0　　B. 1

C. 2　　D. 3

E. 4

28. 我愿意主动尝试档案微信公众号新推出的各项个性化服务(　　)(注:“0”表示完全不同意,其他数字越大表明程度越大)。

A. 0　　B. 1

C. 2　　D. 3

E. 4

第四部分　执行阶段

29. 我持续关注并使用粉丝量大、关注度高的档案微信公众号(　　)(注:“0”表示完全不同意,其他数字越大表明程度越大)。

A. 0　　B. 1

C. 2　　D. 3

E. 4

31. 我持续使用对我学习、工作和生活有帮助的档案微信公众号(　　)(注:“0”表示完全不同意,其他数字越大表明程度越大)。

A. 0　　B. 1

C. 2　　D. 3

E. 4

32. 我常对档案微信公众号中推出的新功能感兴趣并积极使用(　　)(注:“0”表示完全不同意,其他数字越大表明程度越大)。

A. 0　　B. 1

C. 2　　D. 3

E. 4

33. 我常对档案微信公众号中传播的感兴趣的信息进行点赞、转发或发表意见(　　)(注:“0”表示完全不同意,其他数字越大表明程度越大)。

A. 0　　B. 1

C. 2　　D. 3

E. 4

34. 我常对档案微信公众号中权威人士提出的观点或看法进行点赞、转发或发表意见(　　)(注:“0”表示完全不同意,其他数字越大表明程度越大)。

A. 0　　B. 1

C. 2　　D. 3

E. 4

35. 我常对档案微信公众号中传播的重大事件进行点赞、转发或发表意见(　　)(注:“0”表示完全不同意,其他数字越大表明程度越大)。

A. 0　　B. 1

C. 2　　D. 3

E. 4

36. 我常主动向档案微信公众号提出反馈、进一步满足档案信息需求(　　)(注:“0”表示完全不同意,其他数字越大表明程度越大)。

A. 0　　B. 1

C. 2　　D. 3

E. 4

第五阶段　确认阶段

37. 使用档案微信公众号后,我将其用于满足我的学习与工作需求(　　)(注:“0”表示完全不同意,其他数字越大表明程度越大)。

A. 0　　B. 1

C. 2　　D. 3

E. 4

38. 使用档案微信公众号后,我将其用于满足我的娱乐需求(　　)(注:“0”表示完全不同意,其他数字越大表明程度越大)。

A. 0　　B. 1

C. 2　　D. 3

E. 4

39. 使用档案微信公众号后,我将其纳入日常生活中的一部分(　　)(注:“0”表示完全不同意,其他数字越大表明程度越大)。

A. 0　　B. 1

C. 2　　D. 3

E. 4

40. 使用档案微信公众号后，我充分认识到其传播优势所在(　　)(注："0"表示完全不同意，其他数字越大表明程度越大)。

A. 0　　B. 1
C. 2　　D. 3
E. 4

41. 使用档案微信公众号后，我开始利用该平台进行内容创作(　　)(注："0"表示完全不同意，其他数字越大表明程度越大)。

A. 0　　B. 1
C. 2　　D. 3
E. 4

42. 使用档案微信公众号后，我会主动将其推介给其他人(　　)(注："0"表示完全不同意，其他数字越大表明程度越大)。

A. 0　　B. 1
C. 2　　D. 3
E. 4

43. 使用档案微信公众号后，我将其作为与他人互动的良好平台(　　)(注："0"表示完全不同意，其他数字越大表明程度越大)。

A. 0　　B. 1
C. 2　　D. 3
E. 4

附件4　档案信息资源自媒体传播受众之决策模式的调查问卷

档案信息资源自媒体传播受众之决策模式的调查问卷

尊敬的先生/女士：

您好！

本人是郑州大学信息管理学院档案学专业教师邢变变，现正在进行一项关于档案信息资源自媒体传播受众决策模式的访谈调查，想邀请您用几分钟时间帮忙填写这份调查问卷。本次调查严格按照《中华人民共和国统计法》的要求进行，问卷实行匿名制，所有数据只用于项目研究，请您放心填写。您的回答对我非常重要，非常感谢您的支持和参与！

1. 贵档案微信公众号开通运营的决策模式是（　　）。

A. 个人决策模式：即由贵单位的某一个工作人员自由独立地决策是否开通运营

B. 意见收集决策模式：即根据贵单位所有工作人员的意见决策是否开通运营

C. 权威决策模式：即由贵单位的少数权威人士（如领导、专家）来决策是否开通运营

D. 附属决策模式：上述两种或两种以上决策模式的结合

2. 贵档案微信公众号开通运营的决策过程中是否征求过本单位之外相关人士的意见（　　）。

A. 是　　　　B. 否

3. 贵档案微信公众号的开通运营跟上级相关政策要求的匹配程度是（　　）。

A. 高　　　　B. 低

4. 贵档案微信公众号的开通运营跟本单位档案工作发展要求的匹配程度是(　　)。

A. 高　　　　B. 低

5. 贵档案微信公众号开通运营后是否组建了运维团队(　　)。

A. 是　　　　B. 否

6. 贵档案微信公众号开通运营后是否获得了本单位 80% 及以上工作人员的支持(　　)。

A. 是　　　　B. 否

附件5　档案信息资源自媒体传播受众创新结果的访谈提纲

档案信息资源自媒体传播受众创新结果的访谈提纲

尊敬的先生/女士:

您好!

本人是郑州大学信息管理学院档案学专业教师邢变变,现正在进行一项关于档案信息资源自媒体传播受众创新结果的访谈调查,想邀请您用几分钟时间帮忙填写这份调查问卷。本次调查严格按照《中华人民共和国统计法》的要求进行,问卷实行匿名制,所有数据只用于项目研究,请您放心填写。您的回答对我非常重要,非常感谢您的支持和参与!

说明:

1. 档案自媒体:现阶段我国的档案自媒体主要包括档案微博、档案微信公众号、档案抖音、档案小红书等。

2. 档案事业:包括档案学科发展和档案实践工作。

第一部分　基本情况

1. 您的性别是(　　)。

A. 男　　B. 女

2. 您的年龄是(　　)。

A. 19岁及以下　　B. 20~29岁

C. 30~49岁　　D. 50~59岁

E. 60岁及以上

3. 您的受教育程度是(　　)。

A. 初中及以下　　B. 高中

C. 大专　　D. 本科

E. 硕士　　F. 博士

4. 您工作或学习单位的性质是(　　)。

A. 党政机关事业单位　　B. 国有企业

C. 私企　　D. 外企

E. 个体　　F. 军队

G. 学校　　H. 其他(请注明)________

第二部分　正式问题

1. 您认为档案自媒体对您产生的是积极作用还是消极作用？请列举相应表现。

2. 您认为档案自媒体对档案事业的发展产生的是积极作用还是消极作用？请列举相应表现。

3. 您认为档案自媒体是否第一时间对您产生了作用？请列举相应表现。

4. 您认为档案自媒体是否第一时间对档案事业的发展产生了作用？请列举相应表现。

5. 您是否认可档案自媒体？请说明原因。

附件 6　档案微博账号

档案微博账号(2022 年 5 月 7 日统计)

序号	微博名称	微博简介	加入/发布第一篇微博时间
1	胡鸿杰	中国高教学会秘书学专业委员会理事长档案职业与学术评价中心主任	2009 年 11 月 19 日
2	9 久__	赤峰新城热电分公司 档案管理	2010 年 1 月 19 日
3	李克林微博	郫县档案局李克林	2010 年 1 月 19 日
4	笨笨笨笨阿呆	城建档案员	2010 年 3 月 17 日
5	卜拿拿拿拿拿拿	德清县凡是档案事务所创始人、董事长	2010 年 5 月 10 日
6	米亚是大陆妹	贵州城市档案杂志社城市档案编辑部副经理	2010 年 5 月 14 日
7	李娅 ZOEY	山东嘉豪环保工程有限公司 档案管理专员	2010 年 5 月 15 日
8	上海大学档案馆	上海大学档案馆	2010 年 5 月 24 日
9	祸火	贵州城市档案杂志社《城市档案》设计师	2010 年 5 月 24 日
10	卫非	原贵州城市档案文化传播有限公司编辑部经理	2010 年 5 月 31 日
11	天医档案馆		2010 年 6 月 7 日
12	鍾噫妳	开平市翰联电力设计有限公司 资料与档案管理员	2010 年 6 月 22 日
13	soleil 龍敉	哈尔滨银行　农贷档案员	2010 年 6 月 29 日
14	粉色泡泡儿	前 封丘县妇幼保健院 档案管理	2010 年 7 月 2 日
15	臭年糕-hui	吉林省鑫祥有限责任公司档案	2010 年 8 月 4 日
16	王語哲 VV	昆明有色冶金设计研究院股份公司档案管理员	2010 年 8 月 11 日
17	好大一片蓝天	拉萨市档案馆宣传员	2010 年 8 月 13 日

序号	微博名称	微博简介	加入/发布 第一篇微博时间
18	赵国辉_辉哥	北京市燃气集团有限责任公司信息档案中心 职员	2010年8月24日
19	档案管理员tj		2010年8月28日
20	神马芝士	宁波市镇海区骆驼街道房屋拆迁事务所档案员	2010年9月4日
21	Annnnnnnniexuan	上海市徐汇区档案馆 职员	2010年9月10日
22	杞人Wu忧	前 安徽省淮南市档案局监督指导科长 東亚民	2010年9月17日
23	常州市金坛区档案馆	常州市金坛区档案馆官方微博	2010年9月19日
24	魏晓光w	吉林省梨树县档案研究员	2010年9月25日
25	慧珊洁	银行金融档案管理员	2010年10月10日
26	johnny9100	东莞市广隆机动车驾驶培训有限公司 档案主管	2010年10月12日
27	心中无尘埃	铁山档案文件管理(上海)有限公司广东分公司 华南区总经理	2010年10月15日
28	康小婷1228	南京宁浦房地产开发责任有限公司档案部主管	2010年10月18日
29	国栋-宁	深圳市兴华财务代理有限公司 档案管理	2010年10月22日
30	梦想去圣西罗提鞋的ZYR	湖南山水档案技术服务有限公司法定代表人	2010年10月31日
31	哒荚荚	丹东云端飘雪超轻水生物工程有限公司 档案管理	2010年11月8日
32	档案DC		2010年11月23日
33	卢小妞又笨又不漂亮	档案管理员	2010年11月23日
34	﹏紫嫣嫣嫣﹏	大连名成广隆建设集团有限公司档案员	2010年12月1日
35	尚盛档案设备-黄海强		2010年12月4日

序号	微博名称	微博简介	加入/发布第一篇微博时间
36	华南理工大学档案馆	华南理工大学档案馆官方微博	2010年12月30日
37	书中芬芳	前山东省宁津宏升机械公司档案员	2011年1月14日
38	love牛牛牛牛牛牛牛牛牛	山西兴能发电有限责任公司 综合部档案管理	2011年1月14日
39	馬小小顛	平乡县康盛档案用品厂 经营者	2011年1月15日
40	周慈一	上饶市欧亚汽车服务有限公司客户档案管理员	2011年1月19日
41	太行山下2011	档案管理副研究馆员	2011年2月1日
42	A档案管理		2011年2月1日
43	__我酸	中国大唐集团科技工程有限公司档案管理、资料专工	2011年2月27日
44	幸福就像毛毛雨1988	巴彦县房产住宅局 档案员	2011年3月8日
45	不二大菜	高等学校档案学教师	2011年3月9日
46	岭海拾遗	广东省岭海档案馆馆长	2011年3月13日
47	时事秘档	广州市黄埔区档案局办公室主任	2011年3月22日
48	SPY晶	伊犁州住房和城乡建设局 档案管理员	2011年3月26日
49	暨南大学-档案挂靠hb		2011年4月3日
50	Mr小栗熊	北京电视台档案栏目组后期制作姚清宇	2011年5月3日
51	Rare群儿	中交第二公路勘察设计研究院 图书情报与档案管理、展厅讲解员	2011年5月4日
52	西北工业大学档案馆	西北工业大学档案馆(校史馆)官方微博	2011年6月1日
53	小石哥哥哥哥哥	广东省岭海档案馆馆长助理、汕头微博名人汇成员	2011年6月1日

序号	微博名称	微博简介	加入/发布第一篇微博时间
54	菠菜这个名字真抢手	城市档案杂志社《城市档案》设计部副经理	2011年6月8日
55	笑靥的温暖	杭州恒达钢构股份有限公司档案管理员	2011年6月11日
56	抚顺档案	抚顺市档案局官方微博	2011年6月12日
57	老麦点	广东洪泽集团有限公司 档案部部长	2011年6月15日
58	北京科技大学档案馆	北京科技大学档案馆官方微博	2011年7月5日
59	齐大爷的小水杯	超话小主持人(南部档案超话)	2011年7月21日
60	文仕文化博物档案馆	文仕文化博物档案馆	2011年8月1日
61	金刚张大娴	广东德鸿档案科技有限公司档案技术员	2011年8月1日
62	曹小小戈	长沙政法知音频道《X档案》栏目编辑曹戈	2011年8月10日
63	李旭 de 影子	北京市东城区档案局办公室科员	2011年8月12日
64	大海 Tristeanima	敦煌市档案局职员	2011年8月15日
65	春秋不做梦	陕西省交建集团公司靖王分公司办公室档案管理员	2011年8月17日
66	诚信档案	全国大中专生诚信档案管理办公室官方微博	2011年8月18日
67	绍兴县档案局	浙江省绍兴县档案局官方微博	2011年9月9日
68	微笑女王 Luby	城建档案员	2011年10月16日
69	-糖糖-乖	凤翔社区卫生服务站档案管理	2011年10月30日
70	本溪档案	本溪市档案局官方微博	2011年11月1日
71	嘻嘻笑哈哈 w2011	档案专业助理馆员	2011年11月8日
72	顺德亚凯斯档案咨询服务中心	佛山市顺德区大良亚凯斯企业档案咨询服务中心官方微博	2011年11月8日
73	卢伟军 sir	连云港市档案局局长 卢伟军	2011年11月19日

序号	微博名称	微博简介	加入/发布 第一篇微博时间
74	佛山市档案馆	佛山市档案局	2011 年 11 月 28 日
75	姜啊姜姜姜姜姜	黑龙江金档档案技术服务有限公司法定代表人	2011 年 12 月 17 日
76	TonyFine	黑龙江省农村信用社档案管理	2011 年 12 月 21 日
77	珠海档案	珠海市档案局官方微博	2011 年 12 月 23 日
78	千缘曦	华南城档案秘书	2011 年 12 月 27 日
79	安徽鸿博档案服务有限公司	安徽鸿博档案服务有限公司	2011 年 12 月 30 日
80	鄞州档案	鄞州区档案局宣传官方微博	2012 年 2 月 25 日
81	马亚文_	以梦为马(北京)文化传媒档案员	2012 年 2 月 26 日
82	谭荒芳	原湖南雷锋纪念馆档案管理员 雷锋精神宣讲员 高级政工师 雷锋精神研究员	2012 年 3 月 4 日
83	王杰 wl	大连阿尔滨集团有限公司 档案员	2012 年 3 月 4 日
84	南昌市档案馆	南昌市档案馆	2012 年 3 月 27 日
85	冬雪暖冬	大连华禹建设集团有限公司 档案员	2012 年 3 月 31 日
86	诚泰档案-CTDA	佛山市诚泰档案技术服务有限公司	2012 年 4 月 1 日
87	暴走的隔壁老 Z	丰尧惠农房地产开发有限公司档案室主任	2012 年 4 月 3 日
88	Kuan721HYB 彡	新疆霍城县档案局局长陈建平	2012 年 4 月 18 日
89	三台档案	三台县档案局官方微博	2012 年 4 月 19 日
90	清远档案	清远市档案馆	2012 年 4 月 28 日
91	w 慧慧慧慧咩	登封市档案馆 讲解员	2012 年 5 月 11 日
92	安徽省档案展示馆	安徽省档案展示馆官方微博	2012 年 5 月 16 日
93	档案产业园		2012 年 5 月 17 日
94	__大家都叫我威爷	乐清盛众车辆检测有限公司 文件档案管理员	2012 年 5 月 22 日
95	克州档案局	新疆克孜勒苏柯尔克孜自治州档案局官方微博	2012 年 6 月 1 日

序号	微博名称	微博简介	加入/发布第一篇微博时间
96	上海大学图情档系研究生	上海大学图书情报档案系研究生会官方微博	2012年6月3日
97	阿灏先生_	郑州美林通科技股份有限公司档案工程部职员	2012年6月8日
98	广州慧信档案	广州市慧信企业管理咨询有限公司官方微博	2012年6月12日
99	档案室冲锋队		2012年6月23日
100	档案人孟令臣		2012年6月28日
101	华信档案管理有限公司	华信档案管理(上海)有限公司	2012年7月25日
102	双流档案	成都市双流区档案馆官方微博	2012年8月13日
103	平湖档案史志	平湖市档案局官方微博	2012年8月24日
104	浦东档案 shpdda	上海市浦东新区档案局官方微博	2012年9月19日
105	湖南档案	湖南省档案局(湖南省档案馆)官方微博	2012年10月18日
106	荷馨之心	北京市门头沟区档案史志局科长	2012年10月20日
107	南平档案	南平市档案局(馆)官方微博	2012年10月25日
108	义乌市档案馆	义乌市档案局官方微博	2012年10月26日
109	中国金融档案馆 cfn	中国金融网 中国金融档案馆官方微博	2012年11月2日
110	鄂尔多斯市档案局	内蒙古鄂尔多斯市档案局官方微博	2013年1月1日
111	DN 只言温暖不诉殇	锦州市瓷娃娃爱心协会档案管理部部长	2013年1月19日
112	福州档案	福州市档案局	2013年1月22日
113	山西三友和档案软件公司		2013年1月29日
114	云丰档案	成都云丰档案管理咨询有限公司	2013年1月30日
115	黔西南档案	黔西南州档案局官方微博	2013年2月4日
116	龙泉档案	成都市龙泉驿区档案馆官方微博	2013年2月25日

序号	微博名称	微博简介	加入/发布 第一篇微博时间
117	中大档案馆	中山大学档案馆官方微博	2013 年 2 月 27 日
118	望谟县档案	贵州省黔西南望谟县档案局官方微博	2013 年 3 月 14 日
119	温江档案	成都市温江区档案馆官方微博	2013 年 3 月 25 日
120	南方人才市场档案户口		2013 年 4 月 7 日
121	东城档案	北京市东城区档案馆官方微博	2013 年 4 月 11 日
122	滇池学院档案馆	云南大学滇池学院档案馆官方微博	2013 年 4 月 18 日
123	崇州档案	崇州市档案局官方微博	2013 年 4 月 21 日
124	海城市档案	海城市档案局官方微博	2013 年 5 月 3 日
125	彭州档案_96554	彭州市档案局官方微博	2013 年 5 月 7 日
126	华东师范大学档案馆	华东师范大学档案馆官方微博	2013 年 5 月 9 日
127	成都市锦江区档案	四川省成都市锦江区档案局官方微博	2013 年 5 月 13 日
128	金堂档案	成都市金堂县档案局官方微博	2013 年 5 月 14 日
129	北京工商大学档案馆	北京工商大学档案馆官方微博	2013 年 5 月 16 日
130	余姚档案微博	浙江省余姚市档案局官方微博	2013 年 5 月 16 日
131	白银市档案局	甘肃省白银市档案局官方微博	2013 年 5 月 30 日
132	陇南成县档案	甘肃省陇南市成县档案局官方微博	2013 年 5 月 31 日
133	秦都档案	陕西省咸阳市秦都区政府档案局官方微博	2013 年 6 月 4 日
134	蒲江档案	成都市蒲江县档案局官方微博	2013 年 6 月 6 日
135	呼图壁-档案	新疆呼图壁县档案局官方微博	2013 年 6 月 7 日
136	上师大档案馆博物馆校史馆	上海师范大学档案馆、校史馆官方微博	2013 年 6 月 28 日
137	许昌档案	河南省许昌市档案局官方微博	2013 年 7 月 1 日
138	熊文歆	三峡大学档案馆 校史讲解员	2013 年 7 月 1 日
139	茂名市档案馆	广东省茂名市档案局官方微博	2013 年 7 月 1 日

序号	微博名称	微博简介	加入/发布 第一篇微博时间
140	驻马店市档案	河南省驻马店市档案馆官方微博	2013年7月2日
141	文明新乡档案	河南省新乡市档案局官方微博	2013年7月5日
142	武汉云典档案整理咨询有限公司	武汉云典档案整理咨询有限公司	2013年7月7日
143	清风召陵档案2014	河南省漯河市召陵区史志档案局官方微博	2013年7月19日
144	蓉城档案	四川省成都市档案局官方微博	2013年7月25日
145	上饶记忆网	上饶市档案信息技术服务中心	2013年7月25日
146	四川档案	四川省档案馆	2013年8月8日
147	testtty	上饶市档案信息技术服务中心编辑	2013年8月9日
148	上饶记忆网论坛_迷史人	上饶市档案信息技术服务中心	2013年8月9日
149	上财校史-上财档案	上海财经大学档案馆官方微博	2013年9月1日
150	清风史志兰台	河南省漯河市舞阳县史志档案局官方微博	2013年9月10日
151	江苏档案	江苏省档案局官方微博	2013年9月26日
152	昆明档案	云南省昆明市档案局官方微博	2013年9月26日
153	黄圃发布	中山市黄圃镇宣传文化服务中心(档案馆)官方微博	2013年10月1日
154	凤舞清辉	抚顺市档案局局长	2013年10月16日
155	抚顺档案杜海文	抚顺市档案局副局长	2013年10月16日
156	抚顺档案韩玉鹏	抚顺市档案局副局长	2013年10月16日
157	抚顺档案刘宝山	抚顺市档案局副局长	2013年10月16日
158	遂宁档案	四川省遂宁市档案馆官方微博	2013年10月22日
159	云龙区档案馆	江苏省徐州市云龙区档案局官方微博	2013年10月22日
160	哈密档案	新疆哈密地区档案局官方微博	2013年10月29日

序号	微博名称	微博简介	加入/发布第一篇微博时间
161	阿坝档案	四川省阿坝藏族羌族自治州档案局(馆)官方微博	2013年11月7日
162	中山档案方志	广东省中山市档案馆(中山市人民政府地方志办公室)官方微博	2013年11月23日
163	新余档案	江西省新余市档案馆官方微博	2013年11月26日
164	吴兴档案	浙江省湖州市吴兴区档案局官方微博	2013年12月1日
165	宝鸡档案	陕西省宝鸡市档案局官方微博	2013年12月2日
166	中财档案馆	中央财经大学档案馆官方微博	2013年12月11日
167	浙江省档案馆	浙江省档案馆官方微博	2013年12月13日
168	陇南档案	甘肃省陇南市档案局官方微博	2013年12月30日
169	湖州档案	浙江省湖州市档案局官方微博	2013年12月30日
170	勉县档案局	陕西省汉中市勉县档案局官方微博	2013年12月30日
171	南京档案	江苏省南京市档案局官方微博	2013年12月31日
172	一隻读物	环球建筑设计事务所有限公司档案管理主任	2014年1月1日
173	太谷档案	山西省晋中市太谷县档案局官方微博	2014年1月2日
174	日照档案	山东省日照市档案局官方微博	2014年1月8日
175	奉贤档案	上海市奉贤区档案局官方微博	2014年1月14日
176	雅安档案	四川省雅安市档案局官方微博	2014年1月14日
177	陇南文县档案办公室	甘肃省陇南市文县档案局官方微博	2014年1月15日
178	陇南两当档案	甘肃省陇南市两当县档案局(馆)官方微博	2014年1月16日
179	陇南武都档案ju	甘肃省陇南市武都区档案局官方微博	2014年1月16日
180	陇南康县档案馆	甘肃省陇南市康县档案局官方微博	2014年1月16日
181	档案小卫士	江西省鹰潭市档案局官方微博	2014年1月16日

序号	微博名称	微博简介	加入/发布 第一篇微博时间
182	沭阳县档案馆	江苏省宿迁市沭阳县档案局官方微博	2014 年 1 月 19 日
183	和田档案	新疆维吾尔自治区和田地区档案局官方微博	2014 年 1 月 20 日
184	礼县档案馆	甘肃省陇南市礼县档案局官方微博	2014 年 1 月 26 日
185	玄武档案	南京市玄武区档案局官方微博	2014 年 1 月 27 日
186	张乐庆	江苏省连云港市灌南县档案局文员	2014 年 1 月 30 日
187	哈密兰台	新疆哈密市伊州区档案局	2014 年 2 月 11 日
188	呼和浩特市档案	内蒙古呼和浩特市档案局（馆）官方微博	2014 年 2 月 14 日
189	象山档案馆	浙江省宁波市象山档案局（馆）官方微博	2014 年 2 月 18 日
190	滁州史志档案	中共滁州市委党史和地方志研究室（滁州市档案馆）官方微博	2014 年 2 月 24 日
191	苍南档案	浙江省温州市苍南县档案局官方微博	2014 年 2 月 24 日
192	成都银豪企业档案管理	成都银豪企业管理服务有限公司	2014 年 2 月 25 日
193	汉源档案	四川省雅安市汉源县档案局官方微博	2014 年 2 月 26 日
194	档案-肇庆	广东省肇庆市档案局官方微博	2014 年 2 月 26 日
195	长春档案	吉林省长春市档案局官方微博	2014 年 2 月 27 日
196	株洲市档案馆	株洲市档案馆官方微博	2014 年 2 月 28 日
197	金湖档案	江苏省淮安市金湖县档案馆官方微博	2014 年 3 月 3 日
198	入户广州咨询_易户邦	专注传递广州入户、人才引进落户与人才档案的政策与资讯动态	2014 年 3 月 5 日
199	清原档案	辽宁省抚顺市清原满族自治县档案局官方微博	2014 年 3 月 5 日
200	乳山档案	山东省乳山市档案局官方微博	2014 年 3 月 12 日
201	窍楚档案	永山窍（南京）仓储服务有限公司	2014 年 3 月 17 日

序号	微博名称	微博简介	加入/发布 第一篇微博时间
202	抚州档案	江西省抚州市档案局官方微博	2014 年 3 月 19 日
203	假如 happiness 来临	山西珠琳美特好房地产开发有限公司合同档案管理职员	2014 年 3 月 23 日
204	针叶小樱桃儿	北京海明缘信息咨询部档案管理员	2014 年 3 月 28 日
205	延边龙井档案	吉林省延边州龙井市档案局官方微博	2014 年 4 月 10 日
206	周村档案	山东省淄博市周村区档案局官方微博	2014 年 4 月 15 日
207	武功档案	陕西省咸阳市武功县档案局官方微博	2014 年 4 月 17 日
208	邢台翔久档案用品有限公司	邢台翔久档案用品有限公司	2014 年 5 月 1 日
209	密山档案局	黑龙江省密山市档案局官方微博	2014 年 5 月 8 日
210	永城档案	河南省永城市档案局官方微博	2014 年 5 月 20 日
211	紫光电子档案	紫光软件系统有限公司	2014 年 5 月 20 日
212	山东档案	山东省档案馆官方微博	2014 年 5 月 23 日
213	贵阳档案	贵州省贵阳市档案局官方微博	2014 年 5 月 26 日
214	菩瑶运营档案	栾城区菩瑶文化艺术工作室 新媒体运营部	2014 年 6 月 1 日
215	怀集档案	广东省肇庆市怀集县档案局官方微博	2014 年 6 月 6 日
216	燕山大学档案馆	燕山大学档案馆官方微博	2014 年 6 月 21 日
217	富阳档案	杭州市富阳区档案局官方微博	2014 年 6 月 23 日
218	峡江县档案局	江西省吉安市峡江县档案局官方微博	2014 年 6 月 24 日
219	清风南阳档案	河南省南阳市档案局官方微博	2014 年 6 月 27 日
220	彭州档案	彭州市档案馆官方微博	2014 年 7 月 1 日
221	江门档案方志	广东省江门市档案局（馆）、地方志编纂委员会办公室官方微博	2014 年 7 月 2 日
222	温州档案	温州市档案局（馆）官方微博	2014 年 7 月 10 日

序号	微博名称	微博简介	加入/发布 第一篇微博时间
223	泗洪档案2014	江苏省宿迁市泗洪县档案局官方微博	2014年7月11日
224	诚盾档案	北京诚盾诚讯信息技术有限公司	2014年7月17日
225	任十八_	情感博主 太原市房产产权档案馆科员	2014年8月4日
226	灵武档案	灵武档案局官方微博	2014年8月7日
227	杭州上城档案	浙江省杭州市上城区档案局官方微博	2014年8月11日
228	清风鹤壁档案	河南省鹤壁市档案局官方微博	2014年8月11日
229	宁陕档案	陕西省安康市宁陕县档案史志局官方微博	2014年8月12日
230	杭州档案官方	浙江省杭州市档案局官方微博	2014年8月20日
231	德清档案	浙江省湖州市德清县档案局官方微博	2014年8月22日
232	永嘉档案	浙江省温州市永嘉县档案局(馆)官方微博	2014年9月3日
233	陇南徽县档案馆	甘肃省陇南市徽县档案局官方微博	2014年9月25日
234	郑州档案	郑州市档案局(馆)官方微博	2014年10月17日
235	CA_jiao	前 米脂县人口和计划生育局档案管理	2014年10月19日
236	东丽档案	天津市东丽区档案馆官方微博	2014年10月27日
237	杭州市临安区档案馆	浙江省杭州市临安区档案馆官方微博	2014年10月27日
238	四川大学档案馆校史办公室	四川大学档案馆校史办公室官方微博	2014年10月28日
239	桐庐县档案馆	浙江省杭州市桐庐县档案局(馆)官方微博	2014年11月19日
240	宁国市档案馆	安徽省宁国市档案局(馆)官方微博	2014年11月20日
241	信阳兰台档案人	河南省信阳市档案局官方微博	2014年12月9日
242	达拉特旗档案	内蒙古鄂尔多斯市达拉特旗档案局官方微博	2014年12月18日

序号	微博名称	微博简介	加入/发布 第一篇微博时间
243	芜湖档案	安徽省芜湖市档案局(馆)官方微博	2014 年 12 月 26 日
244	南阳规划展示馆	南阳市城乡规划建设档案馆	2014 年 12 月 26 日
245	开平档案	开平市档案馆官方微博	2015 年 2 月 10 日
246	长兴档案微博	浙江省长兴县档案局(馆)官方微博	2015 年 2 月 13 日
247	阳泉市档案馆	山西省阳泉市档案馆官方微博	2015 年 3 月 9 日
248	新蔡档案	河南省驻马店市新蔡县档案局官方微博	2015 年 3 月 25 日
249	岷县档案	甘肃省定西市岷县档案局官方微博	2015 年 3 月 27 日
250	宁波大学-档案馆	宁波大学档案馆官方微博	2015 年 3 月 31 日
251	乡里人家生态农业	城建档案员	2015 年 4 月 24 日
252	中江档案	四川省德阳市中江县档案局官方微博	2015 年 4 月 24 日
253	安徽档案	安徽省档案局安徽省档案馆官方微博	2015 年 5 月 7 日
254	516 号毕业档案		2015 年 5 月 28 日
255	渭水兰台	陕西省渭南市档案局官方微博	2015 年 5 月 29 日
256	济宁档案	山东省济宁市档案局(馆)官方微博	2015 年 6 月 9 日
257	五莲档案	山东省日照市五莲县档案馆官方微博	2015 年 6 月 18 日
258	广外档案馆	广东外语外贸大学档案馆官方微博	2015 年 7 月 25 日
259	瓯海-档案	浙江省温州市瓯海区档案局官方微博	2015 年 7 月 30 日
260	瑞云档案	东港瑞云数据技术有限公司	2015 年 8 月 4 日
261	六盘水档案	贵州省六盘水市档案局(馆)官方微博	2015 年 8 月 27 日
262	漯河市史志档案	河南省漯河市史志档案局官方微博	2015 年 9 月 24 日
263	绵竹档案	四川省绵竹市档案局(馆)官方微博	2015 年 9 月 24 日
264	云南大学历史与档案学院研究生会	云南大学历史与档案学院研究生会官方微博	2015 年 9 月 30 日
265	罂粟花绽放的流年	镇江市烟草公司扬中分公司档案员	2015 年 10 月 14 日

序号	微博名称	微博简介	加入/发布 第一篇微博时间
266	伊宁市档案馆	新疆伊宁市档案局官方微博	2015 年 11 月 6 日
267	萍乡档案	江西省萍乡市档案馆官方微博	2015 年 11 月 19 日
268	青岛市城阳区档案馆	山东省青岛市城阳区档案馆官方微博	2015 年 11 月 26 日
269	菩瑶旅游档案	栾城区菩瑶摄影工作室影视部	2015 年 12 月 1 日
270	市北档案	山东省青岛市市北区档案馆官方微博	2015 年 12 月 1 日
271	鄂托克前旗档案局	内蒙古鄂托克前旗档案局官方微博	2015 年 12 月 7 日
272	松桃档案	贵州省铜仁市松桃苗族自治县档案局官方微博	2015 年 12 月 16 日
273	a 与寂寞抗衡	杭州五和肉类食品有限公司档案员	2015 年 12 月 23 日
274	Evonne 苏讯健瑛	武汉百草园生化药业有限公司档案员	2015 年 12 月 23 日
275	小小养猪手	湘乡市龙洞镇友余养殖场 档案员	2016 年 2 月 10 日
276	呛呛小娇娇 yayaer	衡州麦点贸易有限公司 档案员	2016 年 2 月 11 日
277	铁山档案	铁山档案文件管理(上海)有限公司	2016 年 2 月 24 日
278	土左旗档案	内蒙古呼和浩特市土默特左旗档案局官方微博	2016 年 3 月 4 日
279	珠山档案	江西省景德镇市珠山区档案馆官方微博	2016 年 3 月 9 日
280	郎海 FDF	北京爱德发科技有限公司档案管理员	2016 年 3 月 13 日
281	Angelia-_	丽江天意集旅游发展有限公司档案管理	2016 年 3 月 18 日
282	天津外国语大学综合档案室	天津外国语大学综合档案室官方微博	2016 年 3 月 25 日
283	大连恒智--档案	大连恒智科技发展有限公司	2016 年 3 月 31 日
284	菲菲__CH	山东宏瑞达机械有限公司档案员	2016 年 6 月 1 日
285	抬头阳_超	成都熙雨文化传播有限公司档案主管	2016 年 6 月 9 日

序号	微博名称	微博简介	加入/发布 第一篇微博时间
286	威海档案	山东省威海市档案馆官方微博	2016 年 6 月 30 日
287	春去春来 V	南昌大学 档案学教授	2016 年 7 月 12 日
288	平乡县龙腾档案装具制品厂	平乡县龙腾档案装具制品厂	2016 年 7 月 28 日
289	枣庄档案	山东省枣庄市档案局(馆)官方微博	2016 年 8 月 23 日
290	德州档案	德州市档案馆官方微博	2016 年 8 月 31 日
291	平邑档案	山东省临沂市平邑县档案局官方微博	2016 年 9 月 4 日
292	埇桥档案	安徽省宿州市埇桥区档案局官方微博	2016 年 9 月 8 日
293	长宁档案	上海市长宁区档案局官方微博	2016 年 11 月 8 日
294	临沭档案	山东省临沭县档案馆官方微博	2017 年 1 月 1 日
295	趴在篮球上的书虫	超话主持人(档案学超话)	2017 年 1 月 28 日
296	龙湾档案	浙江省温州市龙湾区档案局官方微博	2017 年 2 月 28 日
297	城固档案	汉中市城固县档案局官方微博	2017 年 3 月 1 日
298	广东省岭海档案馆	广东省岭海档案馆	2017 年 3 月 25 日
299	档案数字化-博睿思达	北京博睿思达数字科技有限公司官方微博	2017 年 3 月 29 日
300	河海大学档案馆	河海大学档案馆官方微博	2017 年 5 月 2 日
301	铜陵档案	铜陵市档案馆官方微博	2017 年 5 月 9 日
302	中国品牌档案	中国品牌档案官方微博	2017 年 5 月 24 日
303	平度档案	平度市档案馆官方微博	2017 年 6 月 1 日
304	石嘴山档案	宁夏回族自治区石嘴山市档案局官方微博	2017 年 6 月 7 日
305	安庆档案	安庆市档案局官方微博	2017 年 6 月 30 日
306	东营市档案馆	东营市档案局官方微博	2017 年 9 月 14 日
307	沐沐 9268	中建国信工程建设有限公司 资料档案管理	2018 年 1 月 12 日
308	顺速达	顺速达档案服务官方微博	2018 年 2 月 24 日

序号	微博名称	微博简介	加入/发布 第一篇微博时间
309	档案通	天津市立泽祥人力资源服务有限公司官方微博	2018年4月15日
310	北海档案	北海市档案局(馆)官方微博	2018年5月10日
311	陕西档案	陕西省档案馆(陕西省档案局)官方微博	2018年5月16日
312	内江档案	四川省内江市档案馆官方微博	2018年5月28日
313	中新友好图书馆	中新天津生态城图书档案馆官方微博	2018年6月25日
314	信息时报爱心档案	信息时报爱心档案官方微博	2018年8月21日
315	时光档案官方微博	时光档案品牌官方微博	2018年9月4日
316	中船重工技术档案馆	中国船舶重工集团公司技术档案馆官方微博。	2018年11月30日
317	漳州档案	漳州市档案局(馆)官方微博	2018年12月24日
318	办得爽官微	武汉办得爽档案管理有限公司	2019年9月11日
319	漯河市自然资源和规划档案馆	漯河市自然资源和规划档案馆官方微博	2019年10月23日
320	帅帅的摩羯	安徽电建二公司 档案管理 超话粉丝大咖(摩登兄弟超话)	2020年11月4日
321	博兴档案	山东省滨州市博兴县档案馆官方微博	2020年11月19日
322	鱼鱼的饲养员辞某人	湖南甜程似锦档案管理有限公司股东	2021年4月4日
323	办得爽-沈刚	武汉办得爽档案管理有限公司法定代表人 教育博主 微博原创视频博主	2021年10月15日
324	周小米同学_	铁岭市财政局档案编辑	2021年11月28日

附件 7　档案微信公众号

档案微信公众号(2022 年 5 月 5 日统计)

序号	名称	认证主体	注册/发布 第一篇推文时间
1	泰达图书馆档案馆	泰达图书馆	2013 年 5 月 16 日
2	大朗档案馆	东莞市大朗镇档案馆	2013 年 12 月 31 日
3	中山档案方志	中山市档案馆(中山市人民政府地方志办公室)	2014 年 1 月 16 日
4	无锡档案	个人	2014 年 4 月 1 日
5	建筑档案	北京构筑空间文化传媒有限公司	2014 年 4 月 14 日
6	档案管理培训	个人	2014 年 4 月 15 日
7	OID 档案世界	个人	2014 年 5 月 20 日
8	上海普陀档案	上海普陀区档案馆	2014 年 5 月 20 日
9	江苏档案	江苏省档案馆	2014 年 5 月 26 日
10	档案那些事儿	个人	2014 年 6 月 5 日
11	宁波档案	宁波市档案局(馆)	2014 年 6 月 10 日
12	桐乡档案	桐乡市档案馆	2014 年 6 月 10 日
13	中新天津生态城图书档案馆	中新天津生态城图书档案馆	2014 年 6 月 14 日
14	浙江星汉信息技术股份有限公司	浙江星汉信息技术股份有限公司	2014 年 7 月 7 日
15	富阳档案	杭州市富阳区档案馆	2014 年 7 月 25 日
16	衢州档案史志	衢州市档案馆(中共衢州市委党史研究室、衢州市地方志办公室)	2014 年 8 月 1 日
17	杭州上城档案	杭州市上城区档案馆	2014 年 8 月 11 日
18	中国档案杂志	中国档案杂志社	2014 年 8 月 22 日
19	广外校史馆	广东外语外贸大学校史馆	2014 年 9 月 18 日
20	嵊泗档案史志	嵊泗县档案馆(嵊泗县史志研究室)	2014 年 9 月 23 日
21	紫光档案	紫光软件系统有限公司	2014 年 9 月 28 日

序号	名称	认证主体	注册/发布 第一篇推文时间
22	厦门档案	厦门市档案馆	2014年10月17日
23	南充市城市建设档案馆	南充市城市建设档案馆	2014年10月31日
24	陇南档案	陇南市档案局	2014年11月14日
25	两当档案	两当县档案局	2014年11月19日
26	兰台档案	个人	2014年11月24日
27	萧山档案	杭州市萧山区档案馆	2014年12月2日
28	吴江通	苏州市吴江区档案馆	2014年12月23日
29	淳安档案	个人	2014年12月29日
30	财大兰台	个人	2015年1月9日
31	十堰档案	十堰市档案馆	2015年1月14日
32	锦州档案	锦州市档案馆	2015年1月21日
33	宿迁档案	宿迁市档案馆	2015年1月30日
34	德兴档案局	个人	2015年2月25日
35	城建档案协作网	个人	2015年2月27日
36	苏州档案	苏州市档案馆	2015年3月2日
37	云大情报与档案	个人	2015年3月4日
38	浙江省档案事务所		2015年3月13日
39	东陆东观	个人	2015年3月15日
40	十堰市张湾区档案局		2015年3月20日
41	兰台守望者	个人	2015年3月27日
42	华农档案	华南农业大学档案馆	2015年3月30日
43	福建档案	福建省档案局	2015年3月31日
44	乳山市档案局	个人	2015年3月31日
45	中国石油大学档案馆	中国石油大学(华东)档案馆	2015年4月2日
46	图书与档案馆	个人	2015年4月3日
47	扬中档案	扬中市档案局	2015年4月8日

序号	名称	认证主体	注册/发布 第一篇推文时间
48	数字档案管理	福州震旦计算机技术有限公司	2015年4月10日
49	庄河记忆	大营子地理志	2015年4月12日
50	浦东档案	上海市浦东新区档案馆	2015年4月16日
51	礼县档案局	甘肃省陇南市礼县档案局	2015年4月24日
52	云上兰台	个人	2015年4月25日
53	南浔档案	湖州市南浔区档案馆	2015年5月5日
54	常熟记忆	个人	2015年5月8日
55	黑龙江省档案技术服务中心	黑龙江省档案技术服务中心	2015年5月12日
56	哈理工校史馆	个人	2015年5月17日
57	闵行档案	上海市闵行区档案局	2015年5月22日
58	津宬档案工作室	个人	2015年6月8日
59	余杭档案	杭州市余杭区档案馆	2015年6月9日
60	济宁档案	济宁市档案局	2015年6月10日
61	人事档案专项审核	个人	2015年7月2日
62	平泉县档案史志局	平泉县档案史志局	2015年7月13日
63	黄冈市黄州区档案局	黄冈市黄州区档案局	2015年7月23日
64	东南大学档案馆	东南大学	2015年8月21日
65	宁夏档案博览	个人	2015年8月31日
66	首图北京记忆	首都图书馆(北京市少年儿童图书馆、北京市古籍保护中心)	2015年9月2日
67	宜城档案史志	宜城市档案局	2015年9月8日
68	干部人事档案	广东百泰科技有限公司	2015年9月10日
69	康县档案局	个人	2015年10月28日
70	五邑档案方志	江门市档案馆	2015年11月4日
71	乌审档案	个人	2015年11月4日
72	兰台之声	个人	2015年11月11日
73	四川省档案学校	四川省档案学校	2015年11月12日

序号	名称	认证主体	注册/发布第一篇推文时间
74	河东档案	天津市河东区档案馆	2015年11月13日
75	时光特攻	个人	2015年11月16日
76	耀州档案	铜川市耀州区档案馆	2015年11月17日
77	档案零距离	个人	2015年11月23日
78	太铁兰台	个人	2015年12月1日
79	吾观档案	共青团档案	2015年12月2日
80	沂蒙兰台	沂水县档案局	2015年12月11日
81	湖州档案	湖州市档案馆	2015年12月17日
82	读档	湖北省档案馆	2015年12月25日
83	青岛档案	青岛市档案馆	2015年12月29日
84	黑龙江省高等院校档案学会	黑龙江省高等院校档案学会	2016年1月1日
85	泰安档案	泰安市档案馆	2016年1月4日
86	常州市档案博览中心	常州市档案博览中心	2016年1月5日
87	连云港档案	连云港市档案局	2016年1月12日
88	金华档案	金华市档案馆	2016年1月23日
89	兰溪档案	个人	2016年1月29日
90	淄博档案	淄博市档案馆	2016年2月23日
91	鄂伦春自治旗档案史志局	个人	2016年2月24日
92	广西档案资讯	广西壮族自治区档案局(馆)	2016年2月25日
93	罗江档案	德阳市罗江区档案局	2016年2月29日
94	档案春秋	上海市档案馆	2016年3月4日
95	兰台小舍	个人	2016年3月6日
96	兰台书香	个人	2016年3月7日
97	石渠阁	个人	2016年3月8日
98	兰台史笔遒	个人	2016年3月13日
99	韩城市档案局	韩城市档案局	2016年3月15日

序号	名称	认证主体	注册/发布 第一篇推文时间
100	皇史宬	中国第一历史档案馆	2016 年 3 月 16 日
101	档案学研究	个人	2016 年 3 月 22 日
102	乐陵市档案馆	乐陵市档案馆	2016 年 3 月 23 日
103	北邮世纪校史馆	个人	2016 年 3 月 24 日
104	恩阳区委史志档案局	中共巴中市恩阳区委史志档案局	2016 年 3 月 25 日
105	蘭臺史話	个人	2016 年 3 月 26 日
106	电子会计档案	个人	2016 年 4 月 17 日
107	档案微平台研究	个人	2016 年 4 月 24 日
108	档案与建设	江苏省档案展览陈列馆	2016 年 4 月 25 日
109	沈阳城建档案	沈阳城市建设档案馆	2016 年 4 月 26 日
110	福州大学档案馆	福州大学	2016 年 4 月 27 日
111	遇见兰台	个人	2016 年 5 月 4 日
112	郑州档案	郑州市档案馆	2016 年 5 月 5 日
113	贵州大学档案馆校史馆	贵州大学	2016 年 5 月 9 日
114	登封档案	个人	2016 年 5 月 10 日
115	燕山大学档案馆校史馆	燕山大学	2016 年 5 月 12 日
116	黄石记忆	个人	2016 年 5 月 12 日
117	滨州市档案学会	滨州市档案学会	2016 年 5 月 13 日
118	三明档案	三明市档案局	2016 年 5 月 16 日
119	仙桃档案史志	个人	2016 年 5 月 17 日
120	秀洲城建档案	个人	2016 年 5 月 17 日
121	青浦档案	上海市青浦区档案局	2016 年 5 月 17 日
122	苏州市工商档案管理中心	苏州市工商档案管理中心	2016 年 5 月 24 日
123	档案图志	个人	2016 年 5 月 28 日
124	老济南记忆馆	个人	2016 年 6 月 6 日

序号	名称	认证主体	注册/发布 第一篇推文时间
125	广东档案	广东省档案馆	2016年6月7日
126	兴山档案	兴山县档案馆	2016年6月7日
127	冀小兰	河北省档案局	2016年6月8日
128	莱芜市档案局	莱芜市档案局	2016年6月8日
129	同济大学档案馆	同济大学	2016年6月8日
130	泉州档案	泉州市档案馆	2016年6月8日
131	常熟兰台	常熟市档案馆	2016年6月8日
132	葫芦岛档案	个人	2016年6月10日
133	上海工程技术大学档案馆	上海工程技术大学	2016年6月14日
134	延安档案	延安市档案馆	2016年6月14日
135	乡宁县档案局	个人	2016年6月17日
136	流动人员人事档案	个人	2016年6月23日
137	宝鸡档案	宝鸡市档案馆	2016年6月24日
138	上海海事大学校史馆	上海海事大学	2016年6月28日
139	忻州档案	个人	2016年6月28日
140	华东交通大学档案馆	华东交通大学	2016年7月5日
141	中央财经大学档案馆	中央财经大学	2016年7月8日
142	包头市昆都仑区档案局	包头市昆都仑区档案局	2016年7月12日
143	档案记忆	个人	2016年7月13日
144	平阴档案	平阴县档案馆	2016年7月15日
145	中建东北院档案业务	个人	2016年7月18日
146	档即用	南京档即用信息科技有限公司	2016年7月22日
147	海丰县档案局	个人	2016年7月22日
148	鲤城档案	泉州市鲤城区档案馆	2016年7月28日

序号	名称	认证主体	注册/发布 第一篇推文时间
149	国际档案理事会ICA	个人	2016年7月28日
150	民航档案工作	个人	2016年7月29日
151	邢台档案	个人	2016年8月1日
152	甘洛县档案局		2016年8月3日
153	上海城建档案	上海市城市建设档案馆	2016年8月8日
154	北京理工大学校史馆	个人	2016年8月11日
155	兰台世界杂志社	兰台世界杂志社	2016年8月17日
156	肥乡兰台岁月	肥乡县档案局	2016年8月18日
157	钦州兰台	个人	2016年8月19日
158	枣庄档案	枣庄市档案馆	2016年8月22日
159	信阳档案	信阳市档案局	2016年8月22日
160	泉州台商投资区档案史志	泉州台商投资区档案局（泉州台商投资区档案馆）	2016年8月23日
161	蓝极档案	厦门蓝极档案技术有限公司	2016年8月24日
162	思明档案	厦门市思明区档案馆	2016年8月29日
163	兰台之家	北京融安特智能科技股份有限公司	2016年8月30日
164	扬州档案方志	扬州市档案馆（扬州市档案局、扬州市地方志办公室）	2016年9月1日
165	同济大学校史馆	同济大学	2016年9月2日
166	唐山档案	唐山市档案馆	2016年9月2日
167	大武口区档案局	石嘴山市大武口区档案局	2016年9月9日
168	成航记忆	成都航空职业技术学院	2016年9月12日
169	北工大校史档案	北京工业大学	2016年9月14日
170	西昌市档案局发布	西昌市档案局	2016年9月14日
171	档案工作	个人	2016年9月15日
172	云大历档团学	个人	2016年9月16日
173	老档员	个人	2016年9月19日

序号	名称	认证主体	注册/发布 第一篇推文时间
174	青山区档案馆	包头市青山区档案馆	2016年9月19日
175	大连民族大学档案馆	大连民族大学	2016年9月20日
176	深圳职业技术学院档案馆	深圳职业技术学院	2016年9月23日
177	兰台学生党员之家	个人	2016年9月26日
178	济源市档案局	济源市档案局	2016年9月27日
179	常州市档案局	常州市档案局	2016年10月8日
180	太仓档案	太仓市档案馆	2016年10月10日
181	兰台闲聊	个人	2016年10月11日
182	清华大学档案馆	清华大学	2016年10月11日
183	海洋档案	国家海洋信息中心	2016年10月13日
184	小档案 de 潮生活	个人	2016年10月16日
185	沧州著作家档案库		2016年10月18日
186	山东交通学院档案馆	山东交通学院	2016年10月21日
187	辽宁师范大学档案馆校史馆	辽宁师范大学	2016年10月26日
188	温州大学档案馆	温州大学	2016年11月3日
189	马尾档案	福州经济技术开发区档案局	2016年11月9日
190	万山档案方志	铜仁市万山区档案局	2016年11月10日
191	毕业生档案挂靠中心	个人	2016年11月10日
192	延安大学校史馆	延安大学	2016年11月10日
193	钟山档案	个人	2016年11月11日
194	虹口往事	上海市虹口区档案局	2016年11月14日
195	南京工业大学档案馆	南京工业大学	2016年11月21日
196	南京工程学院档案馆	南京工程学院	2016年11月25日

序号	名称	认证主体	注册/发布 第一篇推文时间
197	铁岭党史	铁岭市档案和党史文献中心	2016年11月30日
198	记忆道外	中共哈尔滨市道外区委宣传部	2016年12月5日
199	安阳档案	安阳档案	2016年12月5日
200	贵州师范大学档案馆	贵州师范大学	2016年12月8日
201	开平档案方志	开平市档案局（开平市档案馆）	2016年12月9日
202	南京大学档案馆	南京大学	2016年12月13日
203	南湖档案史志	嘉兴市南湖区档案馆	2016年12月13日
204	开封市档案局	开封市档案馆	2016年12月16日
205	山商档案	个人	2016年12月16日
206	金山记忆	上海市金山区档案局	2017年1月4日
207	根河市档案史志局	个人	2017年1月4日
208	平昌县档案局	个人	2017年1月9日
209	档案观止	合肥市档案馆	2017年1月19日
210	潍坊档案	潍坊市档案馆	2017年1月20日
211	啦啦之歌说档案	个人	2017年1月25日
212	霍州档案	霍州市档案馆	2017年2月3日
213	云南档案	云南省档案局（云南省档案馆）	2017年2月3日
214	宁德档案	宁德市档案馆	2017年2月7日
215	宣威档案	宣威市档案馆	2017年2月7日
216	辽阳市档案局	辽阳市档案局	2017年2月10日
217	峙滩校史馆筹建	个人	2017年2月11日
218	记忆洞头	温州市洞头区档案馆	2017年2月16日
219	保山档案	保山市档案馆	2017年2月16日
220	南昌档案	南昌市档案馆	2017年2月17日
221	青岛市城阳区档案馆	青岛市城阳区档案馆	2017年2月18日
222	广东工业大学档案馆	广东工业大学	2017年2月23日

序号	名称	认证主体	注册/发布 第一篇推文时间
223	档案界论坛	个人	2017年2月27日
224	英山微档	英山县档案馆（英山县史志研究中心）	2017年2月28日
225	清远档案	清远市档案馆	2017年3月1日
226	天津大学档案馆	天津大学	2017年3月2日
227	信阳师范学院档案馆	信阳师范学院	2017年3月2日
228	珠海档案	珠海市档案馆	2017年3月2日
229	档案与管理	个人	2017年3月5日
230	昆工档案	昆明理工大学	2017年3月6日
231	徽县档案馆	徽县档案馆	2017年3月7日
232	公安县档案史志工作	个人	2017年3月7日
233	栾川档案信息	栾川县档案局	2017年3月7日
234	石拐区档案史志馆	石拐区档案史志馆	2017年3月9日
235	银川记忆	银川市档案馆	2017年3月9日
236	中国档案报	中国档案报社	2017年3月10日
237	档案商城	个人	2017年3月16日
238	化州档案	个人	2017年3月18日
239	山东大学档案与校史	山东大学	2017年3月20日
240	档案传奇	个人	2017年3月20日
241	泰档信息	上海泰档信息技术有限公司	2017年3月22日
242	秦皇岛开发区档案	秦皇岛经济技术开发区管理委员会办公室	2017年3月22日
243	保定兰台档案服务平台	个人	2017年3月23日
244	外国档案电子期刊	个人	2017年3月26日
245	福建融银信息技术服务有限公司	福建融银信息技术服务有限公司	2017年3月27日

序号	名称	认证主体	注册/发布第一篇推文时间
246	周村区档案局	周村区档案局	2017年3月27日
247	浙大档案馆	浙江大学	2017年3月27日
248	郑大档案班	个人	2017年3月30日
249	丹阳市档案馆	丹阳市档案馆	2017年4月1日
250	档案管理杂志社	档案管理杂志社	2017年4月1日
251	富平县档案局	富平县档案局	2017年4月5日
252	淮安市淮阴区档案局	个人	2017年4月6日
253	东宝区档案局	个人	2017年4月7日
254	海宁档案史志	海宁市档案馆(海宁市史志研究室)	2017年4月7日
255	乌审旗档案局	个人	2017年4月11日
256	档管家	青岛中海智库人力资源服务有限公司	2017年4月11日
257	说说档案那些事儿	个人	2017年4月12日
258	档案管理杂志社编辑部	档案管理杂志社	2017年4月12日
259	西安建筑科技大学档案馆	西安建筑科技大学	2017年4月13日
260	光典信息发展	上海信联信息发展股份有限公司	2017年4月13日
261	档案哥	个人	2017年4月13日
262	陇南西和档案	西和县档案馆	2017年4月14日
263	国兴档案	宁德市国兴档案管理技术有限公司	2017年4月15日
264	德州市档案馆	德州市档案馆	2017年4月18日
265	民国大校场	中国第二历史档案馆	2017年4月18日
266	芒市档案	芒市档案局	2017年4月18日
267	记忆泰州	泰州市党史方志办公室(泰州市档案馆)	2017年4月19日
268	江西档案	江西省档案馆	2017年4月20日
269	涟水县档案馆	涟水县档案馆	2017年4月21日

序号	名称	认证主体	注册/发布 第一篇推文时间
270	无锡兰台	中国共产党无锡市委员会办公室（无锡市档案局）	2017 年 4 月 24 日
271	档案经理人	个人	2017 年 4 月 24 日
272	档案信息化	个人	2017 年 4 月 25 日
273	淮安档案	淮安市档案馆	2017 年 4 月 25 日
274	哈尔滨档案	哈尔滨市档案馆	2017 年 4 月 26 日
275	横山档案	榆林市横山区档案馆	2017 年 4 月 27 日
276	白水县档案局	个人	2017 年 4 月 27 日
277	青田县档案局	青田县档案局	2017 年 4 月 28 日
278	敦煌市档案局	个人	2017 年 4 月 29 日
279	边关兰台	镇康县档案馆	2017 年 5 月 2 日
280	河海大学档案馆	河海大学	2017 年 5 月 3 日
281	京口史志档案	镇江市京口史志档案办公室	2017 年 5 月 4 日
282	档案大帝	个人	2017 年 5 月 4 日
283	灌云档案	灌云县档案馆	2017 年 5 月 9 日
284	宝鸡文理学院档案馆	宝鸡文理学院	2017 年 5 月 9 日
285	北地档案	中国地质大学（北京）	2017 年 5 月 9 日
286	纵横档案	龙岩市新罗区纵横档案技术有限公司	2017 年 5 月 9 日
287	黄埔记事	上海市黄埔区档案局	2017 年 5 月 9 日
288	档案史志局	个人	2017 年 5 月 12 日
289	逆风历史档案	个人	2017 年 5 月 13 日
290	安康档案	安康市档案馆（局）	2017 年 5 月 14 日
291	龙江档案	黑龙江档案馆	2017 年 5 月 15 日
292	平谷档案	北京市平谷区档案馆	2017 年 5 月 15 日
293	国网档案	国网中兴有限公司	2017 年 5 月 15 日
294	振兴干部档案	中共丹东市振兴区委组织部	2017 年 5 月 16 日

序号	名称	认证主体	注册/发布 第一篇推文时间
295	广州紫光档案管理有限公司	广州紫光档案管理有限公司	2017 年 5 月 16 日
296	沈阳档案	沈阳市档案馆	2017 年 5 月 17 日
297	北京市档案馆	北京市档案馆	2017 年 5 月 18 日
298	同档	同档(广州)信息科技有限公司	2017 年 5 月 21 日
299	东台市档案局	东台市档案局	2017 年 5 月 22 日
300	记忆南通	南通市档案馆	2017 年 5 月 23 日
301	莒南兰台	莒南县档案馆	2017 年 5 月 23 日
302	盐城春秋档案管理咨询有限服务公司	个人	2017 年 5 月 23 日
303	车谷档案	武汉经济技术开发区档案馆	2017 年 5 月 31 日
304	档案黑帮	个人	2017 年 5 月 31 日
305	筠连县档案局	筠连县档案局	2017 年 6 月 2 日
306	阳春档案方志	个人	2017 年 6 月 6 日
307	威海档案	威海市档案馆	2017 年 6 月 6 日
308	荆门市档案局	个人	2017 年 6 月 8 日
309	大同档案	大同市档案局	2017 年 6 月 10 日
310	兰台筑梦人	个人	2017 年 6 月 10 日
311	德江档案方志	个人	2017 年 6 月 13 日
312	中国人民大学档案馆	中国人民大学	2017 年 6 月 13 日
313	伊春市档案局	个人	2017 年 6 月 13 日
314	临江市档案局	临江市档案局	2017 年 6 月 13 日
315	兰台横店	个人	2017 年 6 月 14 日
316	深圳大学档案馆	深圳大学	2017 年 6 月 14 日
317	北京语言大学档案馆	北京语言大学	2017 年 6 月 16 日
318	沿河档案方志	个人	2017 年 6 月 19 日
319	文博档案学会	个人	2017 年 6 月 20 日

序号	名称	认证主体	注册/发布 第一篇推文时间
320	记忆平度	个人	2017 年 6 月 23 日
321	吉大档案法规学	个人	2017 年 6 月 23 日
322	辽宁工程技术大学校史馆	辽宁工程技术大学	2017 年 6 月 26 日
323	安庆档案	安庆市档案馆	2017 年 6 月 30 日
324	新城记忆	个人	2017 年 7 月 5 日
325	档案一点通	个人	2017 年 7 月 11 日
326	美术历史档案	个人	2017 年 7 月 12 日
327	盐城档案	盐城市档案馆	2017 年 7 月 13 日
328	暨南大学档案馆	暨南大学	2017 年 7 月 14 日
329	宜良县档案局	个人	2017 年 7 月 14 日
330	铜仁档案方志	个人	2017 年 7 月 18 日
331	内蒙古档案	内蒙古自治区档案馆	2017 年 7 月 20 日
332	博山记忆	个人	2017 年 7 月 23 日
333	海西兰台	个人	2017 年 7 月 27 日
334	历史文化档案	个人	2017 年 8 月 3 日
335	人事档案那点事儿	个人	2017 年 8 月 4 日
336	白云鄂博矿区档案史志馆	包头市白云鄂博矿区档案史志馆	2017 年 8 月 8 日
337	佳木斯市档案局	佳木斯市档案局(馆)	2017 年 8 月 9 日
338	杭州档案	杭州市档案局(杭州市档案馆)	2017 年 8 月 10 日
339	阳信县档案局	个人	2017 年 8 月 11 日
340	睢县档案馆	睢县档案馆	2017 年 8 月 11 日
341	文成县档案局	个人	2017 年 8 月 14 日
342	图情招聘	语义(上海)信息科技有限公司	2017 年 8 月 20 日
343	秦皇岛市档案局	个人	2017 年 8 月 22 日
344	如东档案	如东县档案馆	2017 年 8 月 28 日
345	西安工业大学档案馆	西安工业大学	2017 年 8 月 30 日

序号	名称	认证主体	注册/发布第一篇推文时间
346	哈尔滨工业大学档案馆	哈尔滨工业大学	2017 年 8 月 31 日
347	张家口档案	张家口市档案馆（张家口市地方志编纂中心）	2017 年 9 月 7 日
348	青岛城市档案论坛	个人	2017 年 9 月 7 日
349	新昌县档案局	个人	2017 年 9 月 8 日
350	西京学院档案馆	西京学院	2017 年 9 月 9 日
351	XISU 校史馆	个人	2017 年 9 月 10 日
352	西南石大档案	西南石油大学	2017 年 9 月 12 日
353	邵州记忆	个人	2017 年 9 月 14 日
354	滁州档案党史	滁州市档案局	2017 年 9 月 14 日
355	档案知识管理	河南金档电子科技有限公司	2017 年 9 月 15 日
356	历史轶事与档案趣闻	个人	2017 年 9 月 18 日
357	航空工业档案	航空工业档案馆	2017 年 9 月 18 日
358	航空工业档案馆	航空工业档案馆	2017 年 9 月 18 日
359	高青档案	高青县档案局	2017 年 9 月 18 日
360	深圳城建档案	深圳市腾达汉龙信息技术有限公司	2017 年 9 月 18 日
361	与档同行	个人	2017 年 9 月 20 日
362	垣曲县档案局	个人	2017 年 9 月 22 日
363	拉萨市城建档案馆	西藏自治区拉萨市城建档案馆	2017 年 9 月 26 日
364	温岭档案	温岭市档案馆	2017 年 10 月 9 日
365	陕西科技大学档案馆	陕西科技大学	2017 年 10 月 10 日
366	中南财经政法大学档案馆校史馆	中南财经政法大学	2017 年 10 月 11 日
367	汉阴记忆	汉阴县档案史志馆	2017 年 10 月 12 日
368	天津市河西区档案馆	天津市河西区档案馆（天津市河西区地方志编修委员会办公室）	2017 年 10 月 13 日
369	校史馆	个人	2017 年 10 月 15 日

序号	名称	认证主体	注册/发布 第一篇推文时间
370	云中兰台档案社		2017年10月16日
371	新昌档案	新昌县档案馆	2017年10月17日
372	掌上合阳记忆	合阳县地方志编纂中心	2017年10月19日
373	永年档案局	邯郸市永年区档案局	2017年10月24日
374	石家庄市档案馆	石家庄市档案局(石家庄市档案馆)	2017年10月27日
375	苏州智慧档案	苏州市档案馆	2017年10月30日
376	华中师范大学校史馆	华中师范大学	2017年11月1日
377	石泉档案史志	石泉县档案史志馆	2017年11月2日
378	久红档案	佛山久红档案装具保护用品有限公司	2017年11月5日
379	中国船舶技术档案馆	中国船舶重工集团公司技术档案馆(中国船舶重工集团公司七六所)	2017年11月6日
380	宿州史志 档案	中共宿州市委党史和地方志研究室(宿州市档案馆)	2017年11月6日
381	人文历史档案	个人	2017年11月9日
382	饶平县档案局	个人	2017年11月9日
383	南海档案史志	佛山市南海区档案馆(中共佛山市南海区委党史研究室、佛山市南海区人民政府地方志办公室)	2017年11月15日
384	漯河史志档案	个人	2017年11月20日
385	北海档案	北海市档案馆	2017年11月30日
386	西译校史馆	个人	2017年12月18日
387	城中区档案局	西宁市城中区档案馆	2017年12月18日
388	四川大学档案馆校史办公室	四川大学	2017年12月21日
389	广西自然资源档案博物馆	广西壮族自治区自然资源档案博物馆	2017年12月26日
390	兰台纪实	个人	2017年12月28日
391	吉油兰台	个人	2017年12月28日

序号	名称	认证主体	注册/发布 第一篇推文时间
392	西乌旗档案史志馆	西乌珠穆沁旗档案史志馆	2017年12月31日
393	吴忠兰台	吴忠市档案馆	2018年1月2日
394	柳园记忆	瓜州县柳园镇人民政府	2018年1月3日
395	顺德档案史志	佛山市顺德区档案馆(佛山市顺德区地方志办公室、中共佛山市顺德区委党史研究室)	2018年1月4日
396	档案管理er	个人	2018年1月6日
397	国科大档案馆 校史馆 两弹一星馆	中国科学院大学	2018年1月14日
398	汕尾档案方志	汕尾市档案馆(汕尾市人民政府地方志办公室)	2018年1月17日
399	滨州学院档案馆	滨州学院	2018年1月18日
400	黄陵县档案馆	黄陵县档案馆	2018年1月22日
401	双江档案	双江拉祜族佤族布朗族傣族自治县档案局	2018年1月26日
402	兰台小子	个人	2018年2月1日
403	永新史志档案	中共永新县委党史和地方志研究中心(永新县档案馆)	2018年2月2日
404	档案通	天津市立泽祥人力资源服务有限公司	2018年2月5日
405	武进档案	常州市武进区档案局	2018年2月8日
406	鹿寨县档案局	个人	2018年2月19日
407	乌拉盖档案史志	锡林郭勒盟乌拉盖管理区档案史志馆	2018年2月22日
408	记忆陕北	个人	2018年2月22日
409	肥东县档案方志馆	个人	2018年2月24日
410	同城人才档案平台	晋中万力合劳务派遣有限公司	2018年2月26日
411	廊坊档案	廊坊市档案馆	2018年2月27日
412	抚州档案	抚州市档案馆	2018年3月2日

序号	名称	认证主体	注册/发布 第一篇推文时间
413	秭归档案史志	秭归县档案馆(秭归县史志研究中心)	2018年3月2日
414	城建档案网	个人	2018年3月2日
415	秭归档案史志	秭归县档案馆(秭归县史志研究中心)	2018年3月2日
416	档案馆研究	个人	2018年3月4日
417	湖湘档案	湖南省档案馆	2018年3月5日
418	浙江档案杂志	浙江档案杂志社有限责任公司	2018年3月8日
419	龙岩市档案局	龙岩市档案局	2018年3月12日
420	河北高校毕业生人事档案咨询		2018年3月13日
421	广州市国家档案馆	广州市档案发展中心(广州市音像资料馆)	2018年3月14日
422	河南档案	河南省档案馆	2018年3月14日
423	机电兵船档案学会	中国机械电子兵器船舶工业档案学会	2018年3月15日
424	吉林省档案局	吉林省档案局	2018年3月20日
425	崇明档案	上海市崇明区档案局	2018年3月21日
426	志丹县档案局	个人	2018年3月23日
427	葆康家庭电子健康档案	个人	2018年3月29日
428	大荔县档案馆	大荔县档案馆	2018年3月30日
429	德州市城建档案馆	德州市城乡建设融合发展中心(德州市城建档案馆)	2018年4月2日
430	德州市陵城区档案馆	德州市陵城区档案馆	2018年4月2日
431	罗甸档案史志	个人	2018年4月2日
432	瀚卓档案	个人	2018年4月3日
433	龙岩档案	福建省龙岩市档案局	2018年4月10日

序号	名称	认证主体	注册/发布第一篇推文时间
434	北方工业大学档案馆	北方工业大学	2018年4月10日
435	吉大图情档	个人	2018年4月11日
436	柯桥区档案馆	绍兴市柯桥区档案馆	2018年4月11日
437	白洋记忆	个人	2018年4月13日
438	沧海言档	个人	2018年4月13日
439	佳县坑镇记忆	个人	2018年4月15日
440	灵宝档案	灵宝市档案局	2018年4月16日
441	甘肃档案	甘肃省档案馆	2018年4月17日
442	济宁医学院档案馆	济宁医学院	2018年4月17日
443	宁夏档案	宁夏回族自治区档案馆	2018年4月18日
444	衡水市档案馆	衡水市档案馆	2018年4月19日
445	肥东城建档案	肥东县住房和城乡建设局	2018年4月23日
446	北京大学档案馆	北京大学	2018年4月24日
447	西电记忆	西安电子科技大学	2018年4月24日
448	云南财经大学档案馆	云南财经大学	2018年4月25日
449	恒智档案信息化专家	个人	2018年4月25日
450	乌拉特中旗档案管理局	个人	2018年5月2日
451	会昌县档案局	个人	2018年5月4日
452	忻档信息	忻州市档案局(沂州市档案馆)	2018年5月8日
453	蓟州档案	天津市蓟州区档案馆	2018年5月9日
454	核工业档案学会	个人	2018年5月11日
455	企业数字档案与数据治理	个人	2018年5月14日
456	人事档案那些事儿	个人	2018年5月16日
457	秦淮档案方志	南京市秦淮区档案局	2018年5月16日

序号	名称	认证主体	注册/发布 第一篇推文时间
458	华南师范大学档案馆	华南师范大学	2018 年 5 月 16 日
459	杭锦旗档案局	杭锦旗档案局(杭锦旗档案馆)	2018 年 5 月 16 日
460	青海档案	青海省档案馆	2018 年 5 月 22 日
461	福建融银档案	福建融银信息技术服务有限公司	2018 年 5 月 24 日
462	冀档案学会	个人	2018 年 5 月 31 日
463	内江档案	内江市档案馆	2018 年 6 月 4 日
464	兰台拾遗	安徽望江县的数字档案馆建设案探析 2 小时前	2018 年 6 月 4 日
465	仙居档案	仙居县档案馆	2018 年 6 月 4 日
466	湖北工业大学档案馆校史馆	湖北工业大学	2018 年 6 月 4 日
467	东海县档案局	个人	2018 年 6 月 6 日
468	兰台英语视界	个人	2018 年 6 月 6 日
469	中区档案	个人	2018 年 6 月 10 日
470	西北工业大学档案馆	西北工业大学	2018 年 6 月 11 日
471	时光档案	杭州时光无限科技有限公司	2018 年 6 月 12 日
472	南京中医药大学档案馆	南京中医药大学	2018 年 6 月 12 日
473	平阳记忆	个人	2018 年 6 月 13 日
474	忻州市档案馆党建工作	忻州市档案馆	2018 年 6 月 13 日
475	记忆浙江	浙江省档案局(馆)	2018 年 6 月 15 日
476	菏电档案春秋	个人	2018 年 6 月 15 日
477	毕节市七星关区档案局	毕节市七星关区档案局(毕节市七星关区档案馆)	2018 年 6 月 19 日
478	古关兰台	个人	2018 年 6 月 21 日
479	无极档案史志	中国共产党无极县委员会办公室	2018 年 6 月 22 日
480	宁夏大学档案馆	宁夏大学	2018 年 6 月 29 日

序号	名称	认证主体	注册/发布 第一篇推文时间
481	南林档案	南京林业大学	2018 年 7 月 2 日
482	南京云档信息科技	南京云档信息科技有限公司	2018 年 7 月 7 日
483	档案保密一点通	个人	2018 年 7 月 12 日
484	一阳档案馆	永安市燕南街星锐漓网络工作室	2018 年 7 月 16 日
485	图情档学长	个人	2018 年 7 月 22 日
486	靖边档案	靖边县档案局	2018 年 7 月 23 日
487	卢氏档案史志	个人	2018 年 7 月 24 日
488	天津市津南区档案局	天津市津南区档案局	2018 年 7 月 30 日
489	记忆吴兴	湖州市吴兴区档案馆	2018 年 8 月 6 日
490	即墨档案	青岛市即墨区档案馆	2018 年 8 月 17 日
491	让档案回家	个人	2018 年 8 月 24 日
492	昆明城建档案文明号	个人	2018 年 8 月 24 日
493	档案工作那些事	个人	2018 年 8 月 24 日
494	西宁档案	西宁市档案局	2018 年 9 月 4 日
495	威登智慧档案云平台	重庆威登普慧信息科技有限公司	2018 年 9 月 11 日
496	通辽兰台	个人	2018 年 9 月 13 日
497	南京医科大学档案馆校史馆	南京医科大学	2018 年 9 月 17 日
498	五寨县档案局	五寨县档案局	2018 年 9 月 19 日
499	成都理工大学档案馆	成都理工大学	2018 年 9 月 19 日
500	西安记忆生活	个人	2018 年 9 月 20 日
501	新都区档案馆	成都市新都区档案局（成都市新都区档案馆）	2018 年 9 月 21 日
502	贵医大校史馆	个人	2018 年 9 月 29 日
503	天津市武清区档案馆	天津市武清区档案馆	2018 年 10 月 15 日

序号	名称	认证主体	注册/发布 第一篇推文时间
504	青铜峡档案	青铜峡市档案馆	2018 年 10 月 16 日
505	校史馆试运营	个人	2018 年 10 月 16 日
506	CHN 档案管理培训	背景智宝教育科技有限公司	2018 年 10 月 19 日
507	XMU 校史馆	个人	2018 年 10 月 22 日
508	档友	个人	2018 年 10 月 24 日
509	水墨丹青 兰台之声	个人	2018 年 10 月 28 日
510	苏大图情档	个人	2018 年 11 月 13 日
511	民权县档案局	民权县档案局	2018 年 11 月 20 日
512	吉林大学档案馆	吉林大学	2018 年 11 月 22 日
513	湛江市坡头区档案局	个人	2018 年 11 月 25 日
514	榆阳区档案局		2018 年 12 月 3 日
515	广东欣档科技有限公司	广东欣档科技有限公司	2018 年 12 月 7 日
516	地大北京校史馆	个人	2018 年 12 月 17 日
517	航天档案馆	航天档案馆	2018 年 12 月 18 日
518	山东省档案馆	山东省档案馆	2018 年 12 月 24 日
519	大桥局档案馆	个人	2018 年 12 月 28 日
520	金陵档案	南京市档案馆	2018 年 12 月 28 日
521	湖北云档科技	湖北云档科技有限公司	2019 年 1 月 3 日
522	图情档 39 青年学者沙龙	个人	2019 年 1 月 4 日
523	历下档案馆	济南市历下区档案馆	2019 年 1 月 7 日
524	泓泉智慧档案	合肥泓泉档案信息科技有限公司	2019 年 1 月 9 日
525	勐海兰台	个人	2019 年 1 月 11 日
526	国家档案局	中央档案馆(国家档案局)	2019 年 1 月 16 日
527	清远市档案学会	清远市档案学会	2019 年 2 月 9 日
528	武城县档案馆	武城县档案馆	2019 年 2 月 9 日

序号	名称	认证主体	注册/发布第一篇推文时间
529	太仓兰台档案	太仓市兰台建设工程档案服务有限公司	2019年2月11日
530	广安区档案史志	广安市广安区档案馆	2019年2月13日
531	华南理工大学档案馆	华南理工大学	2019年2月28日
532	办妥妥档案机构	办妥妥(厦门)信息技术有限公司	2019年3月4日
533	南昌工程学院档案馆	南昌工程学院	2019年3月5日
534	兰台新声	个人	2019年3月8日
535	西青区档案馆	天津市西青区档案局	2019年3月12日
536	厦门大学档案馆	厦门大学	2019年3月18日
537	龙井市档案馆	龙井市档案馆	2019年3月20日
538	六合档案	中国共产党南京市六合区委员会党史工作办公室	2019年3月22日
539	武汉理工大学档案馆 校史馆	武汉理工大学	2019年3月25日
540	西安科技大学档案馆	西安科技大学	2019年4月10日
541	郑州民国记忆	个人	2019年4月17日
542	兰台档案圈	广东亚齐信息技术有限公司	2019年4月24日
543	记忆常山	常山县档案馆	2019年4月25日
544	陕西省榆中校史馆	个人	2019年4月26日
545	河北大学校史馆		2019年4月29日
546	西青档案	天津市西青区档案馆	2019年5月5日
547	徐汇记忆	上海市徐汇区档案局	2019年5月7日
548	长春市档案馆	长春市档案馆	2019年5月8日
549	松江档案	上海市松江区档案局	2019年5月13日
550	海峡两岸档案与文献研究中心	个人	2019年5月13日

序号	名称	认证主体	注册/发布 第一篇推文时间
551	牡丹江师范学院档案馆	牡丹江师范学院	2019 年 5 月 14 日
552	档案学人	个人	2019 年 5 月 16 日
553	长春市朝阳区档案馆	长春市朝阳区档案馆	2019 年 5 月 17 日
554	南京鼓楼档案方志	南京市鼓楼区档案馆（南京市鼓楼区地方志编纂委员会办公室）	2019 年 5 月 18 日
555	阳春市档案馆	阳春市档案馆	2019 年 5 月 22 日
556	大连市档案局	中共大连市办公室	2019 年 5 月 27 日
557	南京浦口档案史志	南京市浦口区档案馆	2019 年 5 月 31 日
558	海门档案	南通市海门区档案馆	2019 年 5 月 31 日
559	柴桑档案	个人	2019 年 6 月 4 日
560	鞍山记忆	个人	2019 年 6 月 6 日
561	质量先锋档案	贵州友和科技有限公司	2019 年 6 月 6 日
562	徐州医科大学档案馆	徐州医科大学	2019 年 6 月 11 日
563	鄂尔多斯市东胜区档案史志馆	鄂尔多斯市东胜区档案史志馆	2019 年 6 月 12 日
564	重庆记忆	重庆市重报大数据研究院	2019 年 6 月 13 日
565	秦风档案	陕西省档案馆	2019 年 6 月 13 日
566	厦门市档案局	个人	2019 年 6 月 21 日
567	档案人职业健康调查实践团队	个人	2019 年 6 月 25 日
568	岱山档案史志	岱山县档案馆（岱山县史志研究室）	2019 年 7 月 4 日
569	天汉档案	陕西省汉中市档案局	2019 年 7 月 5 日
570	石油档案	个人	2019 年 7 月 8 日
571	佛山档案方志	佛山市档案馆	2019 年 7 月 12 日
572	档案数字化研究中心	南京易杰智信息科技有限公司	2019 年 7 月 17 日
573	茶陵县档案馆	茶陵县档案馆	2019 年 7 月 18 日

序号	名称	认证主体	注册/发布 第一篇推文时间
574	史志漯河	中共漯河市委党史和地方志研究中心	2019 年 7 月 19 日
575	南昌市城建档案馆自助预约查询	南昌市城建档案馆	2019 年 7 月 22 日
576	龙城记忆	个人	2019 年 7 月 27 日
577	韩师历史 档案	个人	2019 年 7 月 28 日
578	石城兰台	个人	2019 年 8 月 1 日
579	中国科学院档案馆	中国科学院文献情报中心	2019 年 8 月 2 日
580	山西档案	山西档案杂志社	2019 年 8 月 5 日
581	上海智慧档案展览会	北京华夏伟业展览有限公司	2019 年 8 月 5 日
582	安徽省城建档案学会	安徽省城建档案学会	2019 年 8 月 14 日
583	糖醋排骨档案局		2019 年 8 月 17 日
584	南境局档案		2019 年 8 月 31 日
585	档案咨询资深指导老师	个人	2019 年 9 月 2 日
586	南京信息工程大学档案馆	南京信息工程大学	2019 年 9 月 3 日
587	宜宾档案	宜宾市档案馆	2019 年 9 月 5 日
588	广东科怡档案	个人	2019 年 9 月 9 日
589	江西建设职业技术学院档案馆	江西建设职业技术学院	2019 年 9 月 10 日
590	岭上记忆展览馆	个人	2019 年 9 月 11 日
591	西安财经大学档案馆	西安财经大学	2019 年 9 月 18 日
592	阿拉善左旗档案史志馆	阿拉善左旗档案史志馆	2019 年 9 月 19 日
593	档案补档	个人	2019 年 9 月 19 日
594	镶黄旗档案史志局	个人	2019 年 9 月 20 日

序号	名称	认证主体	注册/发布 第一篇推文时间
595	昌邑档案	昌邑市档案馆	2019 年 9 月 27 日
596	广西师范大学档案馆	广西师范大学	2019 年 9 月 28 日
597	长宁档案史志	上海市长宁区档案馆	2019 年 9 月 30 日
598	档案云课堂	北京东方兰台文化发展有限公司	2019 年 10 月 9 日
599	汉滨区档案史志馆	汉滨区档案史志馆	2019 年 10 月 10 日
600	霍林郭勒市档案馆	霍林郭勒市档案馆	2019 年 10 月 12 日
601	沈廷记忆	个人	2019 年 10 月 17 日
602	哈尔滨师范大学档案馆	哈尔滨师范大学	2019 年 10 月 22 日
603	陕铁院档案馆	陕西铁路工程职业技术学院	2019 年 10 月 29 日
604	蒲城县档案局	个人	2019 年 10 月 31 日
605	小档之家	浙江档科信息技术有限公司	2019 年 11 月 1 日
606	海口市档案馆	海口市档案馆	2019 年 11 月 8 日
607	华东师范大学档案馆	华东师范大学	2019 年 11 月 14 日
608	干部人事档案知识	个人	2019 年 11 月 16 日
609	图情档学界	中国人民大学书报资料中心	2019 年 11 月 20 日
610	土家记忆	咸丰土绣文化传播有限公司	2019 年 11 月 24 日
611	延边州档案馆	延边朝鲜族自治州档案馆	2019 年 11 月 26 日
612	宜兴档案史志	宜兴市档案史志馆	2019 年 11 月 27 日
613	智慧档案室	杭州英弗特科技有限公司	2019 年 12 月 1 日
614	济南大学档案馆	济南大学	2019 年 12 月 4 日
615	档案青年俱乐部 AYC	个人	2019 年 12 月 17 日
616	华政档案	华东政法大学	2019 年 12 月 18 日
617	图情档	个人	2019 年 12 月 22 日
618	慧信档案	广州慧信档案技术有限公司	2020 年 1 月 13 日

序号	名称	认证主体	注册/发布 第一篇推文时间
619	苏尼特右旗档案史志馆	苏尼特右旗档案史志馆	2020年1月13日
620	SUS档案馆校史馆	上海体育学院	2020年1月15日
621	前世档案馆	广州碎石信息科技有限公司	2020年1月19日
622	莱阳档案	莱阳市档案馆	2020年2月3日
623	黑河史志档案	黑河市档案馆（中共黑河市委史志研究室）	2020年2月10日
624	便档	青岛方天科技股份有限公司	2020年2月14日
625	嘉兴档案史志	嘉兴市档案馆（中共嘉兴市委党史研究室、嘉兴市地方志编纂室）	2020年2月18日
626	卷宗档案	个人	2020年2月19日
627	新乡市档案馆	新乡市档案馆	2020年2月26日
628	福州兰台	个人	2020年2月26日
629	天祝藏族自治县档案馆	天祝藏族自治县档案馆	2020年2月26日
630	兰台印记	个人	2020年2月29日
631	齐齐哈尔档案史志	齐齐哈尔市档案馆（中共齐齐哈尔市委史志研究室）	2020年3月1日
632	齐齐哈尔档案史志	齐齐哈尔市档案馆（中共齐齐哈尔市委史志研究室）	2020年3月1日
633	达拉特旗档案局	达拉特旗档案局	2020年3月5日
634	淄川档案	淄博市淄川区档案馆	2020年3月9日
635	鄂托克前旗档案史志馆	鄂托克前旗档案史志馆	2020年3月11日
636	电子健康档案系统问题解答	个人	2020年3月11日
637	档案成县	成县档案馆	2020年3月11日
638	宁津县档案馆	宁津县档案馆	2020年3月12日
639	口述历史档案	个人	2020年3月13日

序号	名称	认证主体	注册/发布 第一篇推文时间
640	北海城建档案	北海市城市建设档案馆(北海市城市建设档案管理处)	2020 年 3 月 13 日
641	天水市档案馆	天水市档案馆	2020 年 3 月 18 日
642	广安市档案馆	广安市档案馆	2020 年 3 月 19 日
643	巴中市恩阳区史志档案中心		2020 年 3 月 19 日
644	记忆禹城	个人	2020 年 3 月 19 日
645	津忆档案	个人	2020 年 3 月 20 日
646	林都档案史志	伊春市档案馆	2020 年 3 月 23 日
647	星空档案	个人	2020 年 3 月 23 日
648	江苏档案学会	江苏省档案学会	2020 年 3 月 24 日
649	宜都档案	宜都市档案馆	2020 年 3 月 24 日
650	贵州师范学院历史与档案学院	贵州师范学院	2020 年 3 月 24 日
651	档案馆 888	广平县档案馆	2020 年 3 月 27 日
652	民国档案杂志	中国第二历史档案馆	2020 年 4 月 1 日
653	和合兰台	个人	2020 年 4 月 1 日
654	档来帮	北京优选智嘉人力资源有限公司	2020 年 4 月 1 日
655	沁源县档案馆	沁源县档案馆	2020 年 4 月 8 日
656	档案防护盾	为档案保存环境提供云端平台服务,实现云预警、云管理、云存储	2020 年 4 月 9 日
657	四川省档案馆	四川省档案馆	2020 年 4 月 14 日
658	同档企业档案	个人	2020 年 4 月 14 日
659	会计档案保护与数字化	个人	2020 年 4 月 14 日
660	档事通	青岛中海智库人力资源服务有限公司	2020 年 4 月 14 日
661	长安大学档案馆	长安大学	2020 年 4 月 15 日
662	昌平区档案馆	北京市昌平区档案馆	2020 年 4 月 15 日
663	规档云	上海兑观信息科技技术有限公司	2020 年 4 月 20 日

序号	名称	认证主体	注册/发布 第一篇推文时间
664	金乡县档案馆	金乡县档案馆	2020 年 4 月 22 日
665	萍乡档案	萍乡市档案馆	2020 年 4 月 23 日
666	建昌县档案局	建昌县档案局	2020 年 4 月 23 日
667	南昌市新建区档案馆	南昌市新建区档案馆	2020 年 4 月 24 日
668	上海交大档案文博管理中心	上海交通大学	2020 年 4 月 29 日
669	岳阳档案	岳阳市档案学会	2020 年 5 月 6 日
670	沈阳市档案局	中共沈阳市委办公室 中共沈阳市委保密委员会办公室（沈阳市国家保密局）、中共沈阳市委机要局（沈阳市国家密码管理局）、沈阳市档案局	2020 年 5 月 7 日
671	海淀档案	北京市海淀区档案馆	2020 年 5 月 8 日
672	南阳理工学院档案与校史馆	南阳理工学院	2020 年 5 月 9 日
673	中国档案学会	中国档案学会	2020 年 5 月 12 日
674	咸宁市城建档案馆	咸宁市城建档案馆	2020 年 5 月 12 日
675	清涧县档案馆	清涧县档案馆	2020 年 5 月 12 日
676	宣汉县档案馆	宣汉县档案馆	2020 年 5 月 13 日
677	江苏大学档案馆	江苏大学	2020 年 5 月 13 日
678	郑州大学档案与校史馆	郑州大学	2020 年 5 月 14 日
679	绍兴文理学院档案馆	绍兴文理学院	2020 年 5 月 18 日
680	二局话档案	个人	2020 年 5 月 19 日
681	南京审计大学档案馆	南京审计大学	2020 年 5 月 20 日
682	温州医科大学校史馆	温州医科大学	2020 年 5 月 20 日
683	今古宝山	上海市宝山区档案局	2020 年 5 月 21 日

序号	名称	认证主体	注册/发布 第一篇推文时间
684	同安档案	同安区档案馆（厦门市同安区档案馆 厦门市同安区政府信息公开查阅中心）	2020 年 5 月 21 日
685	玉树市档案馆	玉树市档案馆	2020 年 5 月 22 日
686	扎赉诺尔区档案史志馆	呼伦贝尔市扎赉诺尔区档案史志馆	2020 年 5 月 23 日
687	青岛大学档案馆	青岛大学	2020 年 6 月 1 日
688	档案人说档案事	个人	2020 年 6 月 2 日
689	凤凰县档案馆	凤凰县档案馆	2020 年 6 月 3 日
690	翼城档案馆	翼城县档案馆	2020 年 6 月 7 日
691	东北财经大学档案馆	东北财经大学	2020 年 6 月 8 日
692	八局档案	个人	2020 年 6 月 12 日
693	成都市青羊区档案馆	成都市青羊区档案馆	2020 年 6 月 15 日
694	河北区档案馆	天津市河北区档案馆（天津市河北区地方志编修委员会办公室）	2020 年 6 月 15 日
695	浦城县档案馆	浦城县档案局（馆）	2020 年 6 月 15 日
696	广州市增城区国家档案馆	广州市增城区国家档案馆	2020 年 6 月 16 日
697	兰台石	个人	2020 年 6 月 22 日
698	友脉档案	云南友脉劳务服务有限公司	2020 年 6 月 23 日
699	档案史志佳木斯	佳木斯市档案馆（市委史志研究室）	2020 年 6 月 29 日
700	汉口学院档案馆	汉口学院	2020 年 7 月 1 日
701	广东海洋大学档案馆	广东海洋大学	2020 年 7 月 6 日
702	重庆城建档案	重庆渝中区城建档案服务部	2020 年 7 月 6 日
703	聊城兰台	中国共产党聊城市委员会办公室	2020 年 7 月 7 日
704	滨城区档案馆	滨州市滨城区档案馆	2020 年 7 月 9 日

序号	名称	认证主体	注册/发布 第一篇推文时间
705	伊金霍洛旗档案史志馆	伊金霍洛旗档案史志馆	2020年7月10日
706	档案防护云	河北因朵科技有限公司	2020年7月11日
707	宜档印迹	宜昌市档案馆	2020年7月16日
708	安州教体人事档案专审	个人	2020年7月17日
709	墨恒档案密集架	个人	2020年7月23日
710	档案学家的日常	个人	2020年7月27日
711	深圳档案	深圳市档案馆(深圳市城建档案馆)	2020年7月27日
712	亩宋档案	个人	2020年7月29日
713	巴彦淖尔市档案馆	巴彦淖尔市档案馆	2020年8月4日
714	监利兰台	监利市档案馆	2020年8月5日
715	南宁市国家档案馆	南宁市国家档案馆	2020年8月6日
716	档科智辅服务	杭州蚁堡网络技术有限公司	2020年8月9日
717	来宾市档案局	中国共产党来宾市委员会办公室	2020年8月10日
718	岷州档案	中国共产党岷县委员会办公室	2020年8月19日
719	阜新市档案馆 市史志办公室	阜新市档案馆	2020年8月19日
720	玉泉区档案馆	呼和浩特市玉泉区档案馆	2020年8月19日
721	正蓝旗档案史志馆	正蓝旗党史地方志编纂办公室	2020年8月19日
722	精英档案人	上海鼎易信息技术有限公司	2020年8月23日
723	朔州兰台	朔州市档案馆	2020年8月25日
724	中山大学博物馆校史馆	中山大学	2020年8月26日
725	北京大学医学部档案馆	北京大学	2020年9月1日
726	南财大档案馆校史馆	南京财经大学	2020年9月1日
727	哈商大档案馆	哈尔滨商业大学	2020年9月2日

序号	名称	认证主体	注册/发布 第一篇推文时间
728	兰州理工大学校史馆	兰州理工大学	2020年9月3日
729	诗酒兰台	个人	2020年9月6日
730	山一大校史馆	个人	2020年9月8日
731	档案一站通	西安市高新区慷贵蒲百货店	2020年9月8日
732	青山档案	武汉市青山区档案馆(区史志研究中心)	2020年9月9日
733	赤壁兰台	赤壁市档案馆	2020年9月17日
734	湖北大学档案馆博物馆校史馆	湖北大学	2020年9月18日
735	记忆台州	台州市档案馆	2020年9月22日
736	校史馆咖啡厅工作室	个人	2020年9月23日
737	国家档案局档案干部教育中心	国家档案局档案干部教育中心	2020年9月24日
738	海盐档案史志	海盐县档案馆(海盐县史志研究室)	2020年9月25日
739	大连外国语大学档案馆	大连外国语大学	2020年9月26日
740	浙江省档案馆	浙江省档案馆	2020年9月27日
741	山财档案馆校史馆	个人	2020年9月29日
742	黔东南州档案馆	黔东南州档案馆	2020年10月9日
743	北京体育大学档案馆	北京体育大学(国家体育总局教练员学院)	2020年10月9日
744	之江档案	浙江档案杂志社	2020年10月14日
745	永济市档案馆	永济市档案馆	2020年10月14日
746	林苑兰台	个人	2020年10月14日
747	成都市城市建设档案馆	成都市城市建设档案馆	2020年10月15日
748	北京林业大学档案馆	北京林业大学	2020年10月17日

序号	名称	认证主体	注册/发布 第一篇推文时间
749	思南县档案馆	思南县档案馆	2020 年 10 月 22 日
750	渭南档案	渭南市档案馆	2020 年 10 月 22 日
751	华南农业大学校史馆	华南农业大学	2020 年 10 月 25 日
752	惠水县档案馆	惠水县档案馆	2020 年 10 月 27 日
753	冀医校史馆	个人	2020 年 10 月 29 日
754	档案科普小知识	个人	2020 年 10 月 29 日
755	循冀档案	个人	2020 年 10 月 29 日
756	湖工校史馆	个人	2020 年 10 月 29 日
757	校史馆博物馆学生讲解团队	个人	2020 年 10 月 30 日
758	兰台致远档案	西安兰台致远信息科技有限公司	2020 年 11 月 5 日
759	临沧档案	临沧市档案馆	2020 年 11 月 5 日
760	番禺档案	广州市番禺区融媒体中心（广州市番禺区广播电视台、番禺日报社）	2020 年 11 月 5 日
761	新生代智慧档案	新生代智能科技发展（山东）有限公司	2020 年 11 月 9 日
762	UNIS 紫光档案	合肥紫软计算机科技有限公司	2020 年 11 月 10 日
763	漳州市档案馆	漳州市档案馆	2020 年 11 月 16 日
764	浙大城市学院档案馆	浙大城市学院	2020 年 11 月 23 日
765	兰台云	佛山久红档案装具保护用品有限公司	2020 年 11 月 25 日
766	陕西师范大学档案馆	陕西师范大学	2020 年 11 月 26 日
767	来宾市档案馆	来宾市档案馆	2020 年 11 月 27 日
768	北海国土资源档案馆	北海市国土资源档案馆	2020 年 12 月 1 日
769	营山县档案馆	营山县档案馆	2020 年 12 月 1 日
770	扎旗档案史志馆	扎鲁特旗档案史志馆	2020 年 12 月 2 日

序号	名称	认证主体	注册/发布 第一篇推文时间
771	洮南市档案馆	洮南市档案馆	2020年12月2日
772	江苏医药职业学院档案馆	江苏医药职业学院	2020年12月3日
773	泸州市龙马潭区档案馆	泸州市龙马潭区档案馆	2020年12月3日
774	同心县档案史志	同心县档案馆	2020年12月10日
775	兰台口述历史中心	个人	2020年12月11日
776	肃州档案工作	个人	2020年12月11日
777	金档科技	武汉金档科技有限公司	2020年12月12日
778	档案人研究中心	个人	2020年12月20日
779	SUIBE兰台文博苑	上海对外经贸大学	2020年12月22日
780	方阵档案	湖北方阵档案科技有限公司	2020年12月25日
781	灵宝民间档案	个人	2020年12月26日
782	今古五峰	五峰土家族自治县档案馆	2020年12月29日
783	武汉音乐学院档案馆	武汉音乐学院	2020年12月29日
784	河北江枫档案	河北江枫档案管理咨询服务有限公司	2021年1月4日
785	湾沚档案	芜湖市湾沚区档案馆	2021年1月11日
786	兰台人	干部人事档案审核、利用及日常管理业务交流	2021年1月12日
787	西峰档案	庆阳市西峰区档案馆	2021年1月12日
788	安阳师范学院档案馆	安阳师范学院	2021年1月18日
789	档案卫士	四川世纪传承档案管理服务有限公司	2021年1月18日
790	星汉智慧档案交付之家	浙江星汉信息技术股份有限公司	2021年1月20日
791	东昌档案	聊城市东昌府区档案馆	2021年1月21日
792	诗人作家档案库	千家诗文化传媒(江苏)有限公司	2021年1月21日

序号	名称	认证主体	注册/发布 第一篇推文时间
793	彝州兰台先锋	楚雄彝族自治州国家综合档案馆	2021 年 1 月 22 日
794	西安交通大学档案馆	西安交通大学	2021 年 1 月 22 日
795	凤翔档案史志	宝鸡市凤翔区档案馆	2021 年 1 月 23 日
796	重庆市铜梁区档案馆	重庆市铜梁区档案馆	2021 年 1 月 28 日
797	高碑店市档案馆	高碑店市档案馆	2021 年 1 月 28 日
798	杨大档案人	个人	2021 年 1 月 30 日
799	石化档案	北京燕山石化特种设备检验有限公司	2021 年 2 月 5 日
800	禹城市档案馆	禹城市档案馆	2021 年 2 月 10 日
801	梨树县档案馆	梨树县档案馆	2021 年 2 月 10 日
802	重庆市档案馆	重庆市档案馆	2021 年 2 月 18 日
803	莱芜档案	济南市莱芜区档案馆	2021 年 2 月 19 日
804	响水县档案馆	响水县档案馆	2021 年 2 月 20 日
805	潮汇城档案	个人	2021 年 2 月 23 日
806	六安市档案馆	六安市档案馆	2021 年 2 月 23 日
807	泾县史志	中共泾县县委党史和地方志研究室（泾县档案馆）	2021 年 2 月 23 日
808	松桃档案	松桃苗族自治县档案馆（县地方志编纂委员会办公室）	2021 年 2 月 25 日
809	上犹县档案局		2021 年 3 月 2 日
810	档案龙湾	温州市龙湾区档案馆	2021 年 3 月 2 日
811	未来档案局	个人	2021 年 3 月 4 日
812	畲乡档案史志	景宁畲族自治县档案馆	2021 年 3 月 4 日
813	东观档案	个人	2021 年 3 月 6 日
814	通城史志档案	个人	2021 年 3 月 8 日
815	梨乡兰台	个人	2021 年 3 月 8 日
816	河源档案	河源市档案馆	2021 年 3 月 11 日

序号	名称	认证主体	注册/发布 第一篇推文时间
817	浙江档案杂志社有限责任公司	浙江档案杂志社有限责任公司	2021 年 3 月 12 日
818	湘潭市档案馆	湘潭市档案馆	2021 年 3 月 12 日
819	西南医科大学档案馆	西南医科大学	2021 年 3 月 15 日
820	闻档知音	个人	2021 年 3 月 19 日
821	闻档察社	个人	2021 年 3 月 19 日
822	人事档案查询	个人	2021 年 3 月 22 日
823	人事档案管理	个人	2021 年 3 月 22 日
824	越乡兰台	绍兴市越城区档案学会	2021 年 3 月 22 日
825	人事档案询查	个人	2021 年 3 月 24 日
826	平城档案	大同市平成区档案馆	2021 年 3 月 24 日
827	南昌航空大学档案馆	南昌航空大学	2021 年 3 月 29 日
828	昌宁档案	昌宁县档案馆	2021 年 3 月 30 日
829	南望兰台	中国地质大学(武汉)	2021 年 3 月 30 日
830	敦煌市档案馆	敦煌市档案馆	2021 年 3 月 31 日
831	安徽农业大学图书馆档案馆	安徽农业大学	2021 年 4 月 1 日
832	文县档案馆	文县档案馆	2021 年 4 月 6 日
833	平凉市档案馆	平凉市档案馆	2021 年 4 月 7 日
834	档记初心	个人	2021 年 4 月 14 日
835	清水河县档案史志馆	清水河县档案史志馆	2021 年 4 月 16 日
836	涵妍档案	上海涵妍档案信息技术有限责任公司	2021 年 4 月 16 日
837	怀远档案	怀远县档案馆	2021 年 4 月 20 日
838	北辰档案	天津市北辰区档案馆	2021 年 4 月 21 日
839	九龍档案馆剧本杀桌游	台江区玖龙室内娱乐活动工作室	2021 年 4 月 23 日

序号	名称	认证主体	注册/发布 第一篇推文时间
840	东北大学校史馆	东北大学	2021年4月26日
841	兰台via	个人	2021年4月26日
842	湖北工业大学档案馆	湖北工业大学	2021年4月26日
843	安福史志档案	中共安福县委党史和地方志研究中心	2021年4月27日
844	温州档案	温州市档案馆	2021年4月27日
845	航星永志	北京航星永志科技有限公司	2021年4月29日
846	SLU校史馆讲解团队	个人	2021年5月8日
847	满洲里档案史志馆	满洲里档案史志馆	2021年5月10日
848	淄博市技师学院图书档案馆	淄博市技师学院	2021年5月12日
849	仁商至诚档案	合肥仁商至诚信息科技有限公司	2021年5月13日
850	扶风档案史志	扶风县档案馆(局)(地方志编纂委员会办公室、中共扶风县委党史研究室)	2021年5月13日
851	赤峰市档案史志馆	赤峰市档案史志馆	2021年5月14日
852	诺亚档案通	河北诺亚人力资源开发有限公司	2021年5月14日
853	辉县市档案馆	辉县市档案馆	2021年5月17日
854	征途科技智慧档案	山东征途信息科技股份有限公司	2021年5月19日
855	档托邦	档托邦(苏州)教育科技有限公司	2021年5月21日
856	贵州档案方志	贵州省档案馆(贵州省地方志编纂委员会办公室)	2021年5月24日
857	乌海市乌达区档案史志馆	乌海市乌达区档案史志馆	2021年5月24日
858	黑龙江工程学院档案馆	黑龙江工程学院	2021年5月24日
859	脉源通档案公司	湖北脉源通档案管理有限公司	2021年5月26日
860	漳州兰台档案	漳州兰台档案服务有限公司	2021年5月29日

序号	名称	认证主体	注册/发布 第一篇推文时间
861	新余档案	新余市档案馆	2021年5月31日
862	南开大学档案馆	南开大学	2021年5月31日
863	咸阳市档案馆	咸阳市档案馆	2021年5月31日
864	蒲城县档案馆	蒲城县档案局	2021年5月31日
865	一群快乐的档案人	个人	2021年6月1日
866	彭州档案	彭州市档案馆	2021年6月4日
867	扎兰屯市档案史志馆	扎兰屯市档案史志馆	2021年6月15日
868	东乌旗档案史志馆	东乌珠穆沁旗档案史志馆	2021年6月16日
869	中央音乐学院档案馆校史馆	中央音乐学院	2021年6月17日
870	吕梁市档案馆	吕梁市档案馆	2021年6月18日
871	宣城党史方志档案	中共宣城市委党史和地方志研究室（宣城市档案馆、宣城市地方志馆）	2021年6月19日
872	鸿雁寄锦档案补办	日月兼程（广州）商务服务有限公司	2021年6月23日
873	济南城建档案学会	济南城建档案学会	2021年6月29日
874	华耀档案	个人	2021年7月1日
875	威海市城市建设档案馆	威海市城市建设档案馆（威海市城市建设数据中心）	2021年7月1日
876	云丰档案	成都云丰档案管理咨询有限公司	2021年7月2日
877	长岭县档案馆	长岭县档案馆	2021年7月6日
878	绥化史志档案	绥化市档案馆（中共绥化市委史志研究室）	2021年7月6日
879	中国档案学会企业档案学术委员会	中国兵器工业档案馆	2021年7月7日
880	明水档案	明水县档案馆	2021年7月7日
881	菏泽市档案馆	菏泽市档案馆	2021年7月8日
882	吉安史志档案	中共吉安市委党史和地方志研究中心	2021年7月12日

序号	名称	认证主体	注册/发布 第一篇推文时间
883	驻马店市驿城区档案馆	驻马店市驿城区档案局	2021年7月12日
884	住建云档案	北京国信建科技术有限公司	2021年7月13日
885	字符印记 成长档案馆	字符印记(深圳)文化科技有限公司	2021年7月16日
886	白城档案	白城市档案馆	2021年7月20日
887	晋江档案	晋江市档案馆	2021年7月21日
888	曹县档案馆	山东省曹县档案馆	2021年8月5日
889	成德记忆	河南成德教育信息咨询有限公司	2021年8月6日
890	鄂尔多斯市档案史志馆	鄂尔多斯市档案史志馆	2021年8月10日
891	鄂尔多斯市档案局	鄂尔多斯市档案史志馆	2021年8月10日
892	阳泉记忆1947	阳泉文化旅游投资有限公司	2021年8月10日
893	喀旗档案史志馆	喀喇沁旗档案史志馆	2021年8月13日
894	锡林郭勒盟档案馆	锡林郭勒盟档案馆	2021年8月16日
895	绍兴档案	绍兴市档案馆	2021年8月17日
896	红色校史馆	个人	2021年8月18日
897	河大档案那些事儿	个人	2021年8月22日
898	开封市档案馆	开封市档案馆	2021年8月23日
899	巢湖市档案馆	巢湖市档案馆	2021年8月23日
900	云档信息	南京云档信息科技有限公司	2021年8月23日
901	上海涵妍档案	上海涵妍档案信息技术有限责任公司	2021年8月24日
902	历史大档案	个人	2021年8月26日
903	雄县档案馆	雄县档案馆	2021年8月26日
904	CN品牌档案	个人	2021年9月1日
905	哈尔滨史志	中共哈尔滨市委史志研究室	2021年9月9日
906	小博考古档案	个人	2021年9月10日
907	邓州市档案馆	邓州市档案馆	2021年9月15日

序号	名称	认证主体	注册/发布 第一篇推文时间
908	记忆芦田	安溪县芦田镇人民政府	2021年9月15日
909	呼兰档案史志	哈尔滨市呼兰区档案馆(中共哈尔滨市呼兰区委史志研究室)	2021年9月22日
910	陇县档案局	陇县档案局	2021年9月23日
911	江西应用科技学院档案馆	江西应用科技学院	2021年9月24日
912	苏州市档案学会	苏州市档案学会	2021年9月26日
913	云浮档案方志	云浮市人民政府地方志办公室	2021年9月26日
914	方城县档案馆	方城县档案局(馆)	2021年9月27日
915	平利县档案史志馆	平利县档案史志馆	2021年9月28日
916	华档云	广西南宁华档数字信息科技有限公司	2021年9月29日
917	广西民族大学档案馆	广西民族大学	2021年9月30日
918	北京科技大学档案馆	北京科技大学	2021年10月8日
919	百望电子档案	个人	2021年10月9日
920	江苏省测绘资料档案馆	江苏省测绘资料档案馆	2021年10月10日
921	永春人事档案查询	个人	2021年10月12日
922	沧州交通学院档案馆校史馆	沧州交通学院	2021年10月15日
923	河北北方学院校史馆	河北北方学院	2021年10月15日
924	翁牛特旗档案史志馆	翁牛特旗档案史志馆	2021年10月18日
925	广州市越秀区国家档案馆	广州市越秀区国家档案馆	2021年10月20日
926	名流档案	个人	2021年10月21日
927	临平档案	杭州市临平区档案馆	2021年10月21日

序号	名称	认证主体	注册/发布 第一篇推文时间
928	宇辰档案科技	个人	2021 年 10 月 22 日
929	档管家服务平台	档管家（青岛）档案管理咨询有限公司	2021 年 10 月 26 日
930	义安档案	铜陵市义安区档案馆	2021 年 10 月 28 日
931	阜南兰台	阜南县档案馆	2021 年 10 月 28 日
932	临淄档案	中共临淄区委党史研究中心	2021 年 10 月 28 日
933	安徽省芜湖市镜湖区档案馆	安徽省芜湖市镜湖区档案馆	2021 年 10 月 30 日
934	沈丘档案	沈丘县档案馆	2021 年 11 月 1 日
935	沈阳理工大学档案馆校史馆	沈阳理工大学	2021 年 11 月 2 日
936	定海档案史志	舟山市定海区档案馆	2021 年 11 月 2 日
937	匠心历史档案	双牌县仕各网络工作室	2021 年 11 月 3 日
938	兰台平民	个人	2021 年 11 月 7 日
939	山西省档案馆	山西省档案馆	2021 年 11 月 9 日
940	宿城档案	宿迁市宿城区档案馆	2021 年 11 月 9 日
941	20 物理电子档案	个人	2021 年 11 月 10 日
942	ZBTI 校史馆	个人	2021 年 11 月 10 日
943	档科运营管理平台	浙江档科信息技术有限公司	2021 年 11 月 10 日
944	虚拟 IP 档案馆	上海贝京广告有限公司	2021 年 11 月 11 日
945	档信档查	昆山开发区启秀邦信息咨询服务部	2021 年 11 月 12 日
946	商丘师范学院综合档案馆	商丘师范学院	2021 年 11 月 16 日
947	庐江史志档案	中共庐江县委党史和地方志研究室	2021 年 11 月 17 日
948	郑州城建档案	郑州市城市建设档案馆	2021 年 11 月 18 日
949	天津市档案方志	天津市档案馆（天津市地方志编修委员会办公室）	2021 年 11 月 22 日
950	南安兰台		2021 年 11 月 24 日
951	广东财经大学档案馆校史馆	广东财经大学	2021 年 11 月 26 日

序号	名称	认证主体	注册/发布 第一篇推文时间
952	花都智慧档案库房	洛阳花都家具集团有限公司	2021 年 11 月 26 日
953	简史档案	太原小城通达科技有限公司	2021 年 11 月 29 日
954	中国石油大学北京档案馆	中国石油大学(北京)	2021 年 12 月 2 日
955	巴林右旗档案史志馆	巴林右旗档案史志馆	2021 年 12 月 2 日
956	井陉档案	井陉县档案馆(中共井陉县委党史县志研究中心)	2021 年 12 月 7 日
957	中国传媒大学档案馆校史馆	中国传媒大学	2021 年 12 月 8 日
958	电子档案绿色存储	个人	2021 年 12 月 9 日
959	孤独剑说人事档案	个人	2021 年 12 月 11 日
960	烟台市档案馆公众号	烟台市档案馆	2021 年 12 月 14 日
961	记忆仙桃	仙桃市档案馆、仙桃市史志研究中心	2021 年 12 月 14 日
962	岭南档案	个人	2021 年 12 月 19 日
963	科学岛兰台	中国科学院合肥物质科学研究院	2021 年 12 月 20 日
964	崆峒档案	平凉市崆峒区档案馆	2021 年 12 月 20 日
965	商南县档案馆	商南县档案馆	2021 年 12 月 22 日
966	溧阳档案	溧阳市档案馆	2021 年 12 月 23 日
967	档档	档档(北京)数字技术有限公司	2021 年 12 月 24 日
968	七台河档案史志	七台河市档案馆(中共七台河市委史志研究室)	2021 年 12 月 27 日
969	肃北档案	肃北蒙古族自治县档案馆	2021 年 12 月 27 日
970	UIBE 档案校史博物	对外经济贸易大学	2022 年 1 月 1 日
971	琅琊区档案馆	滁州市琅琊区档案馆	2022 年 1 月 6 日
972	庆阳档案	庆阳市档案馆	2022 年 1 月 6 日

序号	名称	认证主体	注册/发布 第一篇推文时间
973	人事档案科普小知识	个人	2022 年 1 月 8 日
974	浙江省档案教育培训中心	浙江省档案教育培训中心有限责任公司	2022 年 1 月 13 日
975	五大连池史志档案	五大连池市档案馆	2022 年 1 月 17 日
976	数字罗塞塔计划	翼寸(上海)智能科技有限公司	2022 年 1 月 19 日
977	丹阳校史馆	个人	2022 年 1 月 19 日
978	黄埔档案	广州市黄埔区国家档案馆	2022 年 1 月 20 日
979	东平史敢档	中共东平县委党史研究中心	2022 年 1 月 20 日
980	河北省档案学会	河北省档案学会	2022 年 1 月 21 日
981	云档通档案	云档通(上海)信息技术有限公司	2022 年 1 月 21 日
982	濮阳档案	濮阳市档案馆	2022 年 2 月 9 日
983	武汉档信	武汉档信信息技术服务有限公司	2022 年 2 月 10 日
984	龙乡兰台		2022 年 2 月 11 日
985	成武县档案馆	成武县档案馆	2022 年 2 月 11 日
986	隆尧县档案馆	隆尧县档案馆	2022 年 2 月 11 日
987	红色历史档案	个人	2022 年 2 月 12 日
988	神农架林区档案馆	神农架林区档案馆	2022 年 2 月 16 日
989	广州市档案行业协会	广州市档案行业协会	2022 年 2 月 24 日
990	安徽医科大学档案馆	安徽医科大学	2022 年 2 月 28 日
991	榆树市档案馆	榆树市档案馆	2022 年 3 月 1 日
992	云档科技	河北云档网络科技有限公司	2022 年 3 月 2 日
993	白银市平川区档案馆	白银市平川区档案馆	2022 年 3 月 2 日
994	智慧档案研究	广州市黄埔区艾思凯智慧档案研究院	2022 年 3 月 2 日
995	十四号档案馆工作室	上海智海娱乐发展有限公司	2022 年 3 月 3 日

序号	名称	认证主体	注册/发布 第一篇推文时间
996	档务帮	昆保网(苏州)人力资源有限公司	2022 年 3 月 3 日
997	津南档案	天津市津南区档案馆	2022 年 3 月 8 日
998	兰台青城	都江堰市档案馆	2022 年 3 月 9 日
999	兰台档案事务所	个人	2022 年 3 月 12 日
1000	XFU 校史馆	个人	2022 年 3 月 13 日
1001	人才市场档案	个人	2022 年 3 月 15 日
1002	界首市档案馆	界首市档案馆	2022 年 3 月 16 日
1003	陕西理工大学档案馆	陕西理工大学	2022 年 3 月 17 日
1004	易档案	陕西紫光工程有限公司	2022 年 3 月 18 日
1005	河南工业大学档案馆	河南工业大学	2022 年 3 月 18 日
1006	武汉交通职业学院图书档案馆	武汉交通职业学院	2022 年 3 月 20 日
1007	鹰城兰台	平顶山市档案馆	2022 年 3 月 22 日
1008	湖南省城建档案和信息管理协会	湖南省城建档案和信息管理协会	2022 年 3 月 24 日
1009	惠州档案方志	惠州市档案馆(惠州市人民政府地方志办公室)	2022 年 3 月 25 日
1010	是正版的故事档案局	个人	2022 年 3 月 28 日
1011	信和兰台	北京信和兰台技术服务有限公司	2022 年 3 月 29 日
1012	安国市档案馆	安国市档案馆	2022 年 3 月 31 日
1013	白城师范学院档案馆	白城师范学院	2022 年 3 月 31 日
1014	巴中市档案馆	巴中市档案馆	2022 年 4 月 6 日
1015	兰台档案研究	重庆市兰台档案研究院	2022 年 4 月 7 日
1016	达州档案	达州市档案馆	2022 年 4 月 8 日
1017	夏河档案	夏河县档案馆	2022 年 4 月 10 日
1018	档案学会	重庆市档案学会	2022 年 4 月 11 日

序号	名称	认证主体	注册/发布 第一篇推文时间
1019	历史历史档案	个人	2022 年 4 月 11 日
1020	无锡市新吴区档案史志馆	无锡市新吴区档案史志馆	2022 年 4 月 15 日
1021	档案里的春秋往事	个人	2022 年 4 月 17 日
1022	湖北美术学院档案馆	湖北美术学院	2022 年 4 月 19 日
1023	梁溪区档案史志馆	梁溪区档案史志馆	2022 年 4 月 21 日
1024	成都档案	成都市档案馆	2022 年 4 月 22 日
1025	咸阳职业技术学院档案馆	咸阳职业技术学院	2022 年 4 月 25 日
1026	文仕文化博物档案馆	广州有渔文化教育咨询有限公司	2022 年 4 月 30 日

附件8 档案抖音号

档案抖音号(2022年5月10日统计)

序号	抖音账户名	发布第一条抖音时间
1	牡丹哥档案管理	2016年5月20日
2	正本档案管理有限公司	2017年11月8日
3	档管家-千万别看我以前视频	2018年3月18日
4	西安档案	2018年4月13日
5	重庆露科档案管理服务有限公司	2018年5月11日
6	报到证存档案激活遗失补救	2018年5月18日
7	档查查存档查档	2018年5月18日
8	嘉诚档案盒加工	2018年6月13日
9	信封档案袋生产厂家	2018年7月8日
10	档案库房建设	2018年7月29日
11	北京卫视档案	2018年8月7日
12	档案文物杀虫☞医药果蔬冻干☞解冻机☞预冷	2018年8月17日
13	邹辉贤.智慧档案.湖南快印	2018年8月18日
14	啦啦之歌	2018年9月14日
15	瑞冬书法	2018年9月15日
16	武汉鸿运昌远文化用品有限公司~昌远档案	2018年9月16日
17	专业智慧档案馆、智慧图书馆建设者	2018年9月21日
18	纵横档案	2018年10月3日
19	盈盛档案用品厂	2018年10月7日
20	平乡县诚信档案用品厂	2018年11月19日
21	邢台市速淘档案用品有限公司	2018年12月28日
22	档案盒档案袋厂	2019年1月2日
23	档案服务网	2019年1月6日
24	中国品牌档案	2019年2月5日
25	邢台科成档案用品有限公司	2019年3月26日

序号	抖音账户名	发布第一条抖音时间
26	广丰档案用品	2019 年 4 月 6 日
27	档案君	2019 年 4 月 16 日
28	奉贤档案	2019 年 5 月 25 日
29	梅梅	2019 年 5 月 25 日
30	黄陵县档案局	2019 年 6 月 5 日
31	韩老大(平乡县档案盒)	2019 年 6 月 6 日
32	档案说	2019 年 6 月 11 日
33	西安市长安区华伟档案用品,	2019 年 7 月 30 日
34	RFID 智能档案回转柜	2019 年 8 月 6 日
35	办得爽档案服务	2019 年 8 月 8 日
36	四川科链集域档案管理有限公司	2019 年 10 月 28 日
37	芒市档案局	2019 年 11 月 1 日
38	仁怀宏瑞档案管理咨询有限公司	2019 年 11 月 19 日
39	档案哥	2019 年 12 月 22 日
40	河北博金档案用品有限公司	2020 年 2 月 5 日
41	兰台新乐	2020 年 2 月 8 日
42	德宏州档案局	2020 年 2 月 8 日
43	平乡县博金档案用品有限公司	2020 年 3 月 2 日
44	兰苑档案	2020 年 3 月 2 日
45	盛益档案盒厂	2020 年 3 月 2 日
46	档案数字化智能库房建设	2020 年 3 月 6 日
47	智慧档案馆库房建设	2020 年 3 月 10 日
48	张斐智慧档案库房建设	2020 年 3 月 11 日
49	盛泰档案:刘力光	2020 年 3 月 17 日
50	数字档案管理-震旦	2020 年 4 月 9 日
51	陆良记忆	2020 年 4 月 9 日
52	无酸档案盒纸	2020 年 4 月 12 日
53	档案用品店《迪尚办公》	2020 年 4 月 21 日
54	夔牛科技(智慧档案馆、智慧图书馆)	2020 年 4 月 26 日

序号	抖音账户名	发布第一条抖音时间
55	诚友档案用品	2020 年 6 月 7 日
56	北京市档案馆	2020 年 6 月 8 日
57	档案信息网	2020 年 6 月 29 日
58	我在廉村学修裱	2020 年 7 月 28 日
59	专业档案数字化扫描设备服务商	2020 年 9 月 15 日
60	档案盒专业定制	2020 年 9 月 15 日
61	档案通	2020 年 9 月 15 日
62	乾源档案	2020 年 9 月 29 日
63	邢台佑盛无酸纸档案盒	2020 年 11 月 17 日
64	天津中宬档案管理有限公司	2020 年 12 月 6 日
65	马龙档案	2021 年 1 月 8 日
66	辽宁互联档案管理有限公司(莫)	2021 年 1 月 24 日
67	图书档案文件消毒柜/广州超瑞消毒设备制造	2021 年 2 月 27 日
68	深圳市沃德档案整理及数字化加工	2021 年 3 月 18 日
69	台州顺祥档案服务有限公司(陈府)	2021 年 3 月 18 日
70	淄博市档案馆	2021 年 4 月 27 日
71	档案故事	2021 年 5 月 9 日
72	榆树市档案馆	2021 年 5 月 13 日
73	路方档案盒打印机	2021 年 5 月 19 日
74	一体化智慧档案馆建设	2021 年 5 月 21 日
75	石家庄市档案馆	2021 年 5 月 28 日
76	档案视窗	2021 年 6 月 9 日
77	三益档案盒档案袋厂家	2021 年 6 月 12 日
78	四川精春档案服务公司	2021 年 6 月 15 日
79	档案人的花园	2021 年 6 月 26 日
80	帮帮团档案服务	2021 年 6 月 29 日
81	德森档案	2021 年 7 月 31 日
82	湖北省档案馆	2021 年 8 月 5 日
83	快速者档案管理	2021 年 8 月 9 日

序号	抖音账户名	发布第一条抖音时间
84	中博奥档案服务外包	2021年8月12日
85	档案信息化-刘大大	2021年8月13日
86	智慧档案馆一站式服务	2021年8月21日
87	泸州市兰香档案整理服务有限公司	2021年9月10日
88	安徽建业档案管理咨询有限公司	2021年9月10日
89	顺速达档案服务	2021年9月29日
90	生产各种档案盒	2021年10月10日
91	RFID图书馆档案馆设备源头厂家	2021年10月27日
92	盛泰档案刘小姐	2021年11月22日
93	我是档案砖家	2021年11月22日
94	荔浦市档案馆	2021年12月1日
95	上海普陀档案	2022年1月1日
96	档案云~兰台培训	2022年1月6日
97	六哥懂档案	2022年1月8日
98	档案小唐总	2022年2月12日
99	档案数字化	2022年2月13日
100	浙江档案	2022年2月24日
101	专业图书馆书架档案密集架厂家	2022年3月11日
102	锐智资料档案公司	2022年3月15日
103	档案仓库防火墙	2022年3月16日
104	档案盒档案箱生产厂家	2022年3月16日
105	档案盒袋专业定制	2022年3月16日
106	智慧档案馆建设-窦云昊	2022年3月18日
107	武汉帮森档案	2022年4月4日
108	山阳档案馆	2022年4月4日
109	泰哥懂档案	2022年4月20日
110	绿色智慧档案馆建设	2022年5月6日
111	智慧档案馆环境安全建设	2022年5月6日

附件9 档案小红书账号

档案小红书账号（2022 年 5 月 13 日统计）

序号	小红书名称	发布内容	首次发布时间
1	办得爽档案服务	一家专业档案服务机构，欢迎咨询以下问题：档案存放/补办/查找	2020 年 8 月 31 日
2	FJTV 福建非遗档案		2021 年 4 月 18 日
3	老孙的日常	单位档案科负责人	2021 年 9 月 15 日
4	智慧档案馆图书馆	智慧档案一体化管理	2022 年 3 月 31 日
5	智慧档案馆建设	智慧智能档案馆库房建设软硬件配套方案设施设备，档案无序存放有序管理	2021 年 7 月 13 日
6	广东鹄志档案服务中心	免费提供档案咨询服务：档案托管，档案补办，档案在手激活，档案查询	2022 年 4 月 21 日
7	全国档案查询	我是查档小能手，每日分享档案查询	2022 年 2 月 15 日
8	数字档案管理	震旦科技 1. 档案管理软件开发 2. 档案数字化加工 3. 实体档案安全管理	2021 年 9 月 8 日
9	档案帮	专业档案机构	2021 年 5 月 15 日
10	快速者档案办理		2021 年 4 月 13 日
11	办妥妥说档案	档案问题解答	2021 年 8 月 23 日
12	档案专家张老师	擅长处理档案疑难问题	2020 年 2 月 12 日
13	档案 Miss Zhang	处理全国人事档案：新建、查找、补档、激活，档案存档，档案调京	2020 年 11 月 3 日
14	奉贤档案	上海市奉贤区档案馆	2021 年 1 月 31 日

序号	小红书名称	发布内容	首次发布时间
15	路方档案盒打印机专家	依靠自身的专业技术为档案行业提供先进的解决方案以及专用设备	2021 年 6 月 9 日
16	湖南报到证档案办理	提供湖南高校毕业生报到证档案办理跑腿服务	2022 年 1 月 22 日
17	人事档案激活存放邱峰	档案激活存档;为您科普和分析别处办不了的档案小知识	2021 年 7 月 19 日
18	档案咨询－大荔荔	档案疑难 咨询解答	2021 年 7 月 26 日
19	人事档案柳老师	从事人力资源行业多年,学籍档案建档,人事档案死档激活	2021 年 8 月 27 日
20	档案管理	快速者专注办理档案业务	2021 年 3 月 16 日
21	卢老师讲档案	本人从事档案服务行业七年多,分享档案知识,解答档案问题	2022 年 3 月 2 日
22	档案咨询		2021 年 1 月 28 日
23	顺速达档案服务	十年成人教育,四年档案经历。	2021 年 11 月 8 日
24	档管家/档案建设/设备厂商	·提供档案加工设备采购 ·提供智慧档案库房一体化建设方案	2021 年 4 月 24 日
25	快速者档案管理有限公司	服务全国的专业档案机构:档案转递/查询/报到证补办、改派	2021 年 11 月 2 日
26	帮帮团档案咨询老师	档案查询、补办、托管、调转等问题可进行咨询	2020 年 6 月 5 日
27	人事档案专员小陈	小小人事档案专员,如有档案问题欢迎咨询	2020 年 12 月 3 日
28	人事档案王老师	人事档案咨询	2021 年 7 月 21 日
29	幽燕档案人	京城档案人的舞台	2021 年 2 月 18 日
30	档案补办、档案激活	档案补办、存放、激活	2021 年 1 月 6 日

序号	小红书名称	发布内容	首次发布时间
31	人事档案咨询	从事人力资源行业多年,学籍档案建档,人事档案死档激活	2021年8月9日
32	档案咨询李老师	·档案·北京接收函 疑难档案问题处理	2021年7月22日
33	档案卫士	立志于打造"档案专业人才培养基地",成为档案专业人才的孵化基地	2021年7月30日
34	会博通档案管理系统	专业档案文档知识管理系统30年	2021年10月26日
35	办得爽档案咨询服务	欢迎咨询档案、毕业证等各类问题	2019年7月2日
36	捷办档案	档案查询、调动、补办、托管激活、报到证补办改派等	2020年4月1日
37	档案解答味dang838	档案问题咨询,档案自持存档,档案接收存档,档案问题解答等	2020年4月24日
38	办得爽档案托管服务	一家专业档案服务机构	2021年8月31日
39	档案管理培训黄老师		2020年6月28日
40	帮帮团档案补办 档案托管	分享档案查询、补办、托管等相关知识	2021年7月21日
41	优选智嘉档案服务		2021年8月4日

附件 10　档案信息资源自媒体传播受众群体特性调查问卷

档案信息资源自媒体传播受众群体特性调查问卷

尊敬的先生/女士:

您好!

本人是郑州大学信息管理学院档案学专业教师邢变变,现正在进行一项关于档案信息资源自媒体传播受众群体特性的调查研究,调查对象为档案微博、档案微信公众号、档案抖音、档案小红书等账号的注册者和运维者,想邀请您用几分钟时间帮忙填写这份调查问卷。本次调查严格按照《中华人民共和国统计法》的要求进行,问卷实行匿名制,所有数据只用于项目研究,请您放心填写。您的回答对我非常重要,非常感谢您的支持和参与!

填写说明:

1. 请在括号里面填写该题答案的相应序号,若无特殊说明均为单选。

2. 凡遇到“____”时,请您填上真实的数字或情况。

第一部分　基本情况

1. 您的性别是(　　)。

A. 男　　B. 女

2. 您的年龄是(　　)。

A. 19 岁及以下　　B. 20 ~ 29 岁

C. 30 ~ 49 岁　　D. 50 ~ 59 岁

E. 60 岁及以上

3. 您的受教育程度是(　　)。

A. 初中及以下　　B. 高中

C. 大专　　D. 本科

E. 硕士　　F. 博士

第二部分　社会经济地位

4. 您工作或学习单位的性质是(　　)。

A. 党政机关事业单位　　B. 国有企业

C. 私企　　D. 外企

E. 个体　　F. 军队

G. 学校　　H. 其他(请注明)________

5. 您现在的职称\职务是________

6. 您所在单位的人员规模属于哪一类(　　)。

A. 10 人以下　　B. 10 ~ 50 人

C. 50 ~ 100 人　　D. 100 ~ 500 人

E. 500 ~ 1000 人　　F. 1000 人以上

7. 您获得最高学历的学校是属于哪一类(　　)。

A. 专科院校　　B. 普通本科

C. 211 院校　　D. 985 院校

E. 其他(请注明)________

8. 您的月收入或生活费在以下哪个范围(　　)。

A. 0 ~ 1500　　B. 1500 ~ 3000

C. 3000 ~ 5000　　D. 5000 ~ 10000

E. 10000 以上

9. 您认为您所从事的工作给您带来了优越感或成就感(　　)。

A. 非常同意　　B. 同意

C. 一般　　D. 不同意

E. 非常不同意

10. 您认为您所从事工作的职业声望较高(　　)。

A. 非常同意　　B. 同意

C. 一般　　D. 不同意

E. 非常不同意

11. 您认为社会已经给予您所从事工作充分的肯定和足够的重视(　　)。

A. 非常同意　　B. 同意

C. 一般　　D. 不同意

E. 非常不同意

12. 您认为您所从事工作的晋升空间较大(　　)。

A. 非常同意　　B. 同意

C. 一般　　D. 不同意

E. 非常不同意

第三部分　个性及价值观

13. 我敢于做第一个“吃螃蟹”的人(　　)。

A. 非常同意　　B. 同意

C. 一般　　D. 不同意

E. 非常不同意

14. 我有较强的抽象思维能力(　　)。

A. 非常同意　　B. 同意

C. 一般　　D. 不同意

E. 非常不同意

15. 我有较强的逻辑推理能力(　　)。

A. 非常同意　　B. 同意

C. 一般　　D. 不同意

E. 非常不同意

16. 我是一个富有革新精神的人(　　)。

A. 非常同意　　B. 同意

C. 一般　　D. 不同意

E. 非常不同意

17. 我热衷于尝试使用新出现的档案自媒体(微博、微信公众号、抖音等)(　　)。

A. 非常同意　　B. 同意

C. 一般　　D. 不同意

E. 非常不同意

18. 我对新出现的档案自媒体(微博、微信公众号、抖音等)持欢迎态度(　　)。

A. 非常同意　　B. 同意

C. 一般　　D. 不同意

E. 非常不同意

19. 我在档案自媒体(微博、微信公众号、抖音等)传播创新方面有很高的热情和抱负(　　)。

A. 非常同意　　B. 同意

C. 一般　　D. 不同意

E. 非常不同意

20. 我对现有的档案自媒体(微博、微信公众号、抖音等)传播是满意的(　　)。

A. 非常同意　　B. 同意

C. 一般　　D. 不同意

E. 非常不同意

21. 对于未来,我觉得档案自媒体(微博、微信公众号、抖音等)传播的道路是光明的(　　)。

A. 非常同意　　B. 同意

C. 一般　　D. 不同意

E. 非常不同意

第四部分　传播行为及方式

22. 我比大多数朋友更加活跃地参与档案自媒体(微博、微信公众号、抖音等)传播活动(　　)。

A. 非常同意　　B. 同意

C. 一般　　D. 不同意

E. 非常不同意

23. 我有很多接触档案自媒体(微博、微信公众号、抖音等)的渠道(　　)。

A. 非常同意　　B. 同意

C. 一般　　D. 不同意

E. 非常不同意

24. 我善于进行人际交往(　　)。

A. 非常同意　　B. 同意

C. 一般　　D. 不同意

E. 非常不同意

25. 我是他人接受新事物前的咨询对象(　　)。

A. 非常同意　　B. 同意

C. 一般　　D. 不同意

E. 非常不同意

26. 我是属于"意见领袖"性质的人(　　)。

A. 非常同意　　B. 同意

C. 一般　　D. 不同意

E. 非常不同意

27. 我和档案自媒体(微博、微信公众号、抖音等)传播中创新能力强的人相处频次较高(　　)。

A. 非常同意　　B. 同意

C. 一般　　D. 不同意

E. 非常不同意

28. 我对档案自媒体(微博、微信公众号、抖音等)传播的了解程度较高(　　)。

A. 非常同意　　B. 同意

C. 一般　　D. 不同意

E. 非常不同意

29. 我认为新出现的档案自媒体(微博、微信公众号、抖音等)可以激发我的创造力(　　)。

A. 非常同意　　B. 同意

C. 一般　　D. 不同意

E. 非常不同意

30. 我对档案自媒体(微博、微信公众号、抖音等)传播持积极主动的态度(　　)。

A. 非常同意　　B. 同意

C. 一般　　　　D. 不同意

E. 非常不同意

附件11 档案信息资源自媒体传播中意见领袖的确定访谈提纲

档案信息资源自媒体传播中意见领袖的确定访谈提纲

亲爱的同学：

您好！

本人是郑州大学信息管理学院档案学专业教师邢变变，现正在进行一项关于档案信息资源自媒体传播中意见领袖的访谈调查，想邀请您参加访谈。本次调查获得的所有资料只用于项目研究，请您放心填写。您的回答对我非常重要，非常感谢您的支持和参与！

调查对象：郑州大学档案学本科生、硕士研究生

说明：

1. 档案自媒体：现阶段我国的档案自媒体主要包括档案微博、档案微信公众号、档案抖音、档案小红书等。

2. 意见领袖：指频繁地、非正式地影响您对档案自媒体的态度和行为，主动推广和传播档案自媒体信息，从而使您接受档案自媒体的人。

1. 您的性别是（　　）。

2. 您所在的班级是（　　）。

3. 您在接触和使用档案自媒体的过程中谁是您的意见领袖？请回答具体姓名。

4. 您的意见领袖是如何影响您接受档案自媒体的？请列举回答具体的方式、方法或途径。

5. 您的意见领袖在推广和传播档案自媒体信息之后，您是立刻接受了

档案自媒体还是经过了一个考察期或犹豫期之后再接受的？如果是立刻接受请说明原因。如果是经历了考察期或犹豫期也请说明原因。

6. 您使用档案自媒体所产生的效果与意见领袖推广和传播之档案自媒体信息的匹配程度是高还是低？请列举具体的表现。

附件 12　档案信息资源自媒体传播受众满意度调查问卷

档案信息资源自媒体传播受众满意度调查问卷

尊敬的先生/女士：

您好！

本人是郑州大学信息管理学院档案学专业教师邢变变，现正在进行一项关于档案信息资源自媒体传播受众满意度的调查研究。调查对象为档案微博、档案微信公众号、档案抖音、档案小红书等用户，想邀请您用几分钟时间帮忙填写这份调查问卷。本次调查严格按照《中华人民共和国统计法》的要求进行，问卷实行匿名制，所有数据只用于项目研究，请您放心填写。您的回答对我非常重要，非常感谢您的支持和参与！

注：档案自媒体主要包括档案微博、档案微信公众号、档案抖音、档案小红书等。

填写说明：

1. 请在括号里面填写该题答案的相应序号，若无特殊说明均为单选。

2. 凡遇到“__”时，请您填上真实的数字或情况。

第一部分　基本情况

1. 您的性别是(　　)。

A. 男　　B. 女

2. 您的年龄是(　　)。

A. 19 岁及以下　　B. 20 ~ 29 岁

C. 30 ~ 49 岁　　D. 50 ~ 59 岁

E. 60 岁及以上

3. 您的受教育程度是(　　)。

A. 初中及以下　　B. 高中

C. 大专　　D. 本科

E. 硕士　　F. 博士

4. 您工作或学习单位的性质是(　　)。

A. 党政机关事业单位　　B. 国有企业

C. 私企　　D. 外企

E. 个体　　F. 军队

G. 学校　　H. 其他(请注明)________

问题	满意度高	满意度较高	满意度零	满意度较低	满意度低
1. 如果档案自媒体运维人员的专业素养高,您的评价是					
2. 如果档案自媒体运维人员的专业素养低,您的评价是					
3. 如果档案自媒体运维人员的信息素养高,您的评价是					
4. 如果档案自媒体运维人员的信息素养低,您的评价是					

问题	满意度高	满意度较高	满意度零	满意度较低	满意度低
5. 如果档案自媒体运维人员的服务素养高，您的评价是					
6. 如果档案自媒体运维人员的服务素养低，您的评价是					
7. 如果档案自媒体运维更新的周期短，您的评价是					
8. 如果档案自媒体运维更新的周期长，您的评价是					
9. 如果档案自媒运维更新的及时性强，您的评价是					
10. 如果档案自媒体运维更新的及时性弱，您的评价是					
11. 如果档案自媒体具备安全稳定的性能，您的评价是					

问题	满意度高	满意度较高	满意度零	满意度较低	满意度低
12. 如果档案自媒体不具备安全稳定的性能，您的评价是					
13. 如果档案自媒体具备易用流畅的性能，您的评价是					
14. 如果档案自媒体不具备易用流畅的性能，您的评价是					
15. 如果档案自媒体具备集成检索的性能，您的评价是					
16. 如果档案自媒体不具备集成检索的性能，您的评价是					
17. 如果档案自媒体具备隐私保护的性能，您的评价是					
18. 如果档案自媒体不具备隐私保护的性能，您的评价是					

问题	满意度高	满意度较高	满意度零	满意度较低	满意度低
19. 如果档案自媒体具备浏览功能，您的评价是					
20. 如果档案自媒体不具备浏览功能，您的评价是					
21. 如果档案自媒体具备点赞功能，您的评价是					
22. 如果档案自媒体不具备点赞功能，您的评价是					
23. 如果档案自媒体具备转发功能，您的评价是					
24. 如果档案自媒体不具备转发功能，您的评价是					
25. 如果档案自媒体具备评论功能，您的评价是					

问题	满意度高	满意度较高	满意度零	满意度较低	满意度低
26. 如果档案自媒体不具备评论功能，您的评价是					
27. 如果档案自媒体具备复制功能，您的评价是					
28. 如果档案自媒体不具备复制功能，您的评价是					
29. 如果档案自媒体信息内容的客观性强，您的评价是					
30. 如果档案自媒体信息内容的客观性弱，您的评价是					
31. 如果档案自媒体信息内容的真实性高，您的评价是					
32. 如果档案自媒体信息内容的真实性差，您的评价是					

问题	满意度高	满意度较高	满意度零	满意度较低	满意度低
33. 如果档案自媒体信息内容的全面性强，您的评价是					
34. 如果档案自媒体信息内容的全面性弱，您的评价是					
35. 如果档案自媒体信息内容的趣味性强，您的评价是					
36. 如果档案自媒体信息内容的趣味性弱，您的评价是					
37. 如果档案自媒体信息形式的多样性强，您的评价是					
38. 如果档案自媒体信息形式的多样性弱，您的评价是					
39. 如果档案自媒体信息形式的创新性强，您的评价是					

问题	满意度高	满意度较高	满意度零	满意度较低	满意度低
40. 如果档案自媒体信息形式的创新性弱，您的评价是					
41. 如果档案自媒体提供查询咨询服务，您的评价是					
42. 如果档案自媒体不提供档案查询服务，您的评价是					
43. 如果档案自媒体提供档案咨询服务，您的评价是					
44. 如果档案自媒体不提供档案咨询服务，您的评价是					
45. 如果档案自媒体提供档案证明服务，您的评价是					
46. 如果档案自媒体不提供档案证明服务，您的评价是					

问题	满意度高	满意度较高	满意度零	满意度较低	满意度低
47. 如果档案自媒体提供档案展览服务，您的评价是					
48. 如果档案自媒体不提供档案展览服务，您的评价是					
49. 如果档案自媒体提供档案推送服务，您的评价是					
50. 如果档案自媒体不提供档案推送服务，您的评价是					
51. 如果档案自媒体提供档案代办服务，您的评价是					
52. 如果档案自媒体不提供档案代办服务，您的评价是					
53. 如果档案自媒体提供在线问答帮助，您的评价是					

问题	满意度高	满意度较高	满意度零	满意度较低	满意度低
54. 如果档案自媒体不提供在线问答帮助，您的评价是					
55. 如果档案自媒体提供用户反馈交流渠道，您的评价是					
56. 如果档案自媒体不提供用户反馈交流渠道，您的评价是					
57. 如果档案自媒体可以无障碍传播，您的评价是					
58. 如果档案自媒体不可以无障碍传播，您的评价是					
59. 如果档案自媒体可以共建共享，您的评价是					

问题	满意度高	满意度较高	满意度零	满意度较低	满意度低
60. 如果档案自媒体不可以共建共享，您的评价是					
61. 如果档案自媒体传播特色档案馆藏，您的评价是					
62. 如果档案自媒体不传播特色档案馆藏，您的评价是					
63. 如果档案自媒体提供档案编研产品，您的评价是					
64. 如果档案自媒体不提供档案编研产品，您的评价是					
65. 如果档案自媒体提供档案文创产品，您的评价是					
66. 如果档案自媒体不提供档案文创产品，您的评价是					

问题	满意度高	满意度较高	满意度零	满意度较低	满意度低
67. 如果档案自媒体的元素特色性强，您的评价是					
68. 如果档案自媒体的元素特色性弱，您的评价是					
69. 如果档案自媒体的界面整洁性强，您的评价是					
70. 如果档案自媒体的界面整洁性弱，您的评价是					
71. 如果档案自媒体的布局合理性强，您的评价是					
72. 如果档案自媒体的布局合理性弱，您的评价是					
73. 如果档案自媒体的品牌识别性强，您的评价是					

问题	满意度高	满意度较高	满意度零	满意度较低	满意度低
74. 如果档案自媒体的品牌识别性弱，您的评价是					
75. 如果档案自媒体提供个性化服务，您的评价是					
76. 如果档案自媒体不提供个性化服务，您的评价是					
77. 如果档案自媒体提供定制化服务，您的评价是					
78. 如果档案自媒体不提供定制化服务，您的评价是					
79. 如果档案自媒体传播的信息有助于档案学术研究，您的评价是					

问题	满意度高	满意度较高	满意度零	满意度较低	满意度低
80. 如果档案自媒体传播的信息无助于档案学术研究，您的评价是					
81. 如果档案自媒体可以进行档案知识分享，您的评价是					
82. 如果档案自媒体不可以进行档案知识分享，您的评价是					

附件 13 档案信息资源自媒体传播效果差距调查问卷

档案信息资源自媒体传播效果差距调查问卷

尊敬的先生/女士：

您好！

本人是郑州大学信息管理学院档案学专业教师邢变变，现正在进行一项关于档案信息资源自媒体传播效果差距的调查研究。调查对象为档案自媒体用户，想邀请您用几分钟时间帮忙填写这份调查问卷。本次调查严格按照《中华人民共和国统计法》的要求进行，问卷实行匿名制，所有数据只用于项目研究，请您放心填写。您的回答对我非常重要，非常感谢您的支持和参与！

说明：现阶段我国的档案自媒体主要包括档案微博、档案自媒体、档案抖音、档案小红书等。

1. 您的性别是（　　）。

A. 男　　B. 女

2. 您的年龄是（　　）。

A. 19 岁及以下　　B. 20～29 岁

C. 30～39 岁　　D. 40～49 岁

E. 50～59 岁　　F. 60 岁及以上

3. 您的受教育程度是（　　）。

A. 初中及以下　　B. 高中

C. 大专　　D. 本科

E. 硕士　　F. 博士

G. 其他（请注明）________

4. 您所在单位的性质是(　　)。

A. 党政机关事业单位　　B. 国有企业

C. 私企　　D. 外企

E. 个体　　F. 军队

G. 学校　　H. 其他(请注明)________

5. 您使用档案自媒体的时间是(　　)。

A. 1 年及以下　　B. 2 ~ 4 年

C. 5 ~ 7 年　　D. 8 ~ 10 年

E. 10 年及以上　　F. 其他(请注明)________

6. 您浏览档案自媒体推文会点赞是因为?

(请根据您的实际情况选择最符合您的选项,0 表示不符合,数字越大表示符合程度越高。)

	0	1	2	3	4
觉得排版好看					
觉得文章形式新颖					
觉得内容很有意思					
赞同作者的观点					
满足了您的学习需求					
满足了您的研究需求					
满足了您的工作需求					
满足了您的生活需求					

7. 您浏览档案自媒体推文会留言评论是因为?

(请根据您的实际情况选择最符合您的选项,0 表示不符合,数字越大表示符合程度越高。)

	0	1	2	3	4
赞同文章观点					
不赞同文章观点					
想发表自己的看法					
参与互动活动					

8. 您浏览档案自媒体推文会转发/分享是因为?

(请根据您的实际情况选择最符合您的选项,0 表示不符合,数字越大表示符合程度越高。)

	0	1	2	3	4
帮助自己保存信息,方便以后查找					
觉得很有意思,好玩					
能表达自己的情绪、想法和观点,展示自我					
认为会对别人有帮助					
认为能和别人产生共鸣					
就想刷刷存在感					

9. 您浏览档案自媒体推文会收藏是因为?

(请根据您的实际情况选择最符合您的选项,0 表示不符合,数字越大表示符合程度越高。)

	0	1	2	3	4
满足了您的学习需求					
满足了您的研究需求					
满足了您的工作需求					
满足了您的生活需求					

(请根据您的实际情况选择最符合您的选项,0 表示不符合,数字越大表示符合程度越高。)

	0	1	2	3	4
1. 您使用档案自媒体满足了获取专业知识、撰写论文的需求					
2. 您使用档案自媒体满足了获取准确、快速、真实信息的需求。					

	0	1	2	3	4
3. 您使用档案自媒体满足了加深对档案领域的认识的需求					
4. 您使用档案自媒体满足了求职需求					
5. 您使用档案自媒体满足了了解档案行业动态资讯的需求					
6. 您使用档案自媒体满足了同行间工作交流的需求					
7. 您使用档案自媒体满足了根据自己已有的知识和经验帮助别人的需求					

	0	1	2	3	4
8. 您使用档案自媒体满足了表达自己赞成/反对的观点的需求					
9. 您使用档案自媒体满足了和他人沟通想法的需求					
10. 您使用档案自媒体满足了寻求情感归属、专业认同的需求					
11. 您使用档案自媒体满足了打发时间的需求					
12. 您使用档案自媒体满足了日常习惯					
13. 您使用档案自媒体满足了个人兴趣爱好					